자 포 니 카
J A P O N I C A

여순종 지음

제이앤씨
Publishing Company

추천의 글 | 다쓰미 마사아키 교수

여순종 박사의 <자포니카 JAPONICA>를 추천한다.

이번에 여순종 박사의 <자포니카>가 간행되었다.

저자는 한일비교문화론에 오랫동안 몸담아온 연구자이다. 이미 저역서로서 <동아시아고전한시의 비교문학적연구>(2011년), <단가학입문>(2011년) 등이 있다.

<자포니카>는 일본인의 문화적·종교적·풍속적인 사고나 습관을 지칭한다. 고대부터 현대에 이르기까지 일본인이 말하는 하레(ハレ)와 게(ケ)라는 민속적 정신생활로부터 복식·관혼상제·장송의례 등등 일본문화에 있어 저변의 세계와 오래된 문헌을 상세하게 조사하여 일본문화론을 완성한 점에 감탄한다.

<자포니카>를 읽는 독자 여러분은 다양한 생각을 하게 될 것으로 생각된다. 무엇보다도 본서를 읽는 독자 여러분은 한일교류의 미래를 생각할 수 있을 것이다.

마치 한 벌의 옷처럼...

일본국학원대학 교수
다쓰미 마사아키

추천의 글 | 가지카와 노부유키 교수

여순종 박사는 뛰어난 일본문학의 연구자이다. '가이후우소(懷風藻)'라는 나라시대(奈良時代)의 한시집을 연구하여 국학원대학에서 문학박사 학위를 취득하였다. 이 '가이후우소' 의 안에는 신라의 사신들이 일본을 방문했을 때 서로 시를 주고받았다는 기록이 있다. 일본인과 신라인이 한자·한문으로 소통을 했다는 점에서 생각할 때 한자·한문은 동아시아 공통어였다고 볼 수 있다. 이처럼 여순종 박사는 당대의 한자·한문의 집대성인 한시집을 연구하여 좋은 평가를 받고 있다.

본서 <자포니카>로 인해 한국의 여러 독자분들이 일본의 문화를 좀 더 이해하는 계기가 되었으면 한다.

일본대학교수
가지카와 노부유키

머리글 |

　책을 집필한다는 것은 '다독', '다작', '다상량'이라는 독서의 3대 원칙이 없이는 도저히 불가능할 것이다. 학자로서 당연한 일이지만 많은 문헌을 읽어야 하고, 많은 논문을 써야 하고, 많이 생각하지 않으면 저술이라는 작업은 결코 쉬운 일이 아닐 것이다.

　필자는 일본문학 중에서도 고전문학인 <만요슈>에서 마쓰오 바쇼의 '하이카이 – 하이쿠'에 이르기까지 무려 1500년이라는 일본의 운문인 와카와 하이쿠라는 운문사를 언어학적인 접근방법에 의해서 '달'의 이미지와 '달'에 대한 일본인의 심상구조에 대해 석사논문을 집필한 바 있고, 한·중·일 이른바 동아시아 고전한시에 나타난 '화조풍월'의 미의식과 이미지에 대해서 비교문학적·비교문화론적인 연구방법론으로 연구를 하여 <동아시아고전한시의 비교문학적 연구>라는 박사논문과 저서를 펴낸 바 있다.

　<자포니카>는 일본학 연구에 있어 오랜 기간 축적되어온 학문연구의 방법론에 의해 집필되었다. 서명은 영어의 약자인 'Japanese culture'를 간략화하여 'JAPONICA'라고 정하였다. 이는 기존의 일본문화론과의 차별화와 저자의 새로운 일본문화론을 전개하기 위하여 서명을 붙인 것이다.

　<자포니카>는 기존의 수많은 일본문화론들이 총체론적 전개방법론에 의한 편저의 형태로 출판된 것임에 반해, 저자의 의도가 일본문화론의 총체적인 연구를 하되 각각의 일본 고유문화에 '문화콘텐츠'라는 구역을 확정하고 이를 '기원' – '발전과 전개' – '정착'이라는 카테고리로 정하여 저술되었다.

　<자포니카>의 구성을 간단하게 기술하면, 제1장 일본문화론과 개요, 제2장 일본의 문화론, 제3장 일본의 복식문화, 제4장 관혼상제, 제5장 소기(장례문화)로 구성했다.

　그간 저자가 20여 년간 배우고 익혀온 일본학을 총체적인 관점에서 기술하려 노력하였지만 부족함이 없지 않다. 하여 부족함은 부단한 노력과 경주를 통해 채워나갈 것임을 밝혀두며, 일본학 연구에 있어 단순함에 머물지 않고 한·중·일의 문화권을 '기원' – '발전과 전개' – '성숙과 정착'으로 문화현상의 동향을 비교 분석하여 '동아시아문화론'의 형태로 연구대상과 영역을 확대하고 발전시켜 나아갈 것이다.

2013년
동경에서
여순종

01 일본문화론과 개요

'문화'는 예술이나 학문 등 인간이 창출해낸 고도의 문명과 같은 '하이컬쳐 high culture'를 지칭함과 동시에 인간의 사회가 오랫동안 형성해온 관습이나 행동양식의 체계를 지칭한다. 또 다른 의미로는 의식주를 비롯하여 일상생활 전반에 관계된 관습이나 예술, 도덕, 종교와 정치, 경제라는 사회구조까지 그 범주는 대단히 폭이 넓다 할 것이다.

일본의 문화는 다양한 요소를 포함하고 있다. 고대부터 중세에 이르러서는 중국을 중심으로 한 아시아의 인접국가를, 명치 이후 근·현대 시기에는 구미로부터 많은 영향을 받게 되어 다양한 문화로서의 독특한 전개를 이루었고, 일본의 전통문화 또한 신도를 기축으로 하곤 있으나, 타 종교의 개입과 개방을 통해 상호적 포용과 함께 변천하였다.

그러나 문화와 종교가 표면적으론 크게 변화했을지라도 극히 일본적인 요소나 특별한 경향을 지닌 것들은 지금도 전통문화의 형태를 띠고 있다.

일본문화를 특징적으로 지칭하는 개념으로서 '와(和)'라는 말이 가끔씩 사용되는데 '와'는 일본을 지칭하는 말이고, 또한 '한(漢-중국)'이나 '양(洋-서구)' 등은 외국을 지칭할 때 사용된다. '야마토(大和)'라는 말이 사용되는 경우도 있다. 야마토는 본래 '나라지방(奈良)'을 가리키지만 동시에 일본 전체를 지칭하는 오래된 말이다.

1.1 일본의 문화와 종교의 관계

일본은 고대부터 샤머니즘, 애니미즘과 같은 자연숭배, 정령숭배인 다신교에 기초한 신도라는 종교문화가 존재하고 있다. 신도는 다음 같은 독자적인 특징이 있다. 예를 들어 도구나 말이나 숨소리에도 생명이 있다는 철학에 기초하고 있다. 즉, 하리구요(針供養)나 도구쓰카(道具塚)나 고토타마(言靈), 이부키(息吹) 등에 정령(精靈)이 깃들어 있다고 보는 종교이다. 시초는 이와쿠라신앙(磐座信仰)[1]이나 히모로기(神籬)[2]에서나 볼 수 있는 원시종교에 가까운 것이며, 오키나와신앙(沖繩信仰)에서 그 오래된 형태를 찾아볼 수가 있다. 신도에는 황실신도, 신사신도, 민속신도, 교파신도, 고신도, 국가신도 등이 있다.

신도 외에도 인도를 기원으로 하는 '불교 · 밀교'를 수용하여 독자적인 불교와 밀교문화를 정착시켜왔다. 다양한 전통이나 관습 중에는 불교를 기원으로 하는 경우도 많이 보이고, 신도와 상호 영향을 주고받으면서 일본의 신앙이나 문화의 기반을 형성해왔다.

기타 동아시아의 여러 나라처럼 유교나 도교도 받아들였지만, 그 영향은 한반도나 중국만큼은 아니었다. 유교는 요리오야요리코(寄親寄

---

1) 이와쿠라신앙(磐座信仰)이란 고대부터 존재하는 자연숭배, 정령숭배, 애니미즘인 고신도 중에서 한 신앙의 도를 가리킨다. 큰 바위에 대한 기층신앙의 일종이다.
2) 히모로기(神籬)란 신도에서 신사나 가미다나(神棚) 이외의 장소에서 제사를 하는 경우 임시로 신을 맞이하기 위한 요리시로(依り代)가 되는 것.

子)³)의 제도나 가도쿠제도(家督制度)⁴) 등의 사회성에도 영향을 끼쳤다. 명치유신에 의해 부케(武家–무사집안)의 학문으로서의 주자학은 입장을 상실했지만, 궁중의 보수적인 한학자의 영향에 의해 유교의 충효사상이 '교육칙어'⁵) 등에 수용되었다. 도교는 그 자체보다 음양 5행이나 팔괘⁶)나 수요도⁷) 등이 나라시대부터 헤이안시대에 크게 융성하고, 온묘시(陰陽師)⁸)의 대두와 함께 현재도 그 사상이 풍속으로 계승되어 유교처럼 일본의 독자적인 것으로 변화되었다. 구체적인 예로서는 간지(干支)나 가문의 구요(九曜)⁹), 지라시즈시(ちらし寿司)¹⁰)의 네 가

---

3) 요리오야·요리코(寄親·寄子)란 중세의 일본에서 부모자식의 인연으로 맺어진 주종관계, 또는 이에 준하는 보호자·피보호자의 관계. 보호하는 측을 요리오야(寄親), 보호받는 쪽을 요리코(寄子)라고도 부른다. 〈닛포사전(日葡辞書)〉에서는 부모는 '어떤 주군의 집안이라든가 기타 장소에서 어떤 사람을 의지하고 의지로 삼는 상대', 요리코(寄子)는 '타인을 믿고, 그 비호하에 있는 사람. 또는 다른 지배하에 있는 사람'이라고 해설되어 있다. 원칙적으로는 요리오야(寄親)·요리코(寄子)의 관계는 사적인 계약관계에 의하지만, 전국시대에서는 반강제적인 것이 되었다.

4) 가독(家督)이란 가부장제에서 가장권을 의미한다. 가마쿠라시대(鎌倉時代)에 가독의 적자 단독상속, 유산의 분할상속을 원칙으로 하고 있었다. 무로마치시대(室町時代)에 양자가 함께 적자(嫡子)의 상속을 원칙으로 했지만, 실제로는 완전한 제도로서 확립해 있지 않고 내분이 발생했다. 나중에 에도막부(江戸幕府)의 절대적인 권력을 배경으로 하여 가독의 적자 단독상속이 확립되었다.

5) 교육칙어(教育勅語)란 제2차 세계대전 전 일본에서 정부의 교육방침을 명기했던 칙어이다. 일반적으로 교육칙어라고 한다. 1890년 10월 30일 발포, 1948년 6월 19일 폐지.

6) 팔괘(八卦)는 고대 중국에서 전해 온 역(易)의 8가지 기본도상.

7) 수요도(宿曜道)란 헤이안시대(平安時代), 구우카이(空海)를 비롯한 유학승들에 의해 전해진 밀교의 한 분야로서 일본에 전해진 점성술의 일종. 밀교점성술, 수요도 점성술이라고도 한다.

8) 온묘시(陰陽師)란 고대일본의 율령제하에 주무쇼(中務省)의 온묘료(陰陽寮)에 속했던 관직의 하나로, 온묘고교(陰陽五行)의 사상에 기반을 둔 온묘도(陰陽道)에 따라서 점성(占筮)및 지세 등을 거행하는 관리(方技/技官)로서 배치되고, 후에는 점술·주술·제사를 관장하는 직장(職掌)과 같다.

9) 구요란 인도의 천문학이나 인도의 점성술이 취급하는 9가지의 천체와 이들을 신격화한 신이다. 중국에는 수요도(宿曜経) 등으로 번역되었다. 번영이나 수확, 건강에

지 색이나 다섯 가지 색의 채색 등이 음양 5행에 기반을 두고 있다. 무도도 신도가 기축이 되고 이에 유교나 도교나 선종 등이 포함되어 수련에 의해 개안정신과 철학을 겸비한 예로 전개되었다.

　일본은 오랫동안 신도와 불교를 함께 혼합시켜오다가 명치 초기, 신도와 불교는 다시 분리되었고 폐불기석11)과 같은 세파의 와중에 많은 불교나 신도의 유산이 소실되었다. 신도는 국가신도가 되고 불교나 토착의 습속과 연계되어 황실을 중심으로 한 신앙으로 재편되어 정치·교육과 결부되었다. 일본 헌법12)에서는 신앙의 자유가 정착되었지만, 정부는 '신도는 종교가 아니다'라는 해석에 입각하여 신도·신사를 타종파의 상위에 두었다. 그러나 제2차 세계대전 후에 국가신도는 국가패권의 수단이 되고, GHQ의 지시에 따라서 신도는 정치·교육과 분리되어 다른 종교와 동렬의 신앙으로 입장의 정립이 이루어졌다. 불교도 '장식불교13)'라고 야유를 받을 정도로 종교로서는 형해화(形骸化)되었고, 일본인의 일상생활의식으로부터 신도와 불교를 중심으로 한 문화적 가치관도 퇴색되었다.

큰 영향을 끼친다고 한다. 동아시아에서는 수요도나 온묘도(陰陽道)등에 의해 점성술로 사용하였다.

10) 지라시즈시(ちらし寿司)는 스시밥(寿司飯)에 재료를 흩뿌려서 만드는 스시(寿司)의 일종이다. 지역에 따라서 특징이 다르다. 또한, 다양한 종류가 존재한다.

11) 폐불기석(廃仏毀釈)은 불교사원·불상·불경을 파기하고, 승려 등 출가자나 사원이 받고 있었던 특권을 폐지하는 것을 말한다. 이를 폐불기석(廢佛毀釋)이라고도 한다. 문헌에 의하면 '폐불기석(廃仏稀釈)'으로 표기되는 경우도 있지만, 오용이다.

12) 대일본제국헌법(大日本帝國憲法)은 1889년(명치明治22年) 2월 11일에 발포, 1890년(明治23年) 11월 29일 시행되고, 근대의 입헌주의에 기초한 일본의 헌법. 명치헌법 또는 단순히 제국헌법이라고 불리며, 현행의 일본국헌법과의 대비되는 구헌법이라고 부른다.

13) 장식불교(葬式仏教)란 일본의 형해화된 불교의 모습을 야유해서 표현한 것이다.

순수한 종교적 가치관으로 구현화되지 않았지만, 고대로부터 신도가 기반이 되어 그 위에 불교·밀교나 유교나 도교, 또는 기독교도 포함되고 다양한 외래의 종교가 혼재하면서 오늘의 일본정신과 같은 문화의 토양이 형성되었다. 이들의 종교 혼재에 기초한 가치관은 일본의 풍속 습관과 문화에 깊이 뿌리를 내리게 되어 제례, 전통예능, 무도, 농업, 임업, 수산업, 건축, 토목, 쇼가쓰(正月), 시치고산(七五三)[14] 등의 다양한 방면에 영향을 끼쳤으며, 신도를 주체로 하는 종교를 빼놓고는 일본의 문화나 정신의 본질을 말할 수 없게 되었다.

1.2 일본의 역사

1.2.1 원시시대

조몬시대(縄文時代) 이전에 북방에서 건너온 일본인의 조상이 일본 열도에 정착하고 나서 대륙이나 남방에서 도래한 사람들이 문화를 가져온 것으로 여겨지고 있으나, 이른 시기에서부터 대륙과는 다른 일본 고유의 문화가 탄생하였다.

　· 해당 문화: 구석기문화, 조몬문화(縄文文化), 야요이문화(弥生文化)

---

14) 시치고산(七五三)이란 7세, 5세, 3세의 어린이의 성장을 축하하는 일본의 연중행사이다. 겐나(天和) 원년(1681년) 11월 15일, 다테바야시죠(館林城主) 도쿠가와 도쿠마쓰(徳川徳松)의 건강을 기원한 데서 시작되었다고 하는 설이 유력하다. 남자는 3세와 5세, 여자아이는 3세와 7세가 되는 해의 11월 15일에 성장을 기원하여 신사·절 등에 참배하는 연중행사. 본래는 연 나이로 계산했지만, 현재는 만 나이를 기준으로 하는 경우가 많다.

조몬 중기의 화로토기, 東京国立博物館蔵[15]

1.2.2 구석기시대

구석기시대(旧石器時代, 英語:Pal(a)eolithic Age)란 호모하빌리스(ホモ・ハビリス)등 히토과(ヒト科)에 의한 석기의 사용이 시작된 시대이고, 석기시대의 초기・전기에 해당한다. 연대적으로는 200만 년 전에 시작된다. 구석기시대(旧石器時代)는 석기의 출현으로부터 농경이 시작된 완신세(完新世)를 말한다. 구분법에 의해 전기, 중기, 후기로 분류된다. 구석기시대의 어원은 그리스어로 παλαιός(palaios, 오래되다) + λίθος(lithos, 돌) 등을 말한다.

▌인구

인류가 탄생한 가장 오래된 시기인 구석기시대의 인구 측정치가 연구자에 따라서 산정한 기준별로 차이가 있는 것으로 나타났다. 전기구석기(400만~200만 년 전)에는 12만 5천 명, 중기(20만~4만 년 전)에는 100만~120만 명, 후기(4만~1만 3천 년 전)에는 220~300만 명이었다고 한다.

---

15) http://ja.wikipedia.org/wiki/%E9%A4%A8%E6%9E%97%E5%9F%8E을 활용하였다.

▌생업과 사회

구석기시대 인류의 양태는 지역에 따라서 다양하지만, 일반적으로는 수렵·채집에 의해서 식량을 얻었고, 구석기시대 사람들은 캠프생활을 하면서 이동을 반복했던 것으로 추정된다.

구석기시대의 사회는 무리를 이룬 사회마다 지도자가 존재했다. 남성과 여성의 신분은 평등하였고, 남성은 수렵, 여성은 어로 및 육아를 담당했지만, 그 역할은 공유되고 있으며 명확한 분업은 이루어지지 않았던 것으로 볼 수 있다.

당시의 인분 화석에서는 허브와 같은 특수한 식물의 씨앗 등이 발견되는 것으로 보아 구석기시대인들은 식물에 관한 지식이 풍부했던 것을 알 수 있고, 현대인의 상상을 초월할 정도로 건강한 식생활을 영위하고 있었던 것이 보인다.

구석기시대의 수렵
(兵庫県立考古博物館)16)

▌주거

주거의 시작은 비바람이나 추위를 피하기 위해, 또는 외적으로부터 몸을 지키기 위해 바위굴이나 동굴에서 살거나 큰 나무 아래에 집을 짓고 생활하고, 유동생활로는 간단한 오두막집을 만들거나 했을 것으로 보인다. 전기구석기시대인 38만 년 전 프랑스의 테라·아마타 유적

---

16) http://ja.wikipedia.org/wiki/%E9%A4%A8%E6%9E%97%E5%9F%8E을 활용하였다.

의 움막, 13만 년 전의 라자레 동굴내의 움막 등이 최고의 주거라고
한다.

그밖에 오래된 것으로는 6만 년 전으로 계측되는 우크라이나 지방의
중기구석기시대 몰도바 I 유적의 주거내지 바람막이의 구조물이 있다.
그것은 11×7미터이며 매머드의 뼈나 상아로 둘러싼 것으로 15기의 내로
흔적(內爐跡)이 발견되고 있는데, 수렵을 위한 망대였다고 볼 수 있다.

▎도구

당시의 석기는 돌이나 동물의 뼈를 쪼개어 만든 예리한 나이프, 괭이,
창, 손도끼 등 다양한 형태의 도구들이 만들어졌다. 또한, 나무를 뚫어
카약이나 카누도 만들어 수상이동을 했었다. 더욱이 사이안화수소나
뱀의 독, 알키드 등 독물의 취급도 능숙했었던 것으로 보인다. 그들은
또한 식량이 썩지 않도록 건조시키거나 저온 보존하는 방법 등도 알고
있었다.

▎문화

자연신앙과 주술이 널리 행해졌지만, 만기구석기시대의 유럽에서는
35,000년 전에 최초의 예술이 탄생했다. 회화뿐만이 아니라 도장·조각
도 시작되었다. 동물이나 여성 등의 조각이 발견되었는데, 그 기술은
고도한 것이었다. 그리고 예술은 신앙·주술과 긴밀한 관계가 있다.[17]

---

17) 田中琢「기원전후의 보트피플(田中琢·佐原真著『考古学의 散歩道』岩波書店
〈岩波新書(新赤版)312〉(1995년 제9판) 12쪽, 海部陽介『人類가 걸어온 길(道)—"문

1.2.3 고대

전한(前漢)시대 무렵부터 중국 왕조에 적극적으로 조공을 바치기 시작하였고, 선진국이었던 중국의 문물을 받아들이게 되었다. 금속기(옥, 거울, 도검류 등)나 한자, 불교 등이 그 대표적인 것이다. 후에는 견수사(遣隋使), 견당사(遣唐使)가 파견되고, 유학생이 선진문화를 배우고 일본에 도입해온 것이다. 또한, 한반도로부터의 견일본사(遣日本使)를 받아들이고, 역으로 견신라사(遣新羅使), 견발해사(遣渤海使)를 파견하는 등 외교적·무역적인 관계를 가지고 있다. 이렇게 하여 일본 고유의 문화 속에 외래의 문화가 유입되었다. 견당사(遣唐使)가 폐지(894년)된 뒤에 외국으로부터 유입되었던 문물을 독자적인 문화로 발전시킨 국풍문화(「国風文化」)의 [18]시대를 맞이하게 되었다. 귀족의 여성들에 의해서 한자에서 가나(かな)문자가 발생하였고, 이는 겐지모노가타리(源氏物語)나 마쿠라노소시(枕草子)로 대표되는 와카(和歌)나 모노가타리(物語) 등의 문예가 활성화되었다. 예술분야의 경우 법륭사(法隆寺)나 도쇼다이지(唐招提寺)의 건축에는 대륙풍이 강하게 나타나는 것에 반해 우지뵤도인(宇治平等院)의 경우 일본적인 취향이 강하게 나타나고 있다. 따라서 이러한 문화양식을 와요우(和樣)라고 부른다.

화의 다양화"의 기원을 찾아서—」日本放送出版協会, 2005년.
18) 국풍문화란 일본의 역사적 문화의 하나이다. 10세기 초부터 11세기의 섭정정치기를 중심으로 한 문화이고, 12세기의 인세이기문화(院政期文化)에도 널리 영향을 끼쳤다. 중국의 영향이 강했던 나라시대의 당풍문화에 대해서 이를 국풍문화라고 부른다. 현재까지 계속되는 일본의 문화 중에도 이 흐름을 계승한 것이 많다.

1.2.4 중세

고대 말부터 중세에 이르러 무사가 대두하게 되고, 야부사메(流鏑馬)[19], 개 쫓기 등 무사 특유의 문화가 발생하고, 갓센(合戰)을 테마로 한 군기모노가타리(軍記物語)인 헤이케모노가타리(平家物語)도 발생하였다. 이 시대 조각작품의 경우 힘찬 육체를 엿볼 수 있는 금강역사상 (金剛力士像) 등이 대표작이라고 할 수 있다. 또한, 수도나 농촌에는 사루가쿠(猿楽)[20]나 덴가쿠(田楽)[21) 등과 같은 무용이 발달하였다. 그리고 다이라노 기요모리(平淸盛)에 의한 송(宋)과의 무역 이후, 일송무역이 번성하였다. 이 시대에는 선종승(禪宗僧)의 왕래가 잦아지고, 선종과 함께 도래한 문화(정진요리/精進料理[22], 수묵화, 깃사 등의 풍습 등)는 그 후의 일본문화의 발전에 커다란 영향을 끼쳤다. 덴류지후네 (天竜寺船), 간고무역(勘合貿易)에 의해 중국과의 왕래는 빈번해져서 동전이 대량으로 수입되었고, 가라모노(唐物−당의 문물)가 중시되었다. 무로마치시대(室町時代)는 전란의 시대였지만, 히가시야마문화(東山

---

19) 야부사메(流鏑馬)란 질주하는 말 위에서 과녁을 향해 화살을 쏘는 일본의 전통적인 기사(騎射)의 기술・교습・의식을 말한다. 말을 달리면서 화살을 쏘는 것으로「야부세우마(矢馳せ馬)」라고 하고, 시대가 내려옴에 따라서「야부사메(やぶさめ)」라고 불리게 되었다고 한다.

20) 노(能)는 가마쿠라시대 후기부터 무로마치시대 초기에 완성을 본 일본의 무대예술의 일종. 중요무형문화재, 또한 유네스코의 무형문화유산인「노가쿠(能楽)」의 한 분야이고, 에도시대 이전에는 사루가쿠(猿楽)의 노(能)라고 불리었다.

21) 덴가쿠(田楽)는 헤이안시대 중기에 성립한 일본의 전통예능. 음악과 춤으로 구성되어 있다.「모내기 전(田植えの前)에 풍작을 기원하는 들놀이(田遊び)에서 발달한 것이다」등의 설이 있고, 그 유래에는 해명되지 못한 부분이 많다.

22) 정진요리(精進料理)란, 불교에서 승려는 계율5계(戒律五戒)에 의해 살생이 금지되어 있고, 대승불교에서는 육식도 금지되었기 때문에 승려에 대한 포교로써 채소나 콩류, 곡류를 이용하여 조리한 베지테리언(ベジタリアン)요리이다.

文化)23)의 시대를 중심으로 하여 사루가쿠(猿楽/能), 차노유(茶の湯), 서원 등이 발전하고, 오늘날 일본적이라고 할 수 있는 문화 대부분이 이 시대에 만들어졌다.

1.2.5 근세

아즈치모모야마시대(安土桃山時代)25) 에 유럽의 새로운 이문화가 유입되었다(남만문화/南蛮文化). 총포가 전투형식을 바꿔놓고, 천하통일에의 길을 연 것에 이어 외래어, 덴푸라(天ぷら－튀김) 등의 음식물도 전해졌다. 예수회 등의 선교사들이 기독교를 포교하였지만, 도쿠가와막부(德川幕府)가 스페인·포르투갈의 영토적 야심을 의심하여 특정 종교가 일본 국내에서

데라코야의 학생과 여성교사24)

---

23) 히가시야마문화(東山文化)란 무로마치시대 중기(室町時代中期)의 문화를 가리키는 용어. 팔대장군아시카가요시마사(八代将軍足利義政-1436년-1490년)가 이룬 교토의 히가시야마산장(東山山莊)을 중심으로 부케(武家), 구게(公家), 선승(禅僧)등의 문화가 융합되어 발생하였다.

24) 출처: http://ja.wikipedia.org/wiki/%E9%A4%A8%E6%9E%97%E5%9F%8E

25) 전국다이묘(戦国大名) 중에서 오다 노부나가(織田信長)의 세력이 점차로 강대해지고, 아시카가 요시아키(足利義昭) 등이 교토에 상경함으로써 노부나가(信長)에 의한 정권이 시작되었다. 겐키(元亀) 4년(1573)에 노부나가(信長)가 아시카가 요시아키(足利義昭)를 교토에서 축출하자 무로마치막부(室町幕府)는 사실상 붕괴되고, 오다정권(織田政権)이 확립되었다. 더욱이 텐쇼(天正) 4년(1576)에 아즈치성(安土城)의 축성이 시작되고 천하포무(天下布武)의 흐름이 현실화되면서 세상에 알려졌다. 이 가운데 노부나가의 지배에 의해 평화를 만회한 교토를 중심으로 아즈치모모야마 문화가 개화했다.

큰 세력을 이루는 것을 꺼려했기 때문에 선교사들을 추방하였고, 이윽고 기독교가 금지되었다. 그 뒤에 에도막부(江戶幕府)는 기독교의 금지 및 쇄국의 길을 선택하게 되었다. 이 시기에는 선교사 및 조선 침략으로 포로가 된 기술자들에 의해 활판인쇄기술이 전해지고, 본격적으로 활자 간행본이 세상에 유포되기 시작하였다.

정권이 안정되었고, 쇄국에 의해 외국과 격리된 일본에서는 평화로운 시기가 지속되었고, 다시 독자적인 문화가 발달하게 되었다. 데라코야(寺子屋)[26]나 한코(藩校)[27]의 보급에 의해서 독서와 산반(算盤-중국풍의 수학)이 널리 퍼지고, 막부가 적극적으로 권장하는 유학뿐만 아니라 본초학 등의 자연과학이 발달하였다. 서민 사이에서는 연극(演劇/가부키歌舞伎, 닌교조루리/人形淨瑠璃)이나 간행물(우키요조시/浮世草子, 요미혼/読本, 우키요에/浮世絵 등)이 각광을 받고, 세속문화가 빛을 발한 프로스포쓰로서의 스모(相撲)인 오즈모(大相撲)가 시작되었던 시절이었다.

또한, 일본 본래의 전통을 중시하는 국학(国学 - 일본을 연구하는 학문)도 발생하여 막부 말의 존황양이(尊皇攘夷)[28] 운동의 사상적인 토대가 되었다.

---

26) 데라코야(寺子屋)는 에도시대(江戶時代), 서민의 자제에게 독서나 산수나 실무상의 지식·기술을 교육했던 민간교육시설이다. 학습소(手習所)나 학습학원(手習塾)이라고도 한다.
27) 한코는 에도시대에 여러 항이 항시(藩士)의 자제를 교육하기 위해서 설립된 학교. 한가쿠(藩学)라고도 한다.
28) 존황양이란 왕을 존중하고 외압·외적을 격퇴해야 한다는 사상을 말한다. 일본에서는 에도시대 말기에 조정으로부터 일반민중에 이르기까지 전파되어 반체제운동의 복합어로써 사용되었다.

쇄국체제 가운데에서도 제한된 형태로 중국·조선과의 교류는 이어 졌다. 서양과의 교류는 엄하게 제한되었지만, 나가사키(長崎)의 데지마 (出島)를 통해서 네덜란드와의 교역이 이루어졌다. 나가사키(長崎)에 서 들어오는 중국문화나 서양문화는 지식인의 호기심을 자극하였고, 양학(洋学)이나 난학(蘭学), 의학, 한방의학 등이 발달하였다. 이 흐름 은 막부 말기에 구미의 제국주의에 대응하는 힘이 되었고, 또한 개국의 원동력의 하나가 되었다.

1.2.6 근대

막부 말의 개국, 명치유신(明治維新)[30] 을 거쳐 구미의 문명·제도를 도입한 근 대화 시도가 국가의 목표가 되었다. 신기 한 풍속이 차례로 유입되었고, 문명개화 의 풍조가 확대되었다. 정부 주도로 적극

낙성 당시의 로쿠메이칸[29]

적인 서양문화의 도입이 이루어지고, 로쿠메이칸(鹿鳴館)[31]시대에는 피상적으로 급격한 서양화가 이루어졌지만, 일본의 전통을 재평가하려

---

29) 출처: http://ja. wikipedia. org/wiki/%E9%A4%A8%E6%9E%97%E5%9F%8E
30) 명치유신은 에도막부에 대한 도막운동(倒幕運動)으로부터 명치정부(明治政府)에 의한 천황친정체제(天皇親政体制)의 전환과 이에 동반된 일련의 개혁을 말한다. 그 범위는 중앙관제·법제·궁정·신분제·지방행정·금융·유통·산업·경 제·교육·외교·종교정책 등 여러 방면에 이르고, 일본을 아시아에서 최초의 서 양적 국민국가체제를 지닌 근대국가로 변모시켰다.
31) 로쿠메이칸이란 외국으로부터의 빈객이나 외교관을 접대하기 위해 명치정부에 의 해서 세워진 사교장이다. 당시의 극단적이던 서양화정책을 상징하는 존재이기도 하다. 로쿠메이칸을 중심으로 한 외교정책을 「로쿠메이칸외교(鹿鳴館外交)」라고 도 한다.

는 반동의 움직임도 일어났다. 「와콘요사이(和魂洋才)」32)라는 말도 자주 사용되었다. 계몽적인 사상가가 봉건적인 사상이나 습관을 부정하고 서양의 정치제도와 문물을 소개했으며, 신문, 잡지 등의 미디어나 철도 등 교통기관의 발달은 각지에 새로운 문화를 유포하고 서민 생활에 큰 영향을 끼쳤다. 그러나 도심부에서 떨어진 지역(농촌부)에서는 여전히 농업을 기반으로 한 전통적인 행사나 생활습관이 지속되었다.

다이쇼(大正)시대에는 진학률 상승 등을 배경으로 도시를 중심으로 서양풍의 문화가 점차로 침투하고, 백화점으로 대표되는 소비문화, 대중문화가 성립하였다. 이에는 미국 대중문화의 영향도 있었고, 도시에는 카페나 영화관 등의 향락적인 문화도 발달하였고, 에로·구로·난센스가 유행하였다. 한편으로는 빈부의 격차도 증대되었고, 노동쟁의나 사회주의운동이 일어나게 되었다. 도시의 슬럼화도 사회문제가 되었다.

쇼와(昭和) 초기에는 대공황에 의해 경제는 피폐해지고, 농촌은 황폐해졌다. 국민의 기대는 군부에 집중되었고, 비겁하다고 비난을 받던 정치가는 신뢰를 잃게 되었다. 이윽고 일중전쟁이 발발하자 공산주의·사회주의에 대한 탄압이 강화되고, 자유주의도 탄압을 받았다. 전의고양(戰意高揚)을 위해 일본 제국주의 및 일본민족의 우수성이 강조되었다. 국제적으로는 영미 등으로부터 비판을 받았고, 일본·독일·이탈리아와 삼국동맹(日独伊三国同盟)33)을 맺었다. 세계에서 고립된 일본은 진

---

32) 와콘요사이는 일본 고유의 정신을 중시하면서 서양의 기술을 받아들이고, 양자를 조화시켜 발전시킨다는 의미이다. 이에 반하여, 서양 기술의 수용은 역시 서양의 철학을 기반으로 해야 할 필요가 있다는 의미의 양혼양재(洋魂洋才)라는 말도 있다. 옛날부터 사용되던 화혼한재(和魂漢才)를 기반으로 만들어진 용어이다.

33) 일독이삼국동맹(日独伊三国同盟, 独:Dreimächtepakt, 伊:Patto tripartito)는 1940년(쇼와/昭和15年) 9월 27일에 일본, 독일, 이탈리아 사이에 체결된 「일독이삼국간

주만 공격을 시발로 하여 태평양전쟁을 일으키고, 제2차 세계대전에 돌입, 일본 제국주의가 중심이 된 국가총력전을 위해 식량이나 자원이 통제를 받았다.

태평양전쟁 말기에는 연합국의 해상봉쇄와 공습, 노동력을 갖춘 젊은 남성의 징병에 의한 노동력 부족 때문에 일본은 심각한 식량난과 물자부족에 허덕이게 되었다. 전쟁수행을 위해 대중문화나 전통문화도 제국주의 정부에 의해 통제를 받았다.

1.2.7 현대

일본이 포츠담선언을 받아들여 항복을 선언하고, 미군을 주축으로 연합군에 의해 일본의 대부분은 GHQ의 관할하에 두게 되었다. GHQ의 지시에 따라서 일본정부는 특권계급, 무장 및 군국주의의 배제·해체·추방과 산업·경제의 민주화가 진전되었다. 구식민지 및 소련군의 점령지역으로부터의 일본인 퇴출이나 전지로부터의 복귀가 진행되고, 일본인은 전후에는 잠시 동안 고통스런 생활을 할 수밖에 없었다.

전후에는 미국의 근대문화가 국민의 동경의 대상이 되었고, 고도경제성장[34])에 의해서 일본은 비약적인 공업화와 도시화가 진행되었다. 이에 따라서 종래의 생활습관은 변화되었고, 전통적인 생활습관 대부

조약(日独伊三國間條約)」에 바탕을 둔 일독이삼국(日独伊三国)의 동맹관계를 가르킨다. 제2차 세계대전의 구축국(枢軸国)의 원형이 되었다.

34) 일본경제가 비약적으로 성장을 이룬 시기는 1954년(쇼와 29年) 12월부터 1973년(쇼와 48年) 11월까지의 19년간이다. 또, 쇼와 전기의 일중전쟁의 전후로부터 미군의 일본 본토 공습이 격화된 1944년 전후도 군수에 기반을 둔 통제경제하에 있었지만, 경제성장률 자체는 고도경제성장기에 필적하기 때문에 이 시기도 일종의 「고도경제성장」이라고 비아냥거리는 경제사학자도 있다.

분을 상실하게 되었다. 그러나 전후의 일본은 미국의 문화를 모방하기 시작하였다. 미국의 근대적인 문화를 받아들이면서 미국모방 문화를 잘 소화해내고, 다채롭고 풍부한 음식문화, 애니메이션이나 만화 등을 비롯한 새로운 일본의 문화가 탄생되었다. 미국의 뒤를 이어 경제대국이 된 일본은 자신감을 회복하게 되었고, 1970년의 오사카만국박람회에서는 「인류의 진보와 조화」가 강조되기도 하였다.

동아시아를 제외한 여러 외국에서는 근년에 이르기까지 한결같이 「사무라이(サムライ)」, 「게이샤(ゲイシャー기생)」 등의 일부 전통적인 문화가 일본을 대표하는 일본문화로서 정착되었고, 1990년대 이후, 외국에서도 현대적인 일본의 대중문화나 서브컬처에 흥미를 갖는 사람들이 증가하였다. 특히, 게임이나 애니메이션, 만화 등의 콘텐츠분야·시뮬레이션, 음식문화는 구미나 아시아의 도심부에 침투하였고, 이에 한 점포나 시설(스시바나 만화샵)이 완성되었다.

1.2.8 총괄

일본문화는 유사 이래 중국문화권에 속하고, 수입문화·번역문화의 측면을 갖고 있으며, 적극적으로 외국의 문화를 섭취하고 이를 재래의 문화와 융합하여 일본화함으로써 독자적인 문화를 형성하여 왔다. 그러나 마찬가지로 중국문화의 절대적인 영향을 받은 한국·베트남과는 달리 정치적으로 중국의 여러 왕조의 지배하에 들어간 적은 한 번도 없었다. 헤이안조와 에도기에 일본은 외국과의 교류를 단절했지만, 이 시기에 일본의 독자적인 문화가 현저하게 성숙하였다.

강대한 중국 당(唐)나라가 번성했던 시대에는 귀족은 중국문화를 모범으로 한 덴표문화(天平文化)를 구축하고, 유학생이 배워온 선진문화가 정책상의 규범이 되었다. 한문을 유창하게 구사하는 것은 귀족에게 필수불가결한 교양이 되었다.

견당사가 중지된 후에는 국풍문화가 일어났지만, 이때까지 문화의 중심은 귀족과 사원이었다. 헤이안 말기의 헤이시 정권기(平氏政権期)부터 가마쿠라시대에 걸쳐서 일송무역이 행해지고, 신불교와 함께 정진요리(精進料理)나 문인화 등의 중국문화가 유입되었다. 그 후의 일본 전통문화에도 이 시기에 송으로부터 도입된 문물의 흐름을 계승하는 경우가 많다. 가마쿠라시대에는 관동을 중심으로 한 무사(武士) 문화가 교토의 왕조문화와 함께 일어났다.

무로마치시대에는 일명무역(日明貿易)에 의해 계속해서 중국문화가 유입되었고, 이 시기에 수입된 직물이나 도기, 서화 등은 현대의 전통 공예품에 전수되었다. 무로마치시대부터 아즈치모모야마시대(安土桃山時代)에는 전국다이묘(戦国大名)에 의해 각지에서 지방색이 농후한 문화가 탄생하였다.

에도시대의 쇄국정책하에서도 나가사키(長崎)를 거점으로 한 중국과의 교류는 계속되었고, 유학자 사이에서는 중국숭배의 풍조가 잔존하고 있었다. 한편, 일본의 독자성에 대한 자각으로 인해 전통으로의 회귀로써 국학(国学-전통적인 일본연구의 학문) 등의 학문도 발생하였다. 또, 에도시대는 에도·교토·오사카의 3대 도시를 중심으로 조닌(町人)의 문화가 발전한 시기이다.

그 후에 근대일본의 문화는 명치유신과 연합국 점령시대의 2회에 걸친 대전환기를 맞이하게 되었다(이것은 도심부를 중심으로 한 시점이고,

민속학 등에서는 오히려 제2차 세계대전과 고도경제성장에 의해 문화 단절이 발생되었다). 현재의 일본인이 갖는 이미지화된 전통문화에도 명치 이후에 발생한 것(예: 신전결혼)이나 원래는 외국문화인 것[예: "황새가 아기를 나른다(コウノトリが赤ちゃんを運ぶ)"라는 전설이 있다. 이 것은 유럽의 민화이지만, 일본에서도 지역적으로 정착했다]도 많다. 명치유신 이후부터 제2차 세계대전 항복까지의 시기에는 제국주의가 식민지 쟁탈을 확대하는 국제환경 가운데 서양의 압도적인 문명과 선진문화를 목전에 둔 일본의 자긍심을 어떻게 해석하는가가 과제였다.

　일본을 강국으로 만들기 위하여 적극적으로 서양의 문물을 도입하려고 하는 움직임(탈아사상: 아시아에서 벗어나 서양화하려고 하는 사상)과 독자성을 위해 전통을 강조하려고 하는 움직임(국수주의)의 양자가 존재하였고, 때로는 극단적인 서양숭배를 하거나 역으로 외국을 배척하려는 경우도 발생하였다. 제2차 세계대전 후에는 외세에 대한 경계심은 완화되었지만, 여전히 탈아사상과 척왜양이 정신은 지속되었다.

02 일본문화론

일본문화, 혹은 일본인을 특징짓는다고 여겨지는 개념을 중심으로 한 일본문화론·
일본인론도 많이 제창되고 있다.

2.1 일본인의 특성

일본에서도 개인이 자기의 이익을 꾀하고, 이익이 대립이 되는 상대
방과 경쟁을 하는 것은 당연하지만, 일단 외향적으로는 자기주장을 억
제하는 겸손이 미덕이라고 하기 때문에, 이와 같은 가치관이 비교적 희
박한 사회에서 다른 사람과 비교하는 경우에 그 외향적인 성격을 바꾸
지 않고, 반대로 상대를 억누르고 자신의 이익을 도모하려는 경우가 많
아졌다. 이것은 다른 『○○문화론』과 같이 하나의 화술이라고 하는 이
론도 강하다. 그 진위에 대한 상술은 생략하고, 이하에 일본의 고유문화
에 대해서 상술하기로 한다.

> ·인사(오지기: お辞儀－간소한 인사법)·경례(敬礼): 외향, 연배
> 를 존경하는 『종사회(縦社会: 다테사회)』이기 때문에 이와 같
> 은 예법이 발달했다고 하는 의견이 있다. 물론, 마음속은 또한
> 다르다.

・혼네(本音)와 다테마에(建前)[1]: 외향적인 『와(和)』를 중시함으로써 외향은 무난한 것만을 말하고, 진의는 상대가 「스스로 생각하도록(察してもらう)」 하는 것을 기대하는 경향이 강하다고 한다. 사적인 공간이나 이해관계가 없는 상대와 맞대면할 때 등 『와(和)』라는 외향적인 사항은 고려할 필요가 없을 때보다 노골적으로 자신의 진심(혼네: 本音)을 들어내는 경향이 있다고 한다.

2.2 '하레(ハレ/晴れ)'와 '게(ケ/褻)'

「하레와 게(ハレとケ)」[2]란 야나기다 구니오(柳田國男)에 의해서 제창된 시간론을 동반하는 일본인의 전통적인 세계관의 하나이다. 민속학이나 문화인류학에서 「하레와 게(ハレとケ)」의 경우, 하레(ハレ/晴れ)는 장례(儀礼)나 마쓰리(祭), 연중행사 등의 「비일상」, 게(ケ/褻)는 평소의 생활인 「일상」을 말한다. 하레의 경우 의식주나 행동(振る舞い), 말의 표현방식(言葉遣い) 등을 지칭하며, 게와는 명확하게 구분이 된다. 원래 하레란 오리메(折り目: 구분)・후시메(節目: 고비)를 지칭하는 개념이다. 하레의 어원은 「하레(晴れ: 맑다)」이고, 「화려한 무대(晴れの舞台)」(생애 한 번 정도의 중요한 장면), 「하레기: 晴れ着」(= 구분(折

---

1) 혼네와 다테마에는 사물에 대면하는 사람의 감정과 태도와의 차이를 가리키는 말이고, 또는 일본인의 가치관에 대해 자주 일본인론에 나타나는 말이다. 이른바 「혼네(本音)」는 어떠한 상황에 대해서 개인이나 집단 가운데 공유되는 의식에 내재하는 감정이나 욕구를 포함하는 가치관에 반해 마음속에 내포되는 것이고, 이것은 완전히 자유로운 마음의 동요에 의해서 형성된다. 동의어로는 이른바 「본심(本心)」을 들 수가 있지만, 자신에 대한 거짓된 것은 포함하지 않는다.
2) 하레는 경사스런 날을 의미하고, 게란 부정하다는 의미로서 월경, 상(喪) 등의 예를 들 수 있다.

り目)・고비(節目)의 장례에서 착용하는 의복) 등의 표현에 사용되고 있다. 이에 대하여 평상복(普段着)을 「게기(ケ着)」라고 하였지만, 명치 이후부터 사용되지 않게 되었다. 또한, 현대에서는 단순히 날씨가 좋은 경우를 「하레: 晴れ - 맑다」라고 하지만, 에도시대까지 거슬러 올라가면 갈수록 장마가 계속된 후에 날씨가 좋아지고, 맑은 태양이 비치는 때만 「하레: 晴れ」라는 기록이 있다.

하레의 날에는 떡, 찰밥, 흰쌀, 꼬리와 머리가 붙은 생선, 술 등을 먹고 마셨지만, 이들은 일상적으로 먹는 음식은 아니었다. 게다가, 이를 위한 그릇도 하레 전용품이었고, 일상적으로는 사용되지는 않았다. 「하레와 게」라는 양식론은 야나기다 구니오(柳田國男)가 근대화에 의한 민속의 변용을 지적하기 위해서 하레와 게의 구별이 어려운 경우, 예를 들면, [하레의 장례에서만 나왔던 특별한 음식을 일상적으로 먹는다] 등을 실증적인 실례로 든 것이 시초이다. 야나기다는 과거 몇 세대 이전의 「하레와 게」를 구별하는 방법과 야나기다와 같은 세대의 사람들의 「하레와 게」를 구별하고, 이로써 장래를 내다보려는 민속학의 한 방법론이다.

2.3 장례식(葬式)에 대해서

다양한 논쟁 가운데, 장례식을 하레라고 하거나 게가레(추악한 것 - ケガレ)라고 표현하기도 한다. 일반적인 개념으로는 장례식은 불행한 일이고, 결혼식 등의 경사와 구별하려는 입장에서 나미히라 에미코(波平惠美子)는 장례을 추한 것(ケガレ)이라고 명확하게 규정하고 있다.

한편, 사쿠라이(桜井)를 비롯한 민속학자 대부분은 장례식 때에 찰밥(赤飯)을 지은 것으로 여겨지는 민속사례나 하레기(晴れ着)[3]를 입고 장례식에 참가하는 민속사례 등을 염두에 두고, 「비일상」이라는 점에서 장례식도 하레로 본다. 그러나 양쪽 모두 증거가 충분하지 않고, 왜 장례식이 게가레인가, 혹은 하레인가에 대해서는 충분한 설명을 하지 못하고 있다.

일본에서는 장제(葬祭)로서의 소기와 제사를 구별해 왔지만, 「제(祭)」는 본래 한자의 의미가 소기를 나타내는 점에서 일본 고유의 정제(기요메: 淸め)와 부정(게사레: 穢れ)의 가치관에 중화문명의 풍속이 유입되어 명확한 구별을 할 수 없다는 주장도 있다.

일본신도에서는 소금이 부정을 제거하는 힘을 가진다고 생각하고 있다. 그 때문에 신도행사에서는 제단에 소금을 올리는 풍습 등이 있다. 또, 일본에서는 죽음을 부정의 일종으로 간주하는 토착신앙이 있다(신도에 근원이 있다고 한다). 그 때문에 장례식 후에 소금을 사용하여 몸을 정제하는 풍습이 있다. 이것은 불교식의 소기에서도 널리 행해지고 있지만, 죽음은 부정이 아니라고 하여 장례식 후에 정제의 소금을 사용하지 않는 불교 종파도 있다.

다음에는 일본 고유문화의 실례를 몇 가지 들어보기로 한다.

---

3) 경사스러운 날에 입는 의복을 말하고, 후단기(평상복)에 대비되는 말로서 사용된다. 사람의 일생 동안 통과의례나 관혼상제, 즉 탄생, 가미오키(髪置, かみおき-시치고산(七五三)이라고 부르는 어린이의 축하식전 중 3세의 축하를 이르는 말), 하카마기[(袴着-유아가 처음으로 하카마(袴)를 걸치는 의식), 오비토키(帯解き-처음으로 기모노에 오비(끈)을 착용하는 것을 축하하는 행사), 성인식, 결혼, 환갑잔치, 장례식, 제사 등의 때에는 각각 해당하는 관습에 따라 치장하고, 또한 이미고로모(忌み衣-장례식 때의 의복)를 걸친다.

▶ 아이사쓰(あいさつ: 인사)4): 잘 먹겠습니다(いただきます), 잘 먹었
  습니다(ごちそうさまでした), 다녀왔습니다(ただいま), 다녀오셨어
  요(おかえりなさい), 어서 오세요(いってらっしゃい), 다녀오겠습
  니다(いってきます), 실례합니다(失礼します/した), 실례합니다(お
  邪魔します/した) 등이 있다.

▶ 가미자(上座)・게자(下座)5): 지위가 높은 사람이 윗자리에 앉고,
  그렇지 않은 사람이 아래쪽에 앉는다.

▶ 집단주의(集団主義)6)

---

4) 인사란 새로 얼굴을 마주 대하게 되었을 때나 헤어질 때에 이루어지거나 예의로서
   행해지는 정형적인 말이나 동작 등을 지칭한다. 한편, 식전 등에서 의례적으로 행
   해지는 말을 지칭하는 경우도 있다. 사람들이 어떤 특별한 일로 얼굴을 마주 대하
   는 경우, 그 목적에 관한 화제를 곧바로 시작하지 않는다. 처음 서로 확인하였을
   때의 말이나 행동, 또는 서로 상대의 존재를 인정했다는 것을 알 수 있는 행동을
   한다(눈을 마주치고 손을 들거나 「아아(やあ)」라고 말하는 등). 더 가까이 접근해
   서 대화를 나눌 때에도 특정 행동이나 말로 대화를 시작한다.
5) 상좌(가미자: 上座)란 일본의 실내에서의 매너로서 신분이 높은 사람이 앉는 곳.
   반대말은 게자(下座). 대개 입구에서 가장 먼 좌석이 상좌가 되고, 입구에 가까운
   경우 게자가 된다. 이것은 어디까지나 일본에서 통용하는 문화이고, 다른 나라에서
   는 사정이 다르다. 일본 내에서도 가미자(上座)・게자(下座)의 의식에는 지역 차가
   있고, 오키나와에서는 주객 이외의 서열은 그다지 중요하지 않다.
6) 이를 일본인의 민족성으로서 설명하는 논자가 있다. 트리안디스(Triandis)는 『개인
   주의와 집단주의 두 가지의 렌즈를 통해서 읽을 수 있는 문화(個人主義と集団主義
   2つのレンズを通して読み解く文化)』에서 「개인주의」, 「집단주의」에 대한 연구를
   통해 집단주의 성향을 띤 나라의 예로서 일본이나 중국을 들고 있다. 그레고리 클
   라크는 『독특한 일본인』에서 인도・이슬람제국・중국・구미・한국을 「원시관계
   사회」, 일본을 「인간관계사회」로 파악하고, 현대의 일본사회에서 작용하고 있는
   심리를 다른 나라에서 볼 수 없는 독특한 점이라고 지적을 하고 있다. 즉, 원시사회
   를 개인주의적인 사회, 인간관계사회를 집단주의적인 사회라고 하고, 원시적 관계
   사회를 이데올로기적・보편주의・지성주의・논리적으로, 인간관계사회를 파벌
   적・개인주의・감성주의・직감적이라고 한다.

• 이지메(いじめ)[7]: 주위와의 동조를 걱정하는 집단주의이기 때문에 그리고 그 「집단」은 개개의 사고방식이나 가치관을 상호의 신뢰와 결부하는 것이 아니라 「같다(同じである)」라는 의미로 여기며, 「벗어나지 않는가(はずしていないか)」, 다른 사람들이 무엇인가를 뒤에서 말하고 있는 것은 아닌가 등을 걱정하며 항상 안색을 서로 살피고, 문제가 없으면 안심한다는 견해가 있다. 「동일하지 않은(同じでない)」 사람을 보면 모두가 같지 않다, 자신도 소외되고 있는지도 모른다는 불안에 빠져서 학대를 하거나 모두 같다는 것을 「확인」함으로써 그 불안을 해소한다고 한다. 이러한 가치관을 이용하여 의견이나 생각 등이 다를 때에 라이벌이나 방해가 되는 상대와 대치할 때 정면에서 말하거나 상대하지 않고, 집단의 의견에 따라서 조정하거나 이를 이용함으로써 자신의 의견을 관철하여 적을 축출시키는 경우가 있다. 즉, 학대에는 정신적 폭력(moral harassment)이나 높은 지위에 속한 사람의 약자에 대한 일방적인 폭력·공갈·협박 등이 있으며, 다른 문화권에서도 자주 볼 수 있다.

---

7) 이지메는 「육체적, 정신적, 입장적으로 자신보다 약한 사람을 폭력이나 혐오감 등에 의해서 일방적으로 괴롭히는 행위」로, 특히 1985년(쇼와昭和60年) 경부터 상습화된 교내폭력을 가리키는 경우가 보편적이다. 단순한 폭력뿐만 아니라 물건을 감추거나(장난친다), 교환일기로 욕설을 쓰는 등 「심적인 학대(心に対するいじめ)」도 있고, 시카토(シカト/無視)는 물밑에서 행해지는 경우로 교사나 주위의 사람들이 못 알아차리는 사이에 이지메가 발생하여 심각한 사태가 벌어질 수도 있다. 1996년(헤이세이平成8年)에 문부대신이 긴급하게 시정의 필요성을 느껴 다음과 같이 「심각한 학대는 어떤 학교에도, 어떤 학급에도, 어떤 아이에게도 일어날 수가 있다(深刻ないじめは、どの学校にも、どのクラスにも、どの子どもにも起こりうる)」고 했으며, 아동학생 1000명당 7.1명이 학대를 받고 있다고 한다. 학대에 관한 조사에서는 「초등학교 4학년부터 중학교 3학년까지의 6년 사이에 학대, 따돌림(仲間はずれ), 무시, 소문과 무관계한 아동학생은 1할밖에 없다」라는 사실을 파악하여 그 심각성을 지적하고 있다.

▶ 네마와시(根回し)[8] : 비공식적인 교섭으로 사전에 이해를 조정해두는 교섭의 방법이다.

▶ 단고(談合): 상층부에 의한 의견절충으로 문제를 해결하는 방법을 말한다. 해결이 결정됐을 때는 데우치(手打ち: 박수)라는 의식행위가 이루어진다. 예를 들면, 물이 고갈되는 시기에 어떻게 논에 물을 댈 것인가 하는 취수에 대한 촌락끼리의 담합에서 발생하였고, 근년에는 토목·건설을 비롯한 공공사업 등의 분배 시에 일어나는 경향이 많다. 여러 지방에서 카르텔과 같은 상행위상의 범죄행위로서 적발되는 경우가 많아졌다.

▶ 「하지(恥)」의 문화

· 수치심이란 자아나 자존심에 해당하는 개념으로, 하지(恥)가 되는 행동을 하였을 때에 느끼는 감정을 말한다. 일반적으로 사회규범에 합당한 행동을 하도록 요구되는데, 수치심을 과도하게 느끼는 경우에는 행동의 위축 등과 같은 문제가 발생한다. 죄악감 내지 수치심을 측정하는 TOSCA-A의 shame 항목에 의하면, 수치심은 이하 네 종류의 하위척도로 분류가 된다. 자기의 존재가 부족하다고 느끼고, 자기를 부정하고 싶다고 생각하는 「전체적 자기비난」, 수치심(恥)으로부터 벗어나고 싶어한다, 또는 수치심을 느끼거나 기억하지 않으려고 생각하는 「회피·은폐반응」, 자신이 주위로부터 고립되었다고 느끼는 「고립감」, 타인이 보고 있다고 느끼거나 다른 사람에게 비웃음을 사고 있다고 생각하는 「피소감(被笑感)」 등을 들 수 있다. 수치심은 짧은 순간의 죄악감과는 구별이 되는 감정이다. 수치심을 느끼는 사람은 죄악감을 갖고 있는 사람보다 공격적이고

---

8) 네마와시(根回し)란 수목을 이식하기 전에 준비하는 일련의 작업. 이른바 일을 할 때에 사전에 관계자로부터 양해를 받아두는 것(사후교섭[下打ち合わせ]이나 사전교섭 등의 절차)을 지칭하는 말이다.

반사회적이라는 연구도 있다. 수치심은 외부에의 귀속, 타인에 대한 강한 초점, 복수라는 감정이나 행동을 하게 만드는 동시에 굴욕감을 동반하기도 한다.

2.4 오우에(お上)상층에 대한 복종의 문화

오우에(お上-오카미라고도 한다)란 귀인이나 주군에 대한 존칭을 말한다. 한편으로는 공권력을 가리키기도 한다. 즉,「오우에(おうえ)」라고 읽는 경우는 주부, 또는 자시키(座敷), 이마(居間 - 거실)를 의미한다. 시토칸힛토(四等官筆頭: 4등관의 우두머리)의 장관을 가미(カミ: 귀인)라고 하였다. 일본에서는 옛날부터 최상위의 권력자를 가미(カミ)라고 하였다. 무가정권시대는 서민의 경우 오카미(オカミ)는 영주를 가리키고, 무사의 경우 오카미(オカミ)는 주군이고, 구게(公家)에서 오카미(主上)란 천황을 말한다. 명치에 들어서서 일군만민론(一君万民論)의 침투와 함께 협의로는 천황 한 사람을, 광의로는 「천황의 정부(天皇の政府)」로 대표되는 공권력을 상징하게 되었다. 제2차 세계대전 이후에는 「오우에(お上)」가 천황을 지칭하는 말이 아니라 야유적인 의미로 정부나 청사 등을 가르키는 속어적인 의미만 남게 되었다. 「우에사마(上樣)」는 에도시대에는 장군의 존칭으로써 사용되었다. 영수증 등에 손님의 이름 대신에 「우에사마(上樣)」라고 쓰는 것은 여기에서 비롯되었다는 말이 있지만, 한편에서는 그렇지 않다는 이견도 있다.

2.5 외국에서 본 일본

일본문화가 유럽에서 주목받기 시작한 것은 우키요에(浮世絵) 등의 미술품 때문이었다. 그 후에 유럽에 속하지 않으면서도 아시아에서 가장 근대화를 성공시키고, 일청(日淸)과 일로전쟁(日露戦争)에 승리한 일본에 대한 관심이 많아졌다. 외국에서 인식하는「일본」의 이미지와 문화는, 특히 구미권에서는 기독교문화와 완전히 계통이 다른 문화에 대한 호기심에서 어느 한 쪽이 과장되고, 또는 중국 등과 혼동되거나 스테레오타입화(ステレオタイプ, 紋切り型化)되어 전해지는 경향이 있으며, 일본의 입장에서 보자면「편협한 인식」이라고 생각되는 경우도 많다. 현대사회에 들어와서도 일본에는「닌자(ニンジャ)」가 보이지 않아 놀랐다는 외국인여행자도 많이 있다.

그러나 근년에 들어 컴퓨터게임, 애니메이션이나 일본의 만화, J-POP, 패션 등의 대중문화가 해외에서 주목을 받게 되고, 이전과는 다른 시각에서 일본을 보는 사람들도 증가하고 있다. 예를 들자면, 할리우드 영화 등에서도 본격적으로 일본을 묘사하려는 작품이 제작되고, 일본 영화를 리메이크하거나 일본인 감독을 기용하는 등의 움직임을 볼 수가 있다. 2000년대에 들어서 젊은 층을 중심으로 일본의 이미지가 대중 문화에 편중되고 있다고 하는 지적도 있는데, 전통문화나 생활문화, 하이컬처를 포함한 문화 등 일본을 대표하는 일본문화의 특징적인 요소를 보기로 하겠다.

▶ 자포니즘(ジャポニスム-후술)−19세기 말, 우키요에(浮世絵)・린파(琳派)[9]등의 일본미술이 인상파나 아르누보(アール・ヌーヴォー)에 영향을 끼쳤다.

▶ 후지산(フジヤマ), 덴푸라(テンプラ: 튀김), 게이샤(ゲイシャ: 기생), 스시(スシ: 초밥), 닌자(ニンジャ), 사무라이(サムライ: 무사), 무사도, 젠(禅)−명치기의 개국으로 내일했던 사람의 보고, 방오(訪欧: 유럽을 방문한 사람)했던 사람의 주장이나 일청・일로전쟁에 승리했던 일본을 보고 확대된 인상・파악.

▶ 니혼쇼쿠(日本食)−회전스시(가이텐스시:回転寿司), 간장, 두부, 전골(すき焼き), 생선구이(照り焼き) 등. 해외에 알려진 일본식은 일본의 와쇼쿠(和食)와는 다른 경우도 있다.

▶ 이코노믹(エコノミック)・애니멀(アニマル), 저팬(ジャパン)・인코퍼레이티드(インコーポレイテッド)−고도경제성장 속에서 버블기의 일본인의 경제활동을 야유하여 부르는 말이다. (야유가 아니라는 의견도 있다. "「이코노믹(エコノミック)・애니멀(アニマル)」은 긍정적인 말(褒め言葉)이었다."(다가 도시유키(多賀敏行著), 오해와 오역의 근현대사))

▶ 고전원예식물(古典園芸植物)−에도시대에 고도로 발전한 육종에 의해서 생산된 국화 등의 원예식물이 19세기 후반에 유럽에 전해져 서양의 꽃에 대한 미의식을 바꿔 놓을 정도로 지대한 영향을 끼쳤다. 또한, 분재나 일본정원도 구미의 원예, 정원기술 등에 영향을 끼쳤다.

---

9) 임파(琳派)는 모모야마시대 후기에 일어나 근대까지 활약했다. 동경향의 표현 수법을 차용한 조형예술상의 유파, 또는 미술가・공예가들이나 그 작품을 지칭하는 명칭이다. 혼아미 고에쓰(本阿弥光悦)와 다와라야 소다쓰(俵屋宗達)가 창시하고, 오가타 고린(尾形光琳)・겐잔(乾山)형제가 발전시켰고, 사카이 호이쓰(酒井抱一), 스즈키 기이쓰(鈴木其一)가 에도시대에 정착시켰다.

- ▶ 애니메이션과 가라오케(カラオケ)−쇼와에서 헤이세이기에 일본이 외부에 전파했다.
- ▶ 일본영화−구로사와 아키라(黒澤明), 아즈 야스지로(小津安二郎), 기타노 다케시(北野武) 등의 작품이 해외에서 높은 평가를 받았다.
- ▶ 비주얼계(ヴィジュアル系), 테크노팝(テクノポップ), 재패니즘(ジャパニーズ)・하드코어(ハードコア)
- ▶ J-POP[10)]−1990년대 아시아를 중심으로 세계에 영향을 끼쳤다.
- ▶ 패션−꼼데가르송(コム・デ・ギャルソン), 요지 야마모토(ヨウジ・ヤマモト) 등의 브랜드, 우라하라주쿠계(裏原宿系), 로리타패션(ロリータ・ファッション), 갸루패션(ギャル・ファッション) 등 일본 독자적인 무브먼트(ムーブメント:움직임)를 들 수 있다.
- ▶ 가와이이(可愛い: 귀엽다)[11)]−원래는 좋은 인상, 호감이 가는 이미지(好ましいイメージ), 마음속에 간직한다는 의미의 「가와이이(カワイイ)」가 2005년경부터 해외로 퍼져 나가는 것을 볼 수 있다(다른 나라의 예를 들면 미국과 같은 말・개념으로 「쿨(cool)」이 있다).
- ▶ 못타이나이(もったいない: 아깝다)−못타이(勿体, もったい)+나이(ない)가 결합된 단어로, 외국어에는 존재하지 않는 일본어 고유의 단어이다. 환경보호활동가인 왕가리 마타이(ワンガリ・マータイ)가 감명을 받아 세계로 못타이나이(MOTTAINAI) 운동을 펼쳤다.
- ▶ 트랜지스터 글래머(トランジスターグラマー)

---

10) J-POP은 FM 라디오방송국인 J-WAVE에 의해서 만들어졌다. 일본의 대중음악을 지칭하는 말이다. 「J」는 Japan의 J이다. 이것에 팝뮤직(ポップ・ミュージック)의 「POP」을 조합시켰다.

11) 가와이이(可愛い: かわいい, Kawaii)는 일본어의 형용사이고, 사랑스러움(いとおしさ), 멋스러움(趣き深さ) 등 어떤 의미로 「사랑해야 할 대상(愛すべし)」으로 느끼는 경우에 사용된다 . 또한, 「가여운(かわいそう)」과 관련이 있다는 견해도 있다. 파생어로는 조금 의미를 강조한 「귀엽다(可愛らしい)」, 동사 「귀여워하다(可愛がる)」가 있다.

▶ 야마토나데시코(大和撫子)

· 야마토나데시코(やまとなでしこ: 패랭이꽃을 뜻하는 일본 고유의 말)는 일본인 여성을 가련하고 섬세하지만 심성이 강한 패랭이꽃(ナデシコの花)에 비유하여 말하는 미칭이다. 야마토나데시코(ヤマトナデシコ)라고도 한다. 한자로는 「야마토나데시코(大和撫子)」로 쓰고, 식물 「カワラナデシコ」(가와라나데시코: 河原撫子)의 다른 이름으로서도 사용되는 말이다. 「야마토(大和)」란 일본의 다른 이름이지만, 오야마토(大倭)라는 미칭도 있다. 야마토정권이 고키(五畿)의 하나인 야마토(현재의 나라현)에 있었던 것에 유래한다. 원래는 「야마토(倭)」로 쓰지만, 겐메이텐노(元明天皇) 때에 「야마토(倭)」와 통하는 와(和)에 「대大」를 붙여서 「야마토(大和)」라고 쓰도록 하였다. 「나데시코(撫子)」란 어루만지(撫でる)듯이 귀엽게 여기는 아이(可愛がっている子), 사랑스러운 아이(愛しい子: 愛児)를 말한다. 역사서인 고지기(古事記)나 일본서기(日本書紀: 奇稲田姫)에 등장하는 여신인 「구시나다히메(櫛名田比売, クシナダヒメ)」의 다른 이름이기도 하다. 또한, 대중음악의 경우 야마토나데시코그룹(大和撫子グループ)이 2009년에 아키바계(アキバ系)에 속한 POPS 퍼포먼스 유닛으로서 데뷔하였다. 2011년 11월에 미국의 켄터키주에서 개최된 '스고이콘(スゴイコン: 놀라운 콘서트)'에 일본인 가수의 대표로 초대되었다.

▶ 기업전사(企業戰士)

· 일본에서 기업전사란 기업을 위해 분골쇄신으로 일하는 샐러리맨을 말한다. 가족도 돌보지 않고, 회사나 상사의 명령대로 일만 하는 샐러리맨을 전장의 병사로 비유한 것이다. 샐러리맨을 일본 회사의 재산을 유지하기 위한 수단으로서 「전사」라고 명명하여 기업이나 사회가 부추기고, 고도 경제성장기 이후에 이들은 「일본 주식회사」

의 주요 책임자가 되었다. 이들은 특히 1972년경부터 수년에 걸쳐 「맹렬사원(猛烈社員, 모레쓰샤인)」 등으로도 불리기도 하였다.

· 「기업사원」의 변화는 1990년대 버블경기 붕괴 이후 샐러리맨이 기업을 위해 모든 것을 희생하여 일해도 사직이나 해고를 당함으로써 사회에 대한 「충성심」을 상실시키는 결과를 초래했다. 한편, 기업에서도 「전사」와 같은 유형의 인재가 더 이상 필요하지 않게 될 정도로 일본의 경제와 사회가 불안정해졌다. 이것이 기업과 사원의 관계가 소원해지는 원인이 되었다.

2.6 자포니즘(ジャポニスム)

자포니즘(ジャポニスム, 불어: Japonisme), 또는 자포니즘(ジャポニスム, 영어: Japanism)이란 유럽에서 볼 수 있었던 일본 취미나 일본 자체에 심취한 경향을 말한다. 프랑스를 중심으로 한 유럽에서의 조류였기 때문에 여기에서는 불어의 음독인 「자포니즘」으로 표기를 통일하기로 한다. 자포니즘은 단순히 일시적인 유행이 아니고, 당시의 모든 선진국에서 30년 넘게 계속된 운동이며 구미에서는 르네상스에 필적되는 현상이다. 서양의 근대적인 미의식과 과학적 측면에서 볼 때 큰 변혁 운동의 한 단계로 인식되고 있다. 특히 19세기 중엽의 만국박람회 출품을 계기로 일본의 미술작품들이 주목되고, 인상파나 아르누보(アール・ヌーヴォー) 작가들에게 영향을 끼친 점이 인상적이다.

---

12) 출처: http://ja.wikipedia.org/wiki/%E9%A4%A8%E6%9E%97%E5%9F%8E
13) 출처: http://ja.wikipedia.org/wiki/%E3%82%B8%E3%83%A3%E3%83%9D%E3%83

Le Japon Artistique,
1888년 5月 1日号[12)

Paris Illustré "Le Japon"
vol. 4, May 1886[13)

2.6.1 개요

자포니즘은 화가를 비롯해서 작가, 시인들에게도 큰 영향을 끼쳤다. 예를 들면, 고흐의 우타가와 히로시게(歌川広重)의 『메이쇼에도핫케(名所江戸百景)』모사작이나 모네의 기모노를 입은 소녀가 대단히 유명하고, 드가를 비롯한 화가들의 색채 감각이나 인물과 풍경의 구도에도 지대한 영향을 끼쳤다. 문학작품의 한 장르인 와카(和歌) 등도 많은 외국어로 번역이 되어 소개되었다. 예를 들면 부채에 기록된 말라르메의 4행시가 대표적이다. 자포니즘은 오리엔탈리즘(동양취미)에서 비롯된 것이지만, 단순하고 일시적인 유행으로만 그치지 않았다. 14세기 이후 서양에서는 큰 문화적인 변혁이 여러 번 일어났다. 서양의 근대를 상징하는 르네상스 시대에는 자연으로의 회귀운동이 일어났고, 예술 세계에서는 구상을 있는 그대로 묘사하려는 근대적인 관점이 발달하고, 사실성을 추구하는 움직임이 점차로 강해졌다. 19세기 중엽에는 쿠르

%8B% E3%82%B9%E3%83%A0

① 클로드 모네, 　　　　　② 고흐,『탕귀 영감』[14]
　『라 자포네즈』

　베 등에 의해서 명실공히 사실주의가 정착했다가 19세기 후반부터 사실주의가 쇠퇴하고, 인상주의를 거쳐 추상주의 등의 모더니즘에 이르는 변혁이 일어났다. 이 변혁의 시초에 결정적으로 작용한 것이 자포니즘이라고 생각할 수 있다. 자포니즘은 단순한 유행에 그치지 않고, 그 이후 1세기 가까이 지속된 세계적인 예술운동이었다.

　현재도 일본의 만화와 애니메이션 등이 프랑스 등지에서 높은 인기를 끌고 있으며「현대의 자포니즘」으로 불리고 있다. 즉, 루이비통의 다미에 캔버스나 모노그램 캔버스도 당시의 고딕 취미, 아르누보의 영향 외에 이치마쓰 모양이나 가문(家紋)의 영향도 있다고 한다.

---

14) 출처: http://ja.wikipedia.org/wiki/%E9%A4%A8%E6%9E%97%E5%9F%8E.

2.6.2 역사

▎자포네즈리(ジャポネズリー)의 시대

자포네즈리란 이국에 대한 취미 중에서도 일본 취향을 말한다. 오리엔트(동양풍)나 중국풍 등의 물품처럼 당시에는 일본의 공예품도 희귀성을 지니고 있다고 평가되었다. 자포네즈리는 자포니즘의 일부, 또는 그 전단계로서 이해되고 있다.

가에이(嘉永)시대, 구로후네 내항(黒船来航)에 의해 개국을 한 일본에 서양 상선이 몰려왔다. 당시 발달하기 시작한 사진기술과 인쇄기술을 통해 일본의 모습이 서양에 널리 알려지게 되었는데, 그중에 미술공예품과 우키요에(浮世絵)라는 판화가 유럽과 미국에서 많은 인기를 끌었다.

자포니즘의 제1단계는 일본의 미술품, 특히 우키요에 판화의 열광적인 수집이 시작된 것이다. 그 최초의 예는 프랑스의 파리였다. 1856년경, 프랑스의 에칭화가인 펠릭스 브라크몽이 스리시(摺師－우키요에의 인쇄기술자)의 작업장에서 『호쿠사이만화(北斎漫画)』를 발견했다. 이들은 도자기 수송 시 완충재용 포장지로 사용되고 있었다고 한다. 그리고 1860년부터 1861년에 걸쳐 출판된 일본에 대한 책 중에서는 우키요에(浮世絵)가 흑백으로 소개되고 있다.

샤를 보들레르는 1861년에 편지에 이렇게 기술하고 있다.「상당히 오래전 일입니다만, 저는 일본의 공예품이 담긴 상자를 하나 받고, 이것을 친구들과 나누었습니다(かなり前になりますが、私は1箱の日本の工芸品を受け取り、それらを友人たちと分け合いました……)」. 이듬

해에는 우키요에를 포함한 다양한 일본제품을 판매하는 「라 포르트 시노와즈(中国の門: 중국의 문, La Porte Chinoise)」라는 점포가 파리에서 가장 멋진 리보리 거리 상점가에 개점하였다.

1871년에는 카미유 생상스가 작곡하고, 루이 갈레가 대본을 쓴 오페라 『라 프린세스 죤』(동양의 공주, La Princesse jaune)이 공개되었는데, 그 이야기는 한 네덜란드인 소녀가 자기보다도 우키요에에 빠져 있어서 그것을 더 소중하게 생각하는 예술가 남자친구에게 질투한다는 내용이다.

브라크몽에 의해 최초로 발견된 우키요에가 고전적 명작이었음에도 불구하고, 당시 유럽에 수입된 우키요에 대부분은 동시대인 1860~1870년대 화가들의 작품이었다. 그 이전의 거장들이 소개되고 평가를 받게 되는 것은 조금 후의 일이다. 또한, 같은 시기 미국의 지식층은 에도(江戸)의 판화 등은 저속해서 일시적인 유행에 그치고, 셋슈(雪舟)나 슈분(周文) 같은 일본의 세련된 종교적, 국가적 유산과는 구별되어야 한다고 주장했다. 1870년대와 1880년대에는 다수의 프랑스 수집가나 작가, 예술평론가가 일본에 건너왔다. 그 결과 유럽, 특히 프랑스에 일본의 미학에 관한 출판물과 공예품이 더욱 널리 알려지게 되었다. 우키요에 수집가는 자유주의 경제학자인 앙리 체르누스키, 비평가 테오도르 뒤레, 그리고 수년간 에도에 살면서 의학을 가르친 영국인 윌리엄 앤더슨 등이 대표적이다. 현재에도 앤더슨의 수집품은 대영박물관에서 볼 수 있다. 자포니즘의 발전과 함께 하야시 다다마사(林忠正)와 같은 일본인 미술상도 파리에서 개업하기 시작했다. 그리고 1878년의 파리 박람회에서는 수많은 일본 공예품이 전시되고 인기를 끌었다.

2.6.3 자포네즈리에서 자포니즘으로

오른쪽 마네의 그림은 자포네즈리를 대표하는 것으로 생각할 수 있다. 이 작품은 마네의 일본 취향을 나타내고 있고, 인물 뒤쪽에는 우키요에 등의 일본 회화가 설치되어 있지만, 이 작품 자체에 일본 회화의 표현방법이 구사된 것은 아니다. 고흐의 그림도 동일한 감각에 의한 것으로 생각할 수 있다. 이와 같이 일본 예술의 평가는 이국적인 취미의 하나에 지나지 않았지만, 우

마네《에밀 졸라의 초상》 1866년[15]

키요에 등에 나타난 일본의 독특한 공간표현이나 색채감각이 점차로 유럽의 예술가들에게 수용되어 「이즘」화가 진행되었다.

가쓰지카 호쿠사이(葛飾北斎)나 기타가와 우타마로(喜多川歌麿)를 포함한 일본 화가들의 작품은 유럽에 절대적인 영향을 끼쳤다. 즉, 일본에서는 문명개화가 일고, 우키요에 등의 출판물이 급속하게 쇠퇴해가는 반면에 유럽에서는 일본미술이 절대적인 평가를 받고 있었던 것이다. 일본미술에 영향을 받은 화가로는 피에르 보나르, 마네, 로트레크, 메리 카사트, 드가, 르노와르, 휘슬러, 모네, 고흐, 카미유 피사로, 폴 고갱, 클림트 외에 다수가 있다.

---

15) 출처: http://ja.wikipedia.org/wiki/%E9%A4%A8%E6%9E%97%E5%9F%8E

다양한 분야가 영향을 받았지만, 특히 판화가 영향을 가장 많이 받았다. 유럽에서 주류를 이룬 것은 목판화가 아니라 석판화였지만, 일본의 영향을 무시한 채 로트레크의 석판화나 포스터에 대해서 말할 수는 없다. 자포니즘을 주제로 한 흑백 목판화를 최초로 제작한 사람은 폴 고갱과 펠릭스 발로통이다.

영국에서의 일본미술 수용은 휘슬러가 중요한 역할을 했다. 당시 파리는 일본물품의 집산지로 알려졌고, 휘슬러는 파리에 체재할 때 우수한 우키요에 작품을 많이 수집하였다.

반 고흐의 작품은 우키요에의 스타일을 모방하거나 그 자체를 모티브로 하고 있다. 예를 들면,『탕귀 영감(당시의 한 미술상)의 초상화』에는 배경에 여섯 개의 우키요에가 묘사되어 있다. 또한, 그는 1886년 게이사이 에이센(渓斎英泉)의 우키요에를 프랑스 잡지『파리 일뤼스트레』(Paris Illustré)에서 발견한 후, 1887년에『창부(娼婦)』를 그렸다. 고흐는 이때 이미 앤트워프에서 우키요에 판화를 수집하고 있었다.

다음은 음악에서의 자포니즘 영향을 들어보기로 하겠다. 먼저 지아코모 푸치니의 유명한『나비부인(蝶々夫人)』이 자포니즘의 영향을 받은 것을 볼 수 있다. 또한, 윌리엄 길버트와 아서 설리번이 지은 유명한 오페레타인『미카도』는 런던의 나이츠브릿지에서 개최된 일본의 전시회에서 착상을 얻은 것이다.

이 아티스트들은 일본미술의 다양한 특징을 도입하였다. 자포니즘이 유행했던 당시, 구미의 아티스트는 일본미술의 불규칙성과 비대칭성에 많은 관심을 가졌다. 서양적인 방식과는 다른 원근법이 구사되고 있으며, 중심이 중앙에서 벗어나서 구성되고 있다. 또한, 사실적인 음영법도 없고 섬세한 색채로 평면구성이 이루어져 있다. 이 요소들은 19세기까지 화가들이 즐겨 사용하였던 그레코-로만 양식(Greco-roman art)와 정반대로, 대극적인 면이 돋보인다. 서양화가들이 봉착했던 근대적인 표현기법에 비해 입체감이 거의 존재하지 않는다. 이들 특징은 아르누보에 영향을 끼쳤다. 우키요에의 직선과 곡선에 의한 표현방법은 이후 세계 모든 분야의 회화, 그래픽 등에서 자주 볼 수 있다. 우키요에에서 도입된 형상과 색채구성은 현대미술에 이르러 추상표현의 성립요소 중 하나로 생각할 수 있다. 이후 자포니즘에 의해서 가구나 의류를 비롯해 보석에 이르기까지 다양한 공예품의 그래픽디자인에 일본적인 요소가 도입되었다.

2.6.4 자포니즘의 영향

우측의 회화는 19세기 중엽의 사실주의 프랑스의 화가인 앙리 팡탱 라투르의『테이블 주변의 사람들』이라는 작품이다. 49쪽 좌측의 그림은 동 세기말 프랑스 화가인 앙리 드 툴루즈 로트레크의 포스터화이다. 로트레크는 자포니즘의 영향을 강하게

① 팡탱라투르,『테이블 주변의 사람들』, 1872년[16]

받은 화가 중 한 사람이다. 이 로트레크의 포스터는 현대인의 눈에는 특별하게 보이지 않지만, 당시 서양인들에게는 매우 참신한 표현방법이 구사된 작품으로 평가되었다.

16) ①, ② 출처: http://ja.wikipedia.org/wiki/%E9%A4%A8%E6%9E%97%E5%9F%8E.

로트레크의 석판 포스터,
1892년[17]

② 『名所江戸百景』,
우타가와 히로시게

예를 들면, 로트레크의 회화에는 테이블의 라인이 화면을 둘로 자르듯이 비스듬하게 배치되어 있다. 자포니즘 이전의 회화에서는 이와 같이 대담하게 비스듬한 라인이 들어간 것은 드물고, 팡탱라투르의 회화처럼 수평으로 들어가는 경우가 보통이었다.

이것은 오른쪽 우타가와 히로시게(歌川広重)의 우키요에에서 볼 수 있는 것과 같은 구도에 영향을 받았다고 생각할 수 있다.

또한, 팡탱라투르의 회화에는 원근법과 음영, 세부묘사를 통해 입체감을 표현하고 있지만, 로트레크의 작품은 평면적인 조합으로 묘사되고, 입체감의 표현은 전혀 보이지 않는다. 인물이나 물체의 윤곽이 선으로 표현되는 경우도 자포니즘 이전의 유럽에서는 별로 볼 수 없는 표현방법이었다. 색채의 구사도 대담하고 선명한 원색이 화면의 많은 부분을 점유하고 있으며, 유채화와 석판화와의 비교라는 점을 감안하더라도 팡탱라투르의 회화와는 매우 대조적이다.

---

17) 출처: http://ja.wikipedia.org/wiki/%E9%A4%A8%E6%9E%97%E5%9F%8E.

위 그림으로 비교하기는 어렵지만, 자포니즘 이전의 회화에서는 지평선의 위치가 화면 중앙 부근에서 하부 사이에 수평으로 표현되는 것이 일반적이었다. 자포니즘 이후에는 지평선이 화면 상부에 그려지거나, 또는 배경 전부가 지면 또는 바닥이 되는 경우를 볼 수 있다. 이와 같은 자포니즘의 영향은 20세기에 들어서자 유럽의 다양한 시각표현에서 보편적으로 볼 수 있게 되었고, 자포니즘 경향의 작품과 그렇지 않은 작품으로 구별하게 되었다.

03   일본의 복식문화

와후쿠(和服)는 일본 전통의복을 가리킨다. 좁은 의미로는 기모노(着物)와 같다. 최근에는 일본의 민족복이라고도 한다.

3.1 와후쿠(和服)·기모노(着物)·오후쿠(呉服)의 의미

와후쿠는 문자 그대로 「와(和)」의 「후쿠(服)」, 즉 일본의 의복이라는 의미이다. 이 말은 명치시대(明治時代)에 서양의 의복, 즉 양복과 구별하는 뜻으로 「종래의 일본 의복」을 나타내는 말로서 발생하였다. 후술하겠지만, 「기모노」라는 단어는 본래 의복 전반을 의미하기 때문에 특히 애매하게 느껴지지 않도록 하기 위하여 「와후쿠」라는 단어가 자주 사용된다.

기모노는 「입는 것(キるモノ, 着る物)」이라는 의미이고, 본래는 단순히 「의복」을 의미하는 말이다. 실제로 양복이 일본에 보급되기 이전에 일본인은 의복 전체를 「기모노」라고 부르고, 기모노라는 말에 일본문화와 서양문화를 구별하는 의미는 없었다. 그러나 명치시대 이후, 양복을 입는 사람이 일본에서 늘기 시작했기 때문에 양복과 구별하기 위하여 일본 전통의복을 와후쿠라고 부르게 되었다.

사회가 발전하고 일상생활에서 빈번히 양복을 입게 되자,「기모노」는 입는 것이라는 본래 의미는 희미해지고, 와후쿠의 의미가 농후해졌다. 현대에서 기모노의 의미는 와후쿠, 또는 좁은 의미로 일정한 형식의 와후쿠(하오리나 후리소데 등 현대에 와서 주로 착용하는 와후쿠)를 지칭하는 말이 되었다.

　옷을 벗은 상태의 어린이에게「기모노를 입히지 않는다」라고 할 때의「기모노」는 의복의 의미라고 해석하는 사람도 있지만, 그렇지 않고 와후쿠의 의미라고 해석하는 사람도 있다.「기모노를 입지 않는다」라고 할 때의「기모노」가 의복과 와후쿠 중 어느 쪽을 뜻하는지는 세대나 방언에 따라서 달라진다.

　오후쿠(呉服)의 어원은 중국의 삼국시대 때에 오(呉)의 직물이나 기모노의 재봉방법이 일본에 전해진 데서 유래했다고 알려졌다. 원래는 견직물을 오후쿠, 면제품은 후토모노(太物)라고 하였고, 이를 취급하는 매점이 따로 있었다.「와후쿠」와「기모노」에 비해 전통의복 자체를 지칭하는 말로서 사용되는 빈도는 낮지만, 와후쿠를 판매하는 가게를「오후쿠야」라고 부르는 경우가 많았다.

　일본에서 와후쿠라는 말이 발생한 것은 명치시대 이전인 16세기 때로, 일본인이 의복을 지칭하여 부르는 기모노(kimono)가 현재의 와후쿠를 나타내는 말로서 유럽인에게 잘 알려지게 되고, 현재는 유럽뿐만 아니라 세계 각국 언어에 일본의 와후쿠를 지칭하는「kimono」가 널리 보급되었다. 본래「기모노(kimono)」란 일본의 와후쿠뿐만 아니라 동아시아권 전반에서 볼 수 있는 앞을 여미는 복식 전반을 지칭한다.

　현재 일반적인 일본어에서 복식(服飾)이란 의류와 장신구를 지칭하는 총체적인 의미로 사용된다.

3.2 와후쿠(和服)의 역사

3.2.1 조몬시대(縄文時代)와 야요이시대(弥生時代)

조몬시대의 장신구에 대해서는 석제나 조개로 만든 장신구 등의 출
토사례가 있지만, 의복의 경우 식물섬유 등의 유기질이 고유물로서 남
아 있는 경우가 없기 때문에 그 실태는 파악하기 어렵다. 다만 편포(編
布)의 단편이나 끈이 달린 주머니 등이 출토된 사례도 있고, 가라무시
(苧麻)・아사(麻) 등의 식물섬유에서 실을 뽑는 기술이나 완성된 실로
천을 만드는 기술이 발달했던 것을 볼 수 있다. 이 편포로 의복을 만들
어 입었던 것으로 추정되고 있다.

조몬시대에는 인형을 모방한 토우(土偶)가 존재했는데, 토우(土偶)
는 실제 신체장식을 표현한 것이라고는 보기 어려운 추상적인 문양이
고, 당시 의복의 실태를 얼마나 반영하고 있는가는 분명하지 않다.

야요이시대의 경우는 당시 의복의 유물이 출토되는 예가 거의 없었
으며『위서(魏書)』동이전(東夷伝)의 일부인『위지왜인전(魏志倭人伝)』[1]
을 통해서 가늠해볼 수밖에 없다. 위지왜인전의 기술에 의하면, 왜인의
기모노는 폭이 넓은 천을 이은 것이고, 남성은 머리를 매고 비녀를 꽂고
있다.

---

1) 중국의 역사서인『삼국지』중『위서』제30권「오환비동이전왜인조烏丸鮮卑東蝦
夷伝倭人条」의 약칭이다. 전문은 1,988(또는 2,008)문자로 구성되어 있다. 저자는
서진(西晋) 사람 진수(陳寿)이며 3세기 말(280년(오나라 멸망)~297년(진수 사망연
도))에 편찬되었고, 진수(陳寿)의 사후, 정사로서 중시되었다고 하는 중화서국판
『三国志』(北京, 1959年)에 출판되었다는 기록이 있다.

3.2.2 고분시대(古墳時代)와 아스카시대(飛鳥時代)

고분시대의 일본의복에 대한 기록은 거의 알려지지 않았지만, 7세기 중엽에 쓰인 일본 최고의 역사서인『고지키(古事記)』와『니혼쇼키(日本書紀)』, 그리고『후도키(風土記)』가 이 시대의 역사학상 자료가 되고 있다. 고고학 자료로서는 토우(埴輪)만이 고분시대의 의복을 짐작케 하는 근거가 되고 있다. 이들 자료에서는 남녀 모두 상반신을 덮는 옷과 하반신을 덮는 옷의 두 종류로 나누어져 있는 것으로 추측되고 있다. 그러나『고지키』와『니혼쇼키』에는 옷 그림은 그려져 있지 않고, 현존하는 당시의 자료가 극히 적기 때문에 자세히 파악하기 어렵다.

603년에 쇼토쿠태자(聖德太子)가 우수한 인물을 선발을 하기 위해 관위12계(冠位十二階)를 제정하고, 관리의 위계에 따라서 관모의 색깔을 나누고 관리를 구별했다고 한다. 다만,『니혼쇼키』에 관위12계를 정했을 때의 기술은 있지만, 그 기술을 보면 그것을 정했을 때 어떠한 위계에 어떠한 색을 사용하여 구별했는지에 관한 기술은 없다.『니혼쇼키』에 옷의 그림은 그려져 있지 않다.

7세기 말경에 국호가 일본으로 결정되었고, 7세기 말에서 8세기 초에 만들어진 다카마쓰총고분(高松塚古墳)[2]의 벽화가 1972년부터 연구되기 시작하였다. 아스카시대(飛鳥時代) 사람들의 모습이 그려진 것 중에

---

2) 나라현 타카이치군 아스카손(奈良県高市郡明日香村)에 존재하는 고분이다. 후지와라교(藤原京(694-710년)에 축조된 아스카시대 말기 고분으로, 직경 23m(하단) 및 18m(상단), 높이 5m의 2단식 원형고분이다. 1972년에 극채색의 벽화가 발견된 것으로 일약 주목을 받았다. 이는 아마도 백제고분의 영향을 받은 것을 시사해주는 대표적인 백제식 고분으로 볼 수 있다. 여기에서 한국의 삼국시대 복식양식인 치마저고리를 착용한 여인군상이 발견되었다.

서 현재에도 남아 있는 것은 다카마쓰총고분의 벽화뿐이다. 그 벽화 일부에 그려져 있었던 남자와 여자의 그림과 『니혼쇼키』의 기술이 아스카시대 의복의 고고학상 자료이다. 현재 연구자들의 보고에 의하면, 다카마쓰총고분 벽화의 인물상에서는 남녀 모두 옷깃의 구조(合わせ方)가 좌진(左衽), 즉 왼쪽으로 옷을 여몄다고 한다.

아래에 대략 같은 시기의 한국과 일본의 여성의복의 관련성을 비교 고찰함으로써 일본 고대의 의복문화는 고대 한국의 고구려와 백제의 의복문화를 계승한 것을 고분벽화를 재현한 의상을 통하여 알 수 있다. 한국의 고구려고분(수산리 벽화고분)과 일본의 다카마쓰총고분의 여인군상을 확인해보면, 고구려고분의 여인군상의 경우 건, 귀걸이, 저고리(유), 선, 치마(상) 등으로 구성되어 있고, 머리카락의 형태와 더불어 오방색(흰색, 검정, 파랑, 노랑, 적색)을 기본으로 한 상의와 하의로 구분된 투피스 형태 의복인 것을 알 수 있다. 즉, 이러한 점에서 그 동일성을 고찰을 통해서 알 수 있다. 그런데 일본의 경우 4~7세기까지는 백제로부터 문물을 받아들인 점에서 고구려와 백제의 의복양식을 도입했다고 볼 수 있으며, 9세기경에는 중국의 당으로부터 율령과 의상문화를 받아들여 이후에는 백제의 의상문화와 당나라의 의상문화를 혼합한 일본 특유의 기모노로서 정착했다고 볼 수 있다. 다음장의 사진을 보면 알 수 있듯이 다카마쓰총고분의 여인군상도 고구려나 백제의 여인군상과 같이 건, 귀걸이, 저고리, 선, 치마 등으로 구성되어 있고 머리형태와 함께 오방색을 사용한 저고리와 치마로 구분되는 투피스 형태의 의복 양식을 확인할 수 있다.3)

---

3) 기모노는 백제의 의상문화의 영향과 더불어 당의 복식문화(의관)와 합성되어 9세기경에 만들어진 주니히토에가 최초의 기모노의 원형이고, 이는 고구려고분 벽화

이 벽화에서는 상반신을 덮는 옷의 소매가 하반신을 덮는 옷과 몸의 사이에 있지 않고 밖으로 나와 처져 있다고 한다. 이 벽화에 묘사되어 있는 옷의 띠는 가죽이 아니라 직물이 아닐까 하고 추측되고 있다.

고구려고분의 여인군상

다카마쓰고분(高松塚古墳)의 여인군상

와 일본의 다카마쓰총고분벽화의 여인군상을 통해서 확인할 수 있듯이 기모노의 기원은 중국의 당나라의 의관문화를 수용하여 제작된 것이 아니라 백제와 고구려 와의 문물교류 가운데 형성되었음을 알 수 있다.

3.2.3 나라시대(奈良時代)

이 시대의 일본 의복에 대해서는 분명한 것은 알 수 없다. 료노기게(令義解), 쇼쿠니혼기(続日本紀), 니혼기랴쿠(日本紀略) 등의 책자와 쇼소인(正倉院) 등 현재 남아 있는 자료가 나라시대 의복 연구를 위한 주요 자료인데, 료노기게(令義解)와 『쇼쿠니혼기(続日本紀)』에는 옷의 그림은 없다.

고메이천황(孝明天皇)의
예복(喪衣礼服)[4]

701년에 제정된 다이호율령(大宝律令)을 개정하여 718년에 제정된 요로율령(養老律令)에는 의복령이 포함되어 있었다. 료노기게(令義解)에서 요로율령의 내용을 추측해볼 수 있는데, 의복령에서는 조정에서 착용하는 예복, 조복 등의 제복이 정해져 있었다. 예복은 제사나 오나메노마쓰리(다이조사이), 설날에 입는 옷을 말한다.

이른바 조복(朝服)은 매달 1회, 당시 조정에서 조회(朝会)와 같은 제사를 지낼 때나 공사 등의 행사를 할 때에 입는 복장이다. 나라시대의 조회는 현재의 조례의 의미가 아니다. 무관의 조복으로는 허리 부분을 고정하기 위한 가죽허리끈이 있었다.

나라시대의 제복은 특별한 지위가 없는 관리가 조정의 공사에 참여할 때 입는 복장이었다는 설이 있다. 다이호율령과 요로율령의 의복령

---

4) http://www.takata-courtrobe.co.jp의 사진 인용.

은 조정과 관계가 없는 서민의 의복에 대해서는 규정하지 않았다. 예복·조복·제복의 형식·색채는 각 지위나 직종에 따라서 달랐다.

예복과 조복의 규정에는 이오(位襖)가 포함되어 있었다. 연구 결과에 따르면, 이오는 지위에 따라서 각기 다른 색을 사용한 오(襖)인 것을 알 수가 있다. 이오의 옷 모양은 오(襖)와 동일하다. 『고기/古記』에 의하면 오란 란(襴: 단)이 없고, 와키센(腋線 - 겨드랑이선) 부분을 깁지 않는 옷이다. 이후에 겟테기노호(闕腋袍)라고 불리는 옷과 이 시대의 오는 란이 없는 점과 와키센 부분을 깁지 않은 점이 공통점이다.

요로율령이 제정된 718년 당시 문관의 예복을 구성하는 것 중에 란이 붙은 옷이 있었을 것으로 추정되고 있다. 문관의 란이 붙은 옷은 이후 시대에 호에키(縫腋)의 호(袍)라고 불리는 옷의 원형이었다고 한다.

나라시대의 제복은 중국 당나라의 영향을 받은 것이었다. 그러나 전술한 것처럼 백제의 의복양식을 받아들인 후에 당의 의복양식을 혼합한 것이 오늘날의 기모노로 발전되었다. 이때의 중국대륙에서 옷깃을 여미는 방법은 우전·우임(右前/右衽)이었다고 하는 설이 많다. 『쇼쿠니혼기(続日本紀)』에 의하면, 719년에 행해진 정책의 기술 중에 「초령천화백성우금(初令天下百姓右襟)」라는 문장이 있다. 「초령천하백성우금」의 의미는 모든 사람들이 옷깃을 여미는 방법을 우전·우임으로 하라는 의미이다.

요죠(養女)의 의복령(衣服令)에 의한 묘부예복(命婦礼服)

1. 호케이 宝髻(ほうけい)
2. 사이시 釵子(さいし)
3. 가덴 花鈿(かでん)
   [미간과 입술 양쪽에 그려진 연지. 藍等の化粧, 花子라고도 한다.]
4. 이 衣(い)[大袖]
5. 나이이 内衣(ないい) [小袖]
6. 모 裙(も) [うわも]
7. 소에히모 紕帯(そえひも)
8. 히레 領巾(ひれ) [比礼]

요로(養老)의 의복령(衣服令)에 의한 문관예복(文官礼服)

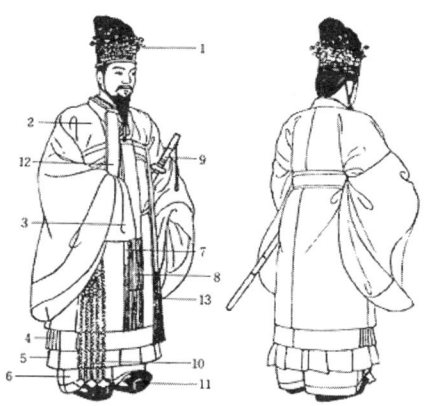

1. 라이후쿠노칸 礼服(らいふく)の冠(かん)
2. 이 衣(い) [大袖]
3. 나이이 内衣(ないい) [小袖]
4. 나이이 内衣(ないい)의 란(襴)
5. 스즈시노히라미 紗(すずし)の褶(ひらみ) [うわも]
6. 시로키하카마 白袴(しろきはかま)
7. 구미노오비 條帶(くみのおび) [綬(じゅ)], [長綬(ちょうじゅ)]
8. 가라타치노오 唐大刀(からたち)の緒
9. 가라타치 唐大刀
10. 고쿠하이 玉珮(ぎょくはい)
11. 세키노구쓰 (せきのくつ) [烏皮(くろかわ)の鼻高沓(はなたかくつ)]
12. 게샤쿠 牙笏(げしゃく)
13. 주 綬(じゅ) [短綬]

3.2.4 헤이안시대의 복장사

이 시대 일본의 황족·귀족의 복식명칭은 헤이안소조쿠(平安装束)였으며, 복식문화가 발달하여 수준 높은 복장이 만들어졌다. 그러나 이러한 귀족의 복식문화에 비해 헤이안시대 서민의 의복문화는 현재 자료가 없어 파악이 어렵다.

▌ 헤이안소조쿠(平安装束)의 개요

헤이안시대의 일본의복에 대해서는 『겐지모노가타리에마키(源氏物語絵巻)』, 『연중행사에마키(年中行事絵巻)』, 『반다이나곤에고토비(伴大納言絵詞)』 등의 에마키모노(絵巻物)에 묘사된 인물상이 잘 설명해주고 있다.

또한, 『니혼고키(日本後紀)』, 『쇼쿠니혼고키(続日本後紀)』, 『니혼산다이지쓰로쿠(日本三代実録)』, 『니혼기랴쿠(日本紀略)』와 같은 역사서와 모노가타리(物語)·일기 등의 서책도 당시의 복식문화의 양태를 알수 있는 자료가 되고 있다. 그래도 헤이안시대의 의복에 대해서 잘 알려져 있지 않은 부분도 많이 있다. 이것은 의복의 원재료인 비단·마 등의 섬유는 금속·목재에 비해서 시간이 경과할수록 열화현상이 심하므로 현재 남아 있는 실물은 존재하지 않기 때문이다.

헤이안시대도 중기까지의 복장은 나라시대와 크게 다른 점이 없었지만, 스가와라노 미치자네(菅原道真)에 의해서 견당사가 폐지된 이후, 다양한 문화적 측면에서 볼 때 중국의 대륙문화의 영향에서 벗어난 일본독자적인 국풍문화가 왕성해졌다. 국풍문화는 의복에도 나타나고, 특히 형상에서 큰 변화가 일어났다. 직물 모양이나 염색기술의 발전으로 색채에 다양성이 나타나고, 조정의 의식이나 행사에 사용됨으로써 귀족의 의복은 문화적인 향상을 보였다. 또한, 큰 형태적인 변화가 일어난 소조쿠가 팽창력을 지니도록 하기 위하여 풀을 많이 바른「교소조쿠(強裝束)」또는「고소조쿠(剛裝束)」(모두「고와소조쿠」)라고 부르는 착용법의 등장에 의해서 소조쿠의 형상변화는 더 이상 일어나지 않았다.

헤이안기에 등장했던 소조쿠는 그 이후도 조정·막부 등의 의례에 사용되었고, 착용법이나 착용하는 의식과 소조쿠와의 관계는 다양한 시대적 변화를 거쳤지만, 형상 등의 기본적인 부분은 현대에 계승되었다.

■ 고증에 의한 복원

현재 헤이안시대 이전의 의복에 비하면 헤이안시대의 의복이 더 상세하게 알려져 있다. 그러나 아무리 현재의 전문가가 고증을 할지라도 헤이안시대의 의복을 완전하게 복원하는 것은 거의 불가능에 가깝다. 현재, 교토부 교토시 시모교구(京都府京都市下京区)에 풍속박물관이 있고, 여기에서는 헤이안시대의 일본의복을 중심으로 고증에 의해 복원된 옷이 전시되고 있다.

■ 현대에서의 인기

현대에는 황족의 결혼식이나 태자의 즉위식 등을 비롯한 의식·궁중의 제사 시에 헤이안시대 의복을 착용하고 있다. 또한, 구게(公家)나

가조쿠(華族)의 가계를 계승한 전통 있는 가문에서도 행사나 결혼식에서 착용하고 있다.

헤이안소조쿠는 헤이안시대의 소조쿠이나 일반인 사이에서도 유행하였고, 헤이안시대를 복원한 마쓰리(祭り)의 시대행렬이나 곡수연 등에서 볼 수 있다.

그리고 황족이나 귀족이 입고 있었다는 이미지나 헤이안소조쿠를 한 히나인형(ひな人形)이 사람들에게 친근감을 주어 결혼식 예복으로서도 그 수요가 증가하고 있다. 특히 천황이나 유명인이 헤이안소조쿠(平安装束)로 결혼식을 올릴 때 착용하는 붐이 일고 있다. 예를 들어, 헤이세이 이후에는 1990년의 아키시노미야 부처(秋篠宮夫妻)의 결혼식에서, 그리고 1993년의 황태자 부처의 결혼식에, 또한 2007년의 여배우인 후지와 노리카(藤原紀香)의 결혼식에서 각각 인기를 모았던 적이 있다.

▌남성의 소조쿠

예복(礼服)

명치천황(明治天皇) 때까지 즉위식에 사용되었던 중국풍의 화사한 소조쿠를 지칭한다. 예복은 당의 율령을 참고하여 일본의 조정에 도입되었다. 또한, 5위 이상의 귀족이 정월의 조가(朝賀)나 다이하지메(代始め)의 즉위식에서 입었던 정장을 말한다(율령제도에는 5위 이상 관료의 복장에는 예복과 조복 등이 있고, 6위 이하에는 조복만이 있다). 처음에는 국가에서 배급을 하였으나, 나라시대 전기에 이르러 점차 자급자족의 형태로 바뀌었다. 재료를 조달하거나 옷을 짓는 데는 매우 손길이 많이 갔기 때문에 준나조(淳和朝) 이후의 조가부터는 사용하는 빈도가

명치천황의 예복
(明治天皇礼服)[5]

고준황후(香淳皇后)의
이쓰쓰기누(五衣唐衣裳)[6]

줄어들었다. 조가 자체가 이치조조(一条朝)에는 단절되었고, 평상시의 행사에는 사용되지 않게 되었지만, 즉위식의 경우에는 고메이텐노(孝明天皇)의 즉위 때까지 사용되었다(여성귀족의 예복은 고카시와바라텐노(後柏原天皇)의 즉위 이후에 단절되고 주니히토에(十二単)가 사용되었다. 단, 에도시대의 여제는 시라아야무몬(白綾無文)의 예복으로, 재봉은 남제 것을 따랐다.)

헤이안시대 후기부터 가마쿠라시대에는 천황의 생활용품은 구라료(内蔵寮)가 관리·조정하고 남성 귀족의 것은 각자가 조달하였고, 여성 귀족의 것은 관청에서 하사받는 것이 보통이었다. 천황의 예복은 헤이안 중기의 고스자쿠텐노(後朱雀天皇) 때부터 즉위식 전에 어전에서 거행되는 「라이후쿠고란(礼服御覧)」에 따라 검사하고, '천황이 어린 경우에는 섭정이 이루어진다'는 양식을 엄격하게 지켰지만, 남성 귀족의

---

5) http://www.takata-courtrobe.co.jp의 이미지사진을 활용하였다.
6) 출처: http://www.takata-courtrobe.co.jp

생활용품은 오래된 것을 빌려 사용하거나 적당한 것을 새롭게 마련해야 하는 등의 문제로 양식의 혼란이 일어났다.

오소데(大袖)와 고소데(小袖)의 색상은 계층에 따라서 다르지만, 헤이안시대 이후에는 제약을 받지 않는 복장이 증가하였다. 가마쿠라시대에 여성의 오소데는 위계에 관계없이 스오이로(蘇芳色)가 사용되었다. 여성의 예복은 무로마치 중기에 폐지되었고, 근세에는 이쓰쓰기누가라기누(五衣裳唐衣), 이른바 주니히토에(十二單)가 사용되었다. 에도시대에는 남성귀족의 복장도 구라료 야마시나케(内蔵寮山科家)가 관리를 하는 복장도의 황궁창고에 준비가 되어 있었고, 대여가 일반화되어(스스로 조절할 수 있었다) 규격이 정해져 있었다. 그러나 명치유신 때에 당풍(唐風)을 피하고 소쿠타이로 변경했다. 교토 황궁의 황궁창고에는 고사이텐노(後西天皇) 이후부터 고메이텐노(孝明天皇)까지의 역대 예복이 전래되었다(황실 대대로 내려온 것이기 때문에 그다지 공개되지 않았다).

▌문관소쿠타이(文官束帯)

이는 문관의 소조쿠(裝束)를 말한다. 천황과 문관, 그리고 3위 이상의 무관들이 착용했다. 구성은 안쪽에 고소데(小袖), 오구치바카마(大口袴), 히토에(単), 우에노하카마(表袴), 시타가사네(下襲), 교(裾), 호에키노호(縫腋袍), 세키타이(石帯) 등을 입었다. 시타가사네 위에 한피(半臂)를 착용해야 하는데, 겨울에는 입지 않고 보관해두어도 색이 바래지 않았다. 이것이 나중에는 폐지가 되고, 시타가사네 아래에 아코메(袙)를 착용하고 있었지만, 명치 이후 천황 이외는 착용하지 않게 되었

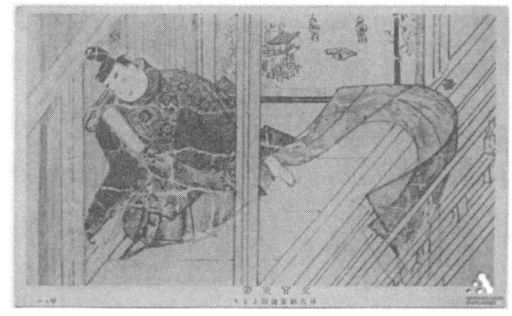

① 문관의 소쿠타이(文官束帶)

다. 신분이 높을수록 옷자락이 길다. 나카쓰카사쇼(中務省)의 관리, 산
기(参議) 이상의 관직들은 칙령을 받아 다치(大刀: 단도)를 휴대하게
되었다.

▎ 무관소쿠타이(武官束帶)

무관의 소쿠타이는 4위 이하의 무관이 착용한다. 구성은 안에 고소데
(小袖), 오구치바카마(大口袴), 우에노하카마(表袴), 히토에(単), 한피
(半臂), 시타가사네(下襲), 겟테기노호(闕腋袍), 세키타이(石帶)로 되어

있다. 문관의 호우에키노호우와 다른 점은 겟테기노호(闕腋袍)는 옆구리가 열려 있기 때문에 한피(半臂)를 생략한 채 착용을 할 수 없다. 옷자락은 시타가사네나 호오와 일체가 되어 있다. 다치는 히라오(平緒)로 허리에 묶어 휴대한다.

▌의관(衣冠)

② 의관(衣冠)

　남성의 약례용 차림새(略礼装)였다. 원래는 궁중의 도노이용(宿直用)의 소조쿠였지만, 나중에 의식을 위한 예복으로 바뀌었다. 구성은 안쪽으로부터 고소데(小袖), 히토에(単), 사시누키(指貫). 시타가사네(下襲), 호에키노호 등이 있다.

　이는 구게(公家)의 남성용 의상의 일종이다. 천황도 착용을 하였고, 헤이안시대 이후에는 준정장 용도로 바뀌고 소쿠타이의 약장으로써 사용되었다. 소쿠타이가 질이 떨어지는 소조쿠인 것에 반해 의관은 도노이(宿直)의 소쿠타이라고 하였다. 가마쿠라시대에는 궁중에 입궐할때에 착용하게 되었다. 그 구성은 소쿠타이를 비롯하여 한피(半臂), 시타가사네(下襲), 세키타이(石帶)를 생략하고, 우에노하카마(表袴) 대신에 사시누키(指貫)를 입는 형식이고, 간(冠), 호(袍), 아코메(袙)(약칭으로 부르는 경우도 있다), 히토에(単), 사시누키(指貫), 구쓰(沓)이다.

　소쿠타이나 호코(布袴)의 호와 같이 이호인데, 통상적으로는 칼을 차지 않고, 옷을 착용할 때에 이시오비(石帶)를 사용하지 않기 때문에 이를 대신하여 비단오비로 허리를 조르게 되어 있어서 그 방식이나 착용

모습은 소쿠타이와는 다르다. 즉, 의관은 조복이 변화된 형식의 소조쿠이기 때문에 반드시 관을 써야한다.

▌노시(直衣)

노시는 헤이안시대 이후의 천황, 황태자, 신노(親王) 및 구게의 평상복이었다.

외견은 의관과 거의 동일하지만, 「타다直(ただ)의 옷」이라는 의미에서 평상복이 되었고, 색상과 문양도 자유스러워졌다. 청년들은 「와라와노시(童直衣)」를 착용하였다.

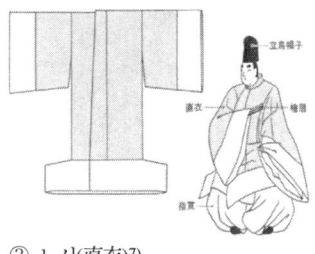

③ 노시(直衣)[7]

개요

호(袍)는 위계에 따라 색상 구분을 하지 않기 때문에 잣포(「雜袍」)라고 부르고, 입궐 시에는 잣포센지(「雜袍宣旨」)라는 센지(宣旨)를 받아서 착용을 하였다(잣포센지(雜袍宣旨) 참조). 이 센지는 경찰의 임무를 띤 단조다이(弾正台)나 게비이시(検非違使)에게 전해지고, 세이큐기(『西宮記』) 이후에는 노시(直衣)를 착용한 채 입궐해도 문제되지 않았다. 겐지모노가타리(『源氏物語』)의 경우, 히카루겐지(光源氏)가 출타 시에만 엿보이듯이 가리기누(狩衣)를 착용한 것을 보아 미행(微行) 시에 한정된 점에서 알 수 있듯이, 헤이안 중기까지는 상류 귀족의 통상복으로서

---

7) ①②③ 출처: http;//dic.Yahoo.co.jp

자주 사용되었지만 인세이기(院政期)부터 가리기누의 착용이 일반화되었고, 다이진(大臣) 등은 가리기누를 개량한 고노시(小直衣)를 사용하게 되었다. 이후 점차로 약례복으로써 활용되었다. 무로마치시대에 다이리고반(内裏小番: 궁중 야간경비) 제도가 확립되자 의식이 없는 날 노시의 칙허를 받은 당번은 노시와 의관의 차림으로 입궐하고, 궁중에서의 근무복의 성격을 띠게 되었으며 이는 막부 말까지 계승되었다. (이외에도 근세에는 타게(他家)의 겐푸쿠(元服) 참례, 궁중의 와카카이(和歌会)나 가카쿠카이(雅楽会) 참례 등에도 사용한다.)

④ 겐지모노가타리에마키의 노시와 주니히토에(源氏物語絵巻直衣十二単)[8]

▌ 잣포센지(雜袍宣旨)

잣포센지는 헤이안시대 중기 이전의 자료에 의하면 당상관(殿上人等) 등에게는 발령되었고, 구게에게는 발령되지 않았다. 따라서 구게는 원칙적으로 잣포센지가 없어도 노시를 착용할 수 있었다.

한편, 실제로 노시를 착용한 채로 입궐이 가능한 경우는 대부분이 구게인데, 계급에 따라서 자동적으로 허락되는 것은 아니다.

8) ④ 출처:http://www.kakitutei.gozara.jp/koyto7jan/13-6.html

노시를 착용한 채 입궐하는 것은 천황과의 사적인 관계가 있는 것을 의미하고, 외척이나 지도쿠(侍読) 등에게 우선적으로 허가되지만, 중세에는 기준이 모호해지면서 구게까지 허용이 되었다. 이 경우 정식적인 센지 대신에 관리가 「노시를 입고 입궐할 것」이라는 내용의 편지로 통지하는 방법을 인세이기(院政期)에 볼 수 있고, 이것이 정착되어 명치유신까지 계승되었다. 따라서 잣포센지와 노시의 칙허를 동일시하는 해석은 반드시 명백하다고 할 수는 없다.

또는, 셋칸케(摂関家) 등에서는 헤이안시대부터 젊은 층에게 자연스럽게 허용되었고, 무로마치시대의 이치죠케(一条家) 등은 센지를 기다리지 않고 겐푸쿠 후에는 즉시 착용할 수 있었다. 혹은 가마쿠라시대 이전부터 고노에후(近衛府)의 주조(中将)나 쇼조(少将)는 센지를 받지 않고 입궐할 때 착용할 수 있었지만, 구게가 아닌 사람은 무늬가 없는 노시를 사용하였다. 그리고 색상은 겨울에는 자색 안감의 흰옷을, 여름에는 남색을 착용하였다.

사가(私家)에서의 노시 착용(直衣着用/사적인 경우의 사용)에 대해서는 노시를 입지 않아도 되었지만, 헤이안 말기에는 가리기누로 대체되고, 이것이 보편화되었다.

▌노시소조쿠의 구성

노시는 원래 에보시(烏帽子)에 맞춘 약장이었던 것으로 보이고, 이시오비(石帯)를 매지 않고 기누오비(絹帯)를 착용하였다. 옛 노시 매무새(直衣姿)는 이즈산진쟈(伊豆山神社)의 신상(神像)이나 모아미술관(MOA) 소장의 다미에가라비쓰(彩絵唐櫃)가 세상에 알려져 있다.

노시소조쿠의 구성은 속옷을 입고, 시타하카마(下袴), 사시누키(指貫), 히토에(単), 기누(衣), 노시(直衣)를 입는다. 기누(きぬ)는 소쿠타이의 아코메(袙)에 해당하지만, 그보다 더 길게 재봉을 했다는 설도 있다. 즉, 다테에보시를 쓰고, 오기(부채)를 손에 든다. 원칙적으로는 노시 차림새로 입궐하는 것은 허용되지 않았지만, 특별한 칙허를 받은 신하는 입궐할 수 있었다. 이때는 다테에보시가 아니라 관을 썼다(이 형태를 간무리노시(冠直衣)라고 한다). 간무리노시(冠直衣)는 입궐에 제약을 받지 않았고, 제사 또는 타케(他家)의 겐푸쿠(元服)나 축제에 참석할 때에 착용하였다.

중세에는 상류 귀족도 가리기누 착용이 가능하게 되자 점차로 에보시오우시(烏帽子直衣)는 쇠퇴하고, 이후에 에보시노시는 궁중에서 조코(上皇)의 허가를 받은 사람이 입궐할 때에 사용하는 것으로 보편화되었다.

노시는 보통 시타가사네의 소매를 늘어뜨리지 않지만, 10세기경까지는 노시 아래에 시타가사네를 겹쳐 입고, 이시오비(石帶)를 매는「노시호코」가 자주 사용되었다. 이때는 의관을 쓰고 사시누키를 입어야 했다. 그리고 시타가사네를 입고 이시오비는 착용하지 않는 약장도 있었다. 겐지모노가타리(『源氏物語』)의 스즈무시(鈴虫)에서 확인할 수 있다.

11세기경의 기록에는 노우·시타가사네·우에노하카마·이시오비를 사용한「노시소쿠타이」가 보인다. 이것은 그 무렵의 겐푸쿠 때 고위층의 자녀가 사용하고 있었지만, 헤이안 말기 이후부터는 사용되지 않았다. 노시호코도 무로마치시대 중기에 아시카가 요시모치(足利義持)가 고바이노시(紅梅直衣)를 사용한 것을 마지막으로(이 예 자체가 매우 구식 취미였다고 한다) 이후에는 거의 단절되고, 근세에는 사쿠라마치텐노(桜町上皇)가 제사에 사용했다는 기록 등에서 볼 수 있다.

▌가리기누(狩衣)

가리기누(猟衣)란 원래 사냥을 할 때에 착용하던 의상의 명칭이고, 본래는 천으로 되어 있었기 때문에 호이(布衣)라고도 부르지만, 헤이안기에는 이미 견직도 있었다. 전기에는 귀족의 행사 시에 시중을 드는 사람들

⑥ 가리기누(狩衣)

이 스리조메(摺り染め)로 무늬를 수놓은 가리기누를 착용하는 경우가 많았다. 중기 이후에는 구게 등의 스포츠복으로도 사용되었고, 하급관리나 무사의 평상복이 되었다. 형태는 아게구비(盤領)로 앞길과 앞소매는 완전히 떨어져 있었고, 뒷길에만 15센티 정도 소매가 가봉된 형태이다. 겟테키노호에 비해 옷길이는 좁고, 소매는 활동성의 편의를 위하여 소데쿠쿠리(袖括り: 소매 자락의 띠)의 끈이 달려 있다.

구성은 에보시, 가리기누, 고로모, 히토에, 사시누키 등이고, 앞길을 끌어올려서 주머니를 만들어 끈으로 묶고, 뒷길은 늘어뜨린다. 열린 소데쓰케 안에 하의 색상이 보이기 때문에 젊은 귀족들은 게마리(蹴鞠, 공놀이) 등을 할 때 가리기누와 하의의 배색미를 선호한다. 기본적으로 상류 귀족의 사복은 노시였고, 귀족의 시중을 드는 시종들은 가리기누를 입었다고 한다. 이것이 사회통념으로 정착되어, 상류 귀족이 미행을 할 때는 신분을 감추기 위해서 가리기누를 착용한 모습으로 변장했다.

⑦ 겐지모노가타리의
스즈누시에마키
(源氏物語の鈴虫絵巻)

⑧ 겐지모노가타리에마키(源氏物語絵巻)의
스에쓰무하나(末摘花)

▌스이칸(水干)

가리기누와 거의 같은 형태이지만, 옷 깃을 매기 위한 긴 끈이 붙어 있는 점과 기쿠토지(菊綴)가 네 군데에 2개씩 붙어 있는 점이 다르다. 입는 방법도 소매를 옷자락 속에 넣는 경우와 넣지 않은 경우, 옷깃을 가리가누와 동일하게 하는 경우 와 V자형으로 하는 경우가 있다.

⑨ 스이칸(水干) 9)

헤이안시대 이후에 조정에 근무하는 하급관료가 사용했던 의복의 일 종이다. 스이칸(水干)이란 천에 풀을 사용하지 않고, 판자에 넣어 물을 바른 후 건조시키고, 마르고 나면 떼어낸 후에 펑퍼짐하게 가봉을 한 옷이라는 의미이다. 그 형식은 아게구비, 상체 길이에 맞게 재봉을 하 고, 겨드랑이 부분은 열려 있는 아오(襖: 겉옷)의 일종을 말한다. 옷깃은

9) ⑥⑦⑧⑨ 출처: http://www.yahoo.co.jp

구미히모(組紐)로 묶어서 고정하고, 옷자락은 하카마(袴)의 안에 넣을 수 있다. 가리기누 또한 아오에 속하지만, 단추식으로 넣을 수 있는 끈과 우케오(受緒)로 옷깃을 매고, 소매는 밖으로 내어서 늘어뜨린 점이 다르다. 스이칸에는 실이 풀리기 쉬운 부분인 소데쓰케(袖付), 오쿠소데(奥袖)와 하시소데(端袖)의 재봉선, 옷의 뒷길과 오쿠미(衽)를 재봉한 허리 부분에 끈을 꿰어서 매고, 그 매듭의 나머지를 풀어서 술로 만들어 보강하고 장식한 것이 있는데, 이것을 기쿠토지(菊綴)라고 부른다. 스이칸을 입을 때는 에보시를 쓰고, 하카마의 소매 입구에 끈을 넣어서 매고, 하카마(袴)를 입기도 하지만 모모다치(股立)가 중첩된 부분(合せ目)과 무릎 위 가봉한 부분에 좌우로 각각 2개씩 기쿠토지를 단 스이칸하카마(水干袴)를 입는 경우도 있었다. 헤이안시대 후기에는 백색 마포(白麻布) 외에도 이로무지(色無地), 가키에(描絵), 시보리조메(絞り染め), 가타조메(型染め) 등 문양을 넣은 것이 사용되었고, 마쓰리(祭り) 진행자나 구부(供奉) 등의 경우는 하시소데(端袖)나 오쿠미(衽)에 다른 색 옷이나 아름다운 견직물을 사용함으로써 이른바 풍류스런 스이칸을 착용하였다. 에후(衛府)의 하급무관도 스이칸을 입었고, 갑옷 아래에도 착용하였다. 궁중의 경호를 맡았던 다키구치(滝口)의 무사가 입는 가리기누를 스이칸가리기누라고 하는데, 이것은 오쿠미(衽)와 하시소데의 천을 바꾸어 화려하게 만든 스이칸의 일종이다. 스이칸 매무새도 점차로 예복화되고, 스이칸과 하카마가 비슷한 것을 스이칸가미시모(水干上下)라고 한다. 또 스이칸은 아게구비 형식이지만, 옷깃을 안에 접어넣어서 다리구비(垂領)식으로 입는 방법도 고안되었다. 가마쿠라시대부터 무로마치시대에 걸쳐 무가에서는 가리기누와 함께 예

장으로 착용하고, 마포 외에 히라기누(平絹), 아야(綾), 샤(紗) 등의 천
을 사용하는 예도 볼 수 있다.

❚ 여성의 소조쿠(装束)

예복(礼服)
즉위식이나 궁중의 행사에 출석하는 궁녀(女官)가 착용한다.

주니히토에소조쿠(唐衣裳装束)
주니히토에(十二単)는 10세기 헤이안시대
부터 시작된 여성용 소조쿠를 말한다. 구성은
안쪽에 고소데(小袖)를 입고, 나가하카마(長
袴), 히토에(単), 이쓰쓰기누(五衣), 우치기누
(打衣), 우와기(表衣), 가라기누(唐衣), 모(裳)
를 입는다. 모노노구소조쿠(物具装束, 헤이

헤이안시대의
주니히토에(十二単) 의상[10]

안시대 말기까지의 정장)로는 위의 구성에 히레(比礼), 군타이(裙帯)를
추가, 머리를 묶어 올리고, 호칸(宝冠)을 쓴 스타일이다. 고소데의 색은
항상 흰색이고 옷깃은 네지마치(捻襠)식 재봉이며, 색은 헤이안시대에
는 결혼 여부와 관계없이 보통 히(緋: 붉은색)로 했지만, 에도시대 이후
에는 미혼인 경우는 고키(濃紫: 짙은 자색), 기혼자인 경우는 히(緋)로
하였다.

---

10) 출처: http://www.yahoo.co.jp

▌우치카케(袿袴)

우치기(袿)는 구게소조쿠(公家装束)를 구성하는 기모노의 하나이다.

1) 한 벌의 겉옷을 지칭하는 경우와 여러 벌을 겹쳐서 착용한 것을 지칭하는 경우가 있다.
2) 겉옷 한 벌을 이르는 경우는 「고우치기小袿」·「우와기表着」·「우치기누打衣)」라고 한다.
3) 여러 벌을 겹쳐서 착용한 경우는 「가사네우치기(重ね袿/袿姿)」라고 한다.
4) 주로 여성의 옷이었지만, 남성이 나카기(中着)로서 착용하는 경우도 있다.
5) 녹(禄)으로 주는 「오우치기(大袿)」가 있다. 유키(裄)나 기장 등이 큰 것으로, 착용할 때에는 고쳐 착용한다.

(1) 형태와 재질(地質)

옷깃은 현대의 착용법과 같이 오쿠미가 있는 다리구비(垂領)이며, 옆을 봉한 형태인 호에키(縫腋), 소매는 히로소데(広袖), 여름 이외에는 우라기지(裏地)가 있는 아와세(袷)를 입었다. 남성용으로는 신장이 긴 것과 짧은 것이 있고, 여성용은 옷자락을 끌 정도로 긴 스소나가(裾長)가 일반적이다. 재질은 견직물이나 우스모노(薄物), 안감은 히라기누(平絹)였다. 그리고 겨울에는 솜을 넣는 등 계절에 따라 바꿔 입었다. 더운 여름에 입을 수 있는 「히토에가사네(単重)」와 「히네리가사네(捻り重)」도 있었다.

(2) 헤이안시대(平安時代)

원래는 「우치기고로모(袿衣)」라고 쓰고, 가정용 의복으로서 주로 밤에 착용하였던 것이 국풍문화가 발전하면서 소매나 길이가 커지고, 전신을 감싸는 한 벌 의상으로서 중요한 역할을 하였다. 귀족의 경우 일상생활에서는 히토에(単)와 히하카마(緋袴)를 입고, 위에는 여러 벌의 우치기를 겹쳐 입는 것이 평상복으로 정착되었다. 고소데를 하다기(내의)로 착용하게 되자 원래는 하다기였던 히토에가 형식적이 되고, 우치기와 함께 색채의 배합미도 겸비하는 성격을 갖게 되었다.

우치기는 여러 벌을 겹쳐 입음으로써 호화로움과 중량감을 연출하는 역할을 하고, 하카마나 소매색을 가사네노이로메(襲の色目)로 악센트를 주었다. 계절이나 상황에 따라서 다양한 변화가 일어난다.

한편, 주니히토에를 입지 않아도 되는 경우에 평상복으로 입는 기모노로 활용할 수 있는 고우치기(小袿)가 발명되었다. 이것을 착용할 때에는 모(裳)를 붙이지 않는다. 고위층의 여성만이 착용할 수 있는 기모노였다. 덧붙여 주부(中陪)를 끼우는 조제는 이 고우치기에서 비롯되었다.

우치기에도 유행이 있었고, 11세기의 후지와라우지 전성기(藤原氏全盛期)에는 견직 소재에 그라데이션을 넣은 색채가 인기였다. 12세기의 인세이기(院政期)에는 우치기에 자수를 놓거나, 금박 또는 은박을 입히는 것이 유행하고, 점차로 발전해서 비취나 수정 등을 꿰매게 되었다. 헤이안시대 말기의 헤이지우지 전성기(平氏全盛期)에는 비단 소재를 사용하고, 중량이 무겁기 때문에 과도한 가사네기(重ね着)를 겹쳐 입는 것이 어려워져서 가사네(襲)를 중시하지 않게 되었다고 한다.

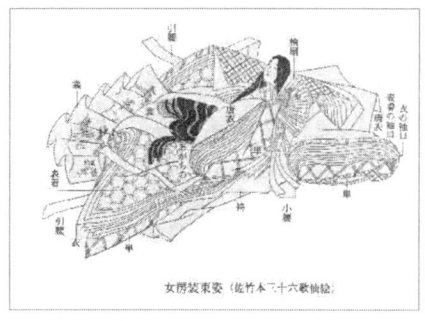

① 요보의 의상

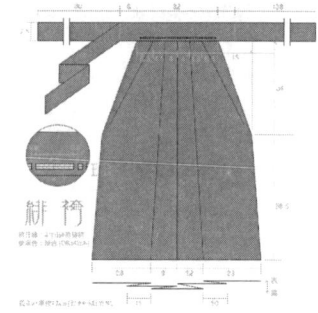

② 히노하카마(緋袴)

(3) 가마쿠라시대(鎌倉時代)와 에도시대(江戸時代)

귀족세력의 후퇴에 따라서 경제적인 이유 등으로 고소데와 하카마 위에 히토에와 우치기 한 벌을 입은 상태가 정장이 되었다. 한편, 무가 사회에서는 고소데 위에 여러 겹의 우치기를 입은 상태가 고위 무가 여성의 정장으로 통용되었다. 그러나 오닌의 난(応仁の乱) 발발로 인한 구게사회의 붕괴로 하극상이 일어나면서 소매가 크고, 소맷부리가 열려 있는 우치기는 시대에 뒤떨어졌고, 무가 여성은 우치기를 착용하지 않게 되었으며 구게 여성도 고소데에 하카마를 착용하는 것이 정장의 형태가 되었다.

에도시대에는 오닌의 난 이후의 복식습관이 고정화되었고, 구게사회 에서도 고위의 궁녀나 큰 행사가 아닌 경우에는 우치기를 착용하지 않 게 되었다.

(4) 우네메소조쿠(采女裝束)

우네메소조쿠란 전국의 호족에서 선발된 천황의 시종 등으로서 옛날 궁중에 근무했던 궁녀인 우네메의 의상을 말한다.

즉, 근대에는 오니에노마쓰리(大嘗祭)나 니이나메사이(新嘗祭) 등에 하이젠(配膳) 등의 역할을 맡은 궁녀가 착용하고 있었다. 남성소조쿠의 오미고로모(小忌衣)가 오니네마 쓰리의 때에만 사용된 것에 반해, 우네메의 소조쿠는 현대에도 고풍을 계승하고 있다.

③ 우네메소조쿠(采女裝束)

(5) 여성의 스이칸(水干)

남성의 스이칸과 동일하지만, 색상은 반드시 흰색이었다. 옷자락을 히(緋)의 나가하카마(長袴: 가라스기누모소조쿠(唐衣裳裝束)와 공통) 속에 넣고, 금색의 에보시를 쓴다. 스이칸은 남자의 헤이안소조쿠중 하나이다. 풀을 바르지 않고 물에 적신 간소한 천을 사용해서 맑은 날과 우천시에 편리하기 때문에 『쇼쿠신소히쇼(續深窓秘抄)』라고도 하지만, 간소한 복식에서 그 명칭이 발생하였다.

가리기누와 비슷하게 아게구비의 일종으로 재봉을 하였다. 단지, 옷깃은 돈보(蜻蛉)로 묶지 않고, 옷깃의 등부위에 해당하는 부분과 앞깃 윗부분의 끝에 달린 끈을 묶어서 넣는다. 헤이안시대 말기의 에마키(絵卷)에서는 도심의 서민 다수가 스이칸을 입고 있는 모습을 볼 수 있다. 천은 비단이나 마포 등 일정하지 않다. 서민은 삼을 염색하거나 문질러 색이나 문양을 새긴 천을 사용했고, 귀족은 고급 천을 많이 사용했다.

④ 아라이하쿠세키상
(新井白石像)

⑤ 스이칸(水干)

　또한, 가마쿠라시대부터 무로마치시대에는 공무원 도교(童形)의 예복으로서 많이 사용되었다. 시라뵤시(白拍子)의 스이칸도 도교스이칸(童形水干)과 그 발상이 동일한 것이었다.

　착용 방법은 평상하카마(通常袴)에 겹쳐 입지만, 사찰의 어린이의 경우에는 가케스이칸(掛水干)이라는 가리기누와 같이 하카마 위에 입고 허리띠를 매는 방법도 있었다. 옷깃의 끈은 보통으로 묶는 경우 외에도 옷깃을 접어 가슴 앞에서 묶는 등 다양한 착용법이 있다.

　귀족이 착용하는 경우 인세이기(院政期)부터 가마쿠라시대에 상황(上皇)이 우지(宇治) 등 먼 곳에 행차할 때에 구부의 귀족이 사용한 예를 들 수 있고, 가마쿠라시대 후기의 「가스가곤겐켄키에(春日権現験記絵)」나 「나요다케모노가타리에마키(なよ竹物語絵巻)」에서는 귀족이 집안에서 약식으로 무늬가 없는 황색 스이칸을 입고 있는 그림을 볼 수 있다. 그러나 무로마치시대에 들어서면서 귀족사회에도 히타타레(直垂)가 유행하게 되고, 무가에서도 히타타레를 많이 착용하였기 때문에 와라와스이칸(童水干) 등을 제외하면 스이칸을 입는 경우가 적었다. 근세에는 아라이 하쿠세키(新井白石) 상에서 스이칸차림의 모습을 볼 수 있는 등 자주 사용되었지만, 막부의 제복 제도에서는 제외되었다. 구게사회에서는 시로나마히라겐(白生平絹)이나 시로세이고지(白精好地)에 흰색 끈, 검은색 소데쿠쿠리(袖括り)나 기쿠토지(菊綴)를 붙이고, 같은 천으로 만든 검은색 기쿠토지(菊綴)를 붙인「나가기누(長絹)」라는 스이칸이 도교(童形)의 예복으로 많이 착용되었다. 또, 가끔씩 구게를 시종의 소쿠타이로 사용하는 경우도 있다.

▌ 소년소녀의 소조쿠(装束)

(1) 한지리(半尻)

헤이안시대 이후 구게의 남자들이 입었던 가리기누의 일종이다. 일반적인 가리기누보다 소매가 짧으므로 한지리라고도 한다. 한지리소쿠타이로는 사시누키(指貫: 사냥용 하카마) 또는 사시바리(前張)의 오구치바카마로, 직물 전면에 씨실의 굵은 세이고(精好)를 사용하여 가봉한 펑퍼짐한 흰색 하카마를 입었다.

(2) 호소나가(細長)

현재의 호소나가(細長)는 우치기와 비슷하지만, 옷섶이 없는 점이 다르다(등 아래의 히토에에는 옷섶이 있다). 고소데, 하카마, 히토에와 함께 짙은 보라색이다.

(3) 가자미(汗衫)

본래는 속옷을 지칭. 현재는 로(絽), 우스기누(紗) 등의 우스모노(薄物)로 히토에와 동일하게 재봉한 우치기의 일종. 고소데와 하카마는 둘다 짙은 보라색이지만, 히토에와 가자미는 화려한 색채를 사용했다. 우스모노로 만든 호소나가의 호우를 지칭하는 경우도 있다.

(4) 아코메하카마(衵袴)

아코메는 소조쿠로 사용되는 내복의 일종이다. 정식 명칭은 아코메기누라 하고, 하다기와 겉옷 사이에 겹쳐 입은 데서 유래한 명칭이다. 남성이 소쿠타이소조쿠에 착용하며, 예외적으로 궁중에 종사하는 시녀 등이 성인용 우치기의 대용으로 착용하는 경우도 있다.

특히 다듬이질이나 이타히키(板引) 등의 가공을 한 아코메를 「우치기누(打衣)」라고 불렀다. 형태를 보면, 길이는 기모노처럼 두 폭이고, 소매통이 넓어 호(袍) 등과는 달리 천 한 폭 크기였고, 호(袍) 등은 반 폭이었다. 겨드랑이는 재봉을 하지 않았고, 소녀용은 허리까지 닿는 길이로 재질은 평견이나 무늬가 홍색인 것을 사용한다.

여름은 냉난방 조절을 위해서 「히에기(ひへぎ)」라는 속옷을 입거나 겨울에는 면을 넣는 경우도 있었다. 색상도 마쓰리(祭り) 등에 참가할 때에는 「소메아코메(染衵)」라고 하여 좋아하는 색의 옷을 입거나 소녀가 착용하는 경우는 우치기에 준하는 가사네노이로메(襲の色目)를 입는다.

▌헤이안소조쿠(平安裝束)와 마쓰리(祭り)

(1) 히나마쓰리(雛祭り)의 히나인형

⑥ 히나인형

(2) 곡수연과 노시와 주니히토에

⑦ 곡수연과 노시, 주니히토에

⑧ 헤이안시대의 예복과 주니히토에의
재현모습[11]

참고문헌(参考文献)

・素晴らしい装束の世界−いまに生きる千年のファッション(八條忠基、誠文堂新光社)
・十二単のはなし−現代の皇室の装い(仙石宗久、婦女界出版社)
・十二単から現代のきものへ(中路信義、源流社)
・時代衣裳の着つけ 増補改訂−水干・汗衫・壺装束・打掛・束帯・十二単(日本和
 装教育協会、源流社)

3.2.5 가마쿠라(鎌倉)와 무로마치시대(室町時代)의 복식문화

12세기경 말엽에 미나모토노 요리토모(源頼朝)에 의한 무가정권이 가마쿠라에 탄생(가마쿠라막부: 鎌倉幕府)하여 텐쇼 원년[天平元年(一五七三)]에 무로마치막부가 멸망한 시기까지의 약 300년간을 일반적으로 중세라고 부른다. 이전까지 교토의 왕족, 귀족의 시종 역할을 하였던 지방 무사들이 정치권력의 중추적인 위치를 점유하게 되었고 사회의 각 방면에서 지도적인 역할을 맡은 것이 중세사회의 가장 큰 특징이라고 할 수 있다. 중세의 무가는 대부분 지방 농촌사회 출신이고, 태어난

---

11) ①②③④⑤⑥⑦⑧ 출처: http;//www.yahoo.co.jp

고장의 생산력 발전을 배경으로 한 농민 중 유력한 세력이 무력을 갖게
되어 영주층으로 성장하는 과정을 거쳤다. 따라서, 이들의 의복은 헤이
안시대 이래의 일반서민의 옷을 토대로 한 것이고, 이들이 중세의 무사
로 성장하면서 이들의 대표적인 의복인 <히타타레(直垂)>도 발전하였
다. 중세 농촌사회의 남자들은 일반적으로 <데보소(手細)>라는 고소데
를 입고, 약간 기장이 짧은 겉옷과 <요노바카마(四幅袴)>라고 불리는
네 폭의 천으로 만들어진 무릎을 덮는 길이의 짧은 하카마 등을 사용하
는 것이 일반적이었다. 또한, 그 천도 비단이 아닌 다른 재질의 천으로
만들어진 것이다. 한편, 히타타레는 이미 헤이안시대부터 존재하고 있
었고, 미나모토노 다카아키(源高明)의 니시미야기(『西宮記』)에도 등장
하지만, 헤이안 말기의 곤자쿠모노가타리(『今昔物語』, 卷三十六, 日本
古典文学大系・岩波書店)의 제17화에

　　　五位モ、寝所ト思シキ所ニ入テ寝ムト為ルニ、其ニ錦四五寸許有
　　直垂有.
　　　・・・・・皆脱弃(ヌキステ)テ、練色ノ衣三ガ上ニ、此直垂ヲ引着
　　テ臥タル心地
　　　[5위도 침소에 들어가서 잠을 청하기 위한 것으로, 비단 45센티 정
　　도의 히타타레가 있다. …모두 벗고, 담황색 옷 세 겹 위에 히타타레를
　　끌어서 착용하고, 엎드리는 것 같은 심정이다.]

라고 하여 비단을 넣은 침구로써 사용되던 히타타레라고 이르는 것을
볼 수 있고, 고마쓰닛키(『後松日記』, 日本随筆大成・第三期・7・吉
川弘文観) 13권에,

わが憶説は、直垂のもとは、寝直に夜寒をしのがんれうに、錦入
たる衣着て、柱によりそひなどして、夜をあかせしものなるべし．寝
直袋に入てもて出て、とのゐそうぞくの上に打着て、帯などもせ
で、ひたぶるにうちたれきたれば、ひたたれはいひしなるべし．そを
うちとけたる時は、昼も着、夜は衾の下にも着たるなり、されば、
うるはしき夜具となすべからず．さて武士のもはら是をきる事は、物
部は宿衛の任なれば、なるべし

　　[우리의 의견은, 히타타레는 본래 추운 겨울을 지낼 수 있을 정도로
비단을 넣은 겉옷이고, 기둥에 기대는 등 밤을 새우는 경우에 사용된
다. 침낭에 넣어서 소지가 가능하고, 도노이의 소조쿠 위에 겹쳐서 입
고, 끈을 매지 않고, 바닥에 끌릴 정도로 걸치는 것을 히타타레라고 한
다. 펼치면 낮에도 착용할 수 있고, 밤에는 후스마 안에서도 입는다.
그렇기 때문에 보기 좋은 침구는 아니다. 그런데도 무사가 즐겨 찾는
이유는 임무상 야영을 해야할 때 사용하기에 편했기 때문이다.]

라고 언급되어 있고, 야영용 방한복으로서 옷깃을 수직 형태로 만들고,
'처진 옷'이라는 의미에서 히타타레라고 불렸다. 구게 귀족저택에서 야
영할 때는 물론이고, 무사가 사용하고 있었기 때문에 히타타레는 자연스
럽게 무사 전용이 되었고, 게다가 처진 옷깃 때문에 입기가 편했다는
점에서 일상용 평상복으로도 이용되었다고 한다. 더욱이 후쿠쇼쿠칸
켄(『服飾管見』, 增訂・故実叢書・9・吉川弘文館) 13권(巻十一)에,

　　直垂とは、ぬるときうへにおほきたる袿の事なるに、後世甲の下
にかへてきしより、下部の常の服となりしにや

[히타타레는 걸쳐 입으면 커다란 우치기가 되는데, 후세에 갑옷 아래에 입는 것에서 하부의 평상복이 되었다.]

라는 기술과 같이 옛날에는 갑옷 아래에 스이칸을 입는 게 관습이었지만, 입기 편한 다레구비 형태가 환영을 받고, 스이칸 대신 히타타레를 갑옷 아래에 착용하게 되었다. 그러나 원래는 야영 임무를 맡은 것은 무사가 아니라 주로 하급무사였다. 따라서 하급무사 사이에 일상적으로 히타타레를 착용하는 습관이 발생한 것이다.

서민이 입었던 스이칸이 토대가 되어 히타타레가 완성되었다. 가마쿠라시대에 히타타레는 무사의 예복이 되었다. 무로마치시대에 들어서자 히타타레는 무가의 대표적인 정장이 되었다. 그리고 이후에 다이몬(大紋)과 스오(素襖)가 출현했다.

▌히타타레(直垂)

히타타레는 주로 무가사회에서 사용된 남성용 의복으로서 일본의 소조쿠의 하나이다. 히타타레에서 다이몬히타타레(「大紋直垂」)와 스오히타타레(「素襖直垂」)가 탄생했고, 갑옷 속에 착용하는 요로이히타타레(「鎧直垂」)와 가타기누(「肩衣」)도 서서히 만들어졌다.

헤이안시대 후기의 히타타레후스마(直垂衾), 가마쿠라시대 등의 에마키에서 볼 수 있는 남성의 오케소데기누(筒袖衣)가 히타타레의 기원이고, 서민계급을 수용하면서 발전했던 무사사회 속에서 공적으로도 어울리는 형태로 정착하였다.

(1) 형태

시대에 따라서 다르다.

- 상의와 하의로 된 2부식 구성으로, 상의를 하카마에 넣어서 입는다.
- 상의는 아게구비가 아니고, 앞에 겹쳐 입는 다리구비(垂領). 오쿠미를 만들지 않고, 옷깃을 붙이고, 우치아와세(打ち合わせ: 옷길이 겹치는 부분)를 끈으로 묶는다.
- 상의 양옆은 가봉하지 않고, 열려 있다.
- 하의는 바지와 같은 형식이다.

라는 점은 예로부터 변하지 않는 특징이라고 할 수 있다.

(2) 역사 : 헤이안시대 이전

고분시대의 남자를 본뜬 하니와(埴輪)는 상반신에 마에아와세(前合わせ)의 기모노, 하반신에는 다른 스타일의 바지를 착용하고 있다. 이것이 히타타레의 기원으로 생각된다. 그러나 아스카시대 이후 율령제의 도입에 의해 의류 또한 대륙으로부터 전래된 의복이 정통화되었고, 조복(朝服)이 중추적인 위치를 점유하게 되었다. 그 후에는 일반서민의 의류로서 조복이나 가리기누 등 대륙에서 건너온 의복의 영향으로 변화를 거친 옷으로 생각된다.

▌다이몬(大紋)

다이몬은 일본 기모노의 일종으로 남성용이다. 가마쿠라시대 무렵부터 히타타레에 커다란 문양을 새긴 의상이 유행을 하고, 무로마치시대

에는 히타타레와 구별하여 다이몬이
라고 부르게 되었다. 무로마치시대후
기에는 문양을 정해진 위치에 새기고,
삼베로 지음으로써 히타타레에 버금
가는 예장이 되었다.

에도시대에 들어서면서 에도막부
로부터 「5위 이상 무가의 예장」으로
정해졌다. 당시 일반적인 다이묘도슈

아사노 나가노리(浅野長矩)가
착용한 다이몬(大紋)[12]

(大名当主)는 5위에 등극하는 것이
관례였으므로, 즉 다이몬은 다이묘(大名)의 예복으로 정착되었다. 이때
의 다이몬은 상하 모두 동일한 천으로 만들었지만, 하카마는 바닥에 끌
릴 정도로 길어지고, 큰 가문(家紋)을 등과 가슴 양쪽, 소매 뒤, 하카마
의 엉덩이 부분에 새기고, 작은 가문을 하카마 앞쪽에 두 군데, 합계
열 군데에 새겨 넣은 점이 히타타레나 스오와 다른 점이다.

현재는 가부키(歌舞伎)나 시대극(時代劇)의 「간진초(勧進帳)」의 도
가시 야스이에(富樫泰家), 「주신구라(忠臣蔵)」와 「마쓰노로카(松の
廊下)」라는 영화에서 아사노 나가노리(浅野長矩)가 착용하고 있는 모
습을 볼 수 있다. 이와 같이 현재는 무대의상으로서만 존재하는 기모
노이다.

---

12) 출처: http://ja.wikipedea.org/wiki

▌가타기누(肩衣)

무가의 정장이었던 히타타레에서 다이몬·스오 등 점차로 간략한 복장이 만들어졌지만, 이윽고 이들 복장이 각 의식용 복장이 됨에 따라 평소에는 스오의 소매를 생략한 가타기누에 하카마를 입고 그 안에 고소데를 입은 모습으로 바뀌고, 이 또한 평상복과 동시에 정장의 역할을 했다. 에도시대에는 이 가타기누와 하카마를 가미시모(裃)라고 하여 무가의 의복으로서 정장화되었다.

이 의상은 오다 노부나가상(織田信長像)에 의한 것으로, 혼노지(本能寺)의 변 이듬해인 덴쇼(天正) 11년 6월 2일, 1주기를 기념해 헌상된 가노 모토히데(狩野元秀)에 의한 그림이 아이치현 조호쿠지(愛知県長興寺)에 현존하고 있다. 아래 사진은 이를 모사한 것으로, 원안의 가타기누와 같은 시로후타히키(白二引)의 하카마를 걸치고 고산키리몬(五三桐紋)을 새겼다. 하얀 고소데에 홍색 속옷을 입고, 쓰유이타다키(露頂) 채로 작은 칼을 차고, 손에 시라보네(白骨)의 부채를 들고 있다. 하카마에는 고시이타(腰板)가 달려 있고, 허리띠는 좁다.

가타기누는 후세의 것과 다르고, 주름도 자연스러우며 가슴 쪽 우치아와세도 깊다. 고소데의 크기는 에이로쿠(永禄) 9년의 쓰지가바나조메고소데실측도(辻ケ花染小袖実測図)[13](가미야 에이코, 일본의 미술 고소데[神谷栄子 氏編, 日本の美術小袖]) 등을 참조하였다.

---

13) 무로마치시대 후반부터 아즈치모모야마시대 말에 걸쳐서 행해진 염색이고, 시보리조메 중에서 주로 붓으로 꽃과 새 등을 그린 것이다.

가타기누(肩衣)와 하카마를 착용한 무장(武将)[14]

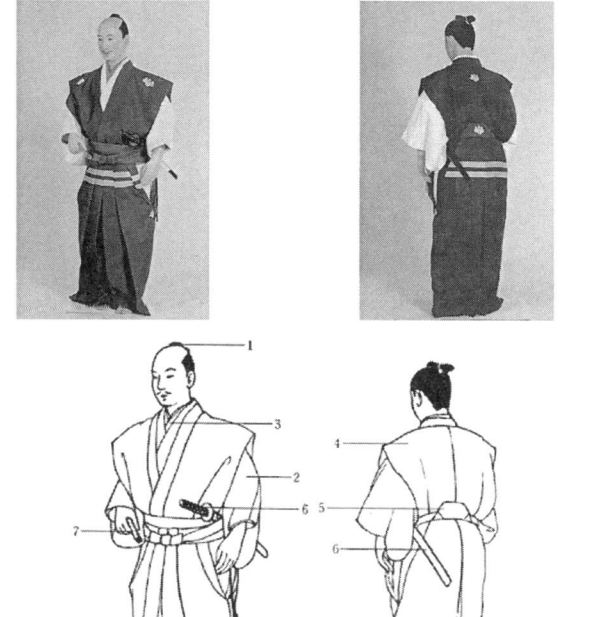

1. 후타쓰오리(二折)의 마게(髷)
2. 고소데(小袖)
3. 시타기(下着)
4. 가타기누(肩衣)
5. 하카마(袴)의 고시이타(腰板)
6. 가타나(刀)
7. 오기(扇)
8. 하카마(袴)
9. 다비(足袋)

---

14) 출처: http://www.iz2.or.jp/f-disp.php.page

▌가미시모(裃)

가미시모는 와후쿠 중에서 남성용 정장을 말한다. 통상적으로 가타기누와 하카마를 동일한 천으로 만들고, 고소데 위에 착용한다. 가타기누는 등과 양 가슴, 하카마의 고시이타 등 네 부분에 문양을 넣어 입는다. 에도시대에는 무관의 최초 예장이 되었고, 신분이 높은 농민이나 조닌(町人)도 이를 모방하는 경우가 많았기 때문에 현재에도 전통 예능이나 제례 등에 사용되기도 한다. 그 기원은 명확하지 않지만, 무로마치 시대 중기에 히타타레의 소매를 잘라서 사용한 것에서 발생했다는 전승이 에도시대부터 있었다. 마쓰나가 히사히데(松永久秀)가 창시자라고 하는 설도 있지만 이는 믿기 어렵고, 늦어도 오닌의 난 전후부터 일반화한 전진(戰陣)의 약식 예복이었을 것으로 여겨진다. 그 후 전국시대 때의 발전에 따라 교로쿠년(享禄年)부터 덴분년(天文年) 경에는 이미 평상시의 약식 예복으로서도 사용하게 되었다.

원래는 스오에서 소매와 가슴 부위의 끈을 떼어낸 구조였던 것으로 추정되지만, 이윽고 가타기누의 히다(襞)를 빼고, 앞·뒷길의 옷자락을 가늘게 하고, 우치아와세로 착용하는 것이 아니라 하카마에 소매를 넣는 형태로 변화했다. 그 후 다시 어깨의 폭을 넓게 만든 것이 유행하였고, 겐로쿠년(元禄年)에는 폭이 한 척이 되는 형태가 정착되었다. 에도시대 중기에는 고래수염을 넣어서 어깨를 펴는 구조가 나타나게 되었고, 후기에는 역으로 어깨선을 둥글게 하는 것이 유행하였으며, 현재에도 「히토모지(一文字)」와 「아와세(蛤)」, 「가모메(鴎)」로서 양쪽을 재봉한 의상이 남아 있다.

천은 본래 삼이었지만,『유교핫도(結城法度)』에 가타기누는 삼을 사용하라는 규정이 있는 것으로 봐서는 전국시대에 이미 목면으로 화려하게 가봉한 의상도 있었던 것으로 보인다. 에도시대에 들어서자 소재의 고급화는 한층 진전되어 상급무사는 류몬(龍紋: 견직물의 일종)을 사용하는 것이 일반화되었다. 또, 호레키(宝暦)년에는 고몬의 가미시모가 유행하고, 에도성에 입성한 다이묘들이 자기 고향의 고몬의 정교함을 겨루는 풍조도 발생하였다. 문양(紋)의 위치는 히타타레와 같이 등, 가슴 양쪽, 고시이타(腰板), 아히비키(合引)의 다섯 부분이었지만, 에도시대가 되자 아히비키(合引)는 생략되었다. 또한, 하카마도 에도시대에 예복으로서 나가하카마(長袴)를 사용하는 관례가 발생하였다. 그 안에 입는 고소데(小袖)는 에도 때 정식으로 노시메(熨斗目)와 가타비라로 결정되었고, 색상도 신분에 따라 규정되었다.

▌스오(素襖)

스오란 일본 남성용 기모노의 일종이다. 또한, 스오는 스호(素袍)로 표기되는 경우도 있다.

가마쿠라시대 이래 예복화된 히타타레 중에서도 간소하고 고풍적인 것을 무로마치 시대부터 스오라고 하였다. 처음에는 하급무사나 서민의 평상복이었지만, 무로마치시대 말기에는 다이몬에 버금가는 예장이 되었다.

형상의 가장 큰 특징으로는, 히타타레와 다이몬은 하카마의 허리띠가 하얀 천으로 만들어진 것에 반해 스오의 허리띠는 하카마와 유사한 형태이다. 또한, 소매에 넣는 구구리히모(括り紐)나 로(露)가 생략되고,

가슴의 끈, 고로(小露)는 가죽이었다. 이 때문에 「가와오노히타타레(革緒の直垂)」라고 불렸다. 무로마치시대 말기부터는 하카마의 등 부위에 고시이타를 붙였다. 색과 문양은 자유로웠다.

에도시대에는 스오가 에도막부의 제복 규례에 의해서 무위무관(無位無官)인 하타모토(旗本)의 예장으로 정착하였다. 즉, 겐나 원년(元和元年)(1615년)의 제복의 규례에 따라서 종5위 이하 모로다유(諸大夫)나 무위무관(無位無官)의 예장은 다이몬이었지만, 막부로부터 누노기누(布衣)의 착용이 허가된 하타모토(旗本)는 누노기누(布衣)를 예장으로 하고, 이는 6위 이상의 의복으로 규정되었다. 그리고 누노기누의 착용이 허가되지 않는 하타모토는 스오를 입도록 했다.

재질은 사라시(晒: 표백한 무명)로 한정되었고, 가문의 문양을 등, 양 가슴, 소매, 하카마의 고시이타와 좌우 아이비키 아래 등 합계 여덟 군데에 넣었다. 보통은 바닥에 끌릴 정도로 긴 하카마(袴)를 착용했지만, 히타타레, 다이몬에 없는 착용법으로 발목까지 내려오는 「항하카마(半袴)」를 입는 경우도 있는데, 이 경우는 「고스오(小素襖)」라고 하였다.

直垂
ひ た れ
① 히타타레(直垂)　　② 스오(素襖)[15]

---

15) ①② 출처: http://www.iz2.or.jp/f-disp.php.page

현재는 제례 시에 관계자가 착용하거나 노(能), 교겐(狂言)용 의상으로서 간략화된 옷을 볼 수 있는 정도이다. 「스오토시(素襖落)」라는 교겐에서는 스오가 스토리의 중심이 되는 소도구로 등장한다.

여성용 의복도 간소화되었다. 모(裳)는 서서히 짧아지고, 하카마로 바뀌었다가 이윽고 입지 않게 되었다. 이후에는 고소데 위에 고시마키(腰巻き), 유우마키(湯巻き)를 입는 형태가 되었다. 윗기장이 긴 고소데를 걸쳐 입는 형태의 우치카케(打掛)가 완성되었다.

▌무가 여성의 복장

(1) 모(裳)

모는 주니히토에를 구성하는 기모노의 일종이다. 구조는 허리끈 역할을 하는 두 줄의 고코시, 하카마의 고시이타와 같은 오코시(大腰), 뒤에 늘어뜨리는 두 줄의 히키코시(引腰)와 자연스럽게 퍼지는 치마 형태인 모의 본체로 구성되어 있다. 현재의 착용법으로는 가라기누(唐衣)를 걸치고 나서 마지막에는 허리를 묶는다. 오코시(大腰)를 가라기누에 닿게 고정하고, 고코시(小腰)를 앞으로 돌려서 형태가 정연되게 묶는다. 이는 히토에(単), 우치기(袿), 우치기누(打衣), 오모테기누(表衣)를 고정하는 벨트 역할을 한다. 헤이안시대에는 모를 착용하고 나서 가라기누를 걸친 것으로 추정이 된다. 모는 헤이안시대 주니히토에 중에서 가장 포인트가 되는 의상이고, 자신보다 신분이 높은 사람, 혹은 윗사람 앞에 나갈 때는 모를 반드시 착용해야만 하였다. 마쿠라노소시(『枕草子』)에서는 화급을 다투는 이치조텐노(一条天皇)의 행차 시에 약장으로 차려 입은 궁녀가 당황하여 가라기누나 모를 착용하였다는 에피소드가 있고, 겐지모노가타리(『源氏物語』)의 「와카나노우에(若菜 上)」)에서는 아카시노미가타(明石の御方)가 겐지(源氏)의 다른 처들을 심려하여 유일하게 모를 착용하고 등장하는 장면을 볼 수 있다.

가마쿠라(鎌倉)와 무로마치시대(室町時代)

가마쿠라와 무로마치시대의 경우 상기에 언급한 아가치노(頒幅)의 형해화에 보이듯이 가마쿠라시대에는 모가 간소화되었다. 궁중에서도 보통은 이쓰쓰기누(五衣) 등의 가사네우치기(重ね袿)를 대신하여 조로 요보(上臈女房)는 후타에기누(二衣)를, 나머지는 우스기누(薄衣)를 착용하는 것이 일반화되었고, 천황이나 동궁(東宮)의 궁궐에서 가라기누 착용은 드물지 않았지만, 모는 사용하지 않는 경우가 많았다. 그리고 가마쿠라 후기에는 탈착이 용이하도록 허리에 묶는 고코시를 느슨하게 묶어서 어깨에 걸친다. 이른바 가케오비식(掛帶)의 모가 성립한 것을 당시의 회화 등의 자료를 통해서 볼 수 있다. 나라국립박물관 소장 후겐보살십라살여상(普賢菩薩十羅刹女像), 동경국립박물관 소장 지다이후도우타아와세에마키(時代不同歌合絵卷) 등을 모두 가마쿠라시대의 의상으로 볼 수 있다. 그러나 이 시점에서는 착용방법이 뚜렷하게 변하였고, 형태는 현재와 별다른 차이가 없다. 그러나 오닌의 난(応仁の乱)이 발발하여 구게 계층이 흩어지고 궁중 제의가 거행되지 않게 됨으로써 모의 형식이나 취급방법이 전승되지 않게 되었다.

에도시대(江戸時代)·19세기 작
(동경국립박물관 소장)[16]

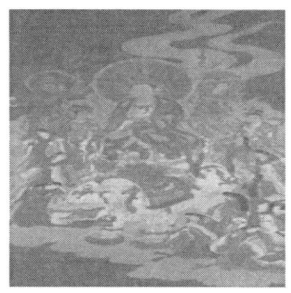

후겐보살십라살여상
(普賢菩薩十羅利女像)[17]

지다이후도우타아와세에마키
(時代不同歌合絵巻)[18]

(2) 고시마키(腰巻)

허리에 묶는 포상(布狀)의 속옷이다. 와후쿠의 경우 유모지(湯文字)
나 스소요케(裾除け)가 이에 해당한다. 오토시대(織豊時代: 오다 노부
나가와 도요토미 히데요시의 시대)부터 에도시대 이전까지의 고위층 무
사 가문의 여성용 여름 정장이다.

---

16) 출처: http://ja.wikipedea.org/wiki
17) 출처: http://www.narahaku.go.jp/collection/d-824-0-1.html. 나라국립박물관 소
장.
18) 출처: http://www.emuseum.jp/detail/100258/000/000?mode=detail&d_lang=ja&s_
lang=ja& class=&title=&c_e=&region=&era=&century=&cptype=&owner=&pos=
129&num=5. 가마쿠라시대(14세기), 동경국립박물관 소장.

전국시대에 이르러 고위 무사계층 부인의 정장이었던 우치기가 쇠퇴한 후 무가 여성의 위엄을 나타내기 위함과 동시에 방한을 위해서 겉에 우치카케를 착용하도록 한다. 그러나 여름은 매우 덥기 때문에 우치카케의 허리 부분을 끈으로 묶고, 상반신은 벗게 되었다. 이것이 고시마키의 시작이었다. 고

오이치노가타상(お市の方)[19]

야산(高野山)의 탑두(塔頭), 지묘인(持明院)에 있는 「오이치노가타 초상화(お市の方肖像画)」가 이 시대의 대표적인 고시마키상이다.

에도시대가 되자 에도막부에 의해서 오오쿠(大奥)의 여성용 복장으로 규정되고, 타다이묘케(他大名家)에서도 이 규정을 준수해야 했다. 그러나 예외로 호소카와케(細川家)의 부인들은 착용을 하지 않았다(도쿠가와요메이카이 소장[德川黎明会 所蔵]). 그 밖에도 기타시라카와케규조오시료(北白川家旧蔵資料) 등 가문에 따라서 관습에 차이가 있었다. 일반적으로 다이묘케(大名家)일지라도 상당한 격식을 필요로 했었다. 오오쿠(大奥)에서 「고시마키(腰巻)」의 착용기간은 음력 5월 5일~9월 8일로, 바탕색은 흑색이고, 「사게오비(提带)」라는 특수한 오비에 소매를 걸쳐서 착용하였다. 사게오비는 가타오리(固織り)의 비단으로 만든 가는 오비이고, 전체에 종이를 넣어 견고하게 하고, 특히 좌우 끝자락은 짚을 종이로만 심(芯)을 넣은 것으로 착용을 하면 심(芯)이 있는 부분이 길게 좌우로 팽팽해진다. 사게오비는 오오쿠(大奥)와 다이묘케

---

19) http://ja.wikipedea.org/wiki의 이미지사진을 활용하였다.

에서 여름에 널리 사용되었지만, 신분이 높은 여성은 의식 때에 이 좌우의 팽창된 부분에 소매를 걸쳐 입었다. 또한, 에도시대 초기에는 궁중에서 착용을 하였고, 고미즈노오인(後水尾院)의 저서인 『도지넨주교지(当時년中行事)』의 「가상(嘉祥)」 항목에는 궁녀가 착용하였던 것을 볼 수 있고, 궁중의 업무를 담당한 가리가네야(雁金屋)의 즈안슈추(図案集中)에서도 볼 수 있다. 그러나 막부 말의 궁중행사를 기록한 『가에넨주교지(嘉永年中行事)』에서는 볼 수 없게 되었고, 궁중에서는 일찍이 쇠퇴한 것으로 보인다.

이처럼 여성은 오소데(大袖)의 우치기를 입고, 허리에 걸치는 착용법을 하고 있다. 기타 노동을 하는 여성들은 고소데 한 벌에 고시기누(腰衣)만을 걸치는 경장을 했다. 무거운 주니히토에를 입은 귀족의 여성들만이 역사적으로 표면에 나타나지만, 실제로는 일반 서민들도 고소데를 착용하고 있던 것을 알 수 있다. 가마쿠라시대의 「가스가곤겐레이겐기(春日権現霊験記)」를 보면, 조리장에서 일하는 사람들의 의복은 소매 입구가 좁은 오케소데(筒袖)에 남성은 무릎을 동여맨 하카마를 걸치고 머리에 에보시를 쓰고 있으며, 여성은 허리에 짧은 고시기누(腰布)를 착용하고 있다. 허리에 천을 달고 있는 것을 보면 마에가케(前掛け: 앞치마)와 같은 역할을 하고 있고, 뒤에서 앞으로 돌려서 고시기누 로 삼는데, 나라시대의 고위층 사람들이 입었던 모의 잔영이라고 할 수 있는 오랜 관습을 계승하였다. 또한, 생활습관을 보면 여성도 다치히자(立膝: 한쪽 무릎을 세우고 앉음)나 책상다리가 일반적이었기 때문에 의복을 보호하는 측면에서도 고시기누가 편리했을지도 모른다. 후세에 와서는 무릎을 꿇고 오랫동안 앉아 있을 경우 앞에 천을 걸치고, 무릎을 보호하는 형태를 취하게 되었다. 즉, 근세의 마에가케와 같은 형태이다.

시대나 사람들의 생활습관의 편의를 위해 의복은 간편한 스타일로 바뀌었다. 가마쿠라시대 말에는 남북조의 전란이 이어지고, 무로마치시대에는 오닌의 난(応仁の乱)이 10회에 걸쳐 일어났으며 교토는 전장이 되었다. 복식사 중 가장 호화로운 헤이안조 귀족의 복장은 이렇게 해서 점차로 쇠퇴하였고, 실물자료는 거의 남아 있지 않다.

▌외래의 염직문화

일본의 염직문화사를 돌이켜보면, 외래의 염직기술의 영향을 받아서 발전한 시기가 세 번이나 있었다. 첫째, 아스카, 나라시대에는 수·당의 고도 신기술이 수입되었던 시기이다. 그 유품은 쇼소인(正倉院)에 남아 있다. 두 번째는 무로마치시대에서 에도 초기에 걸쳐서 중국 명나라나 유럽의 포르투갈, 스페인, 네덜란드 등에서 유입된 문물, 일반적으로 남만 문물이라고 하는 염직품이 전래된 시기이다. 세 번째는 막부 말과 명치 정부가 개국한 시기이다. 이 두 번의 시기에 전해진 것은 다기구로, 다도인이나 무가 사이에서 중시된 다기의 후쿠사(袱紗)나 의류 등이다. 예를 들자면, 긴란(金襴), 긴란(銀襴), 돈스(緞子), 후쓰(風通), 슈스(繻子) 등으로 값비싼 것들이다. 아시카가막부(足利幕府)가 경제정책의 일환으로서 행한 대명무역을 통해 전해진 것이다. 이들 외래의 기술이 일본 국내에 유입이 되고, 점차로 교토의 니시진(西陣) 등에서는 고가의 직물이 생산되게 되었다. 이후 남만선(南蛮船)에 의해서 남방의 사라사(更紗), 시마오리모노(縞織物), 서구의 나사, 벨벳까지 일본에 전래되었다.

▌고소데(小袖)

고소데는 일본 전통의상의 하나로서 현대에도 일반적으로 사용되고 있다. 와후쿠의 기본이 된 의류이다. 소매 입구가 넓고 소매 기장까지 완전히 열려 있는 소매의 형상을 오소데(大袖)라고 하는 것에 반해,「고소데」는 소매 입구가 좁은 점에서 붙여진 명칭이다.

고소데의 역사

헤이안시대의 경우 구게소쿠타이로, 헤이안시대 초기까지는 속옷으로서 히토에가 사용되었지만, 중기 이후의 국풍문화 융성과 함께 일어난 복식 변화에 의해서 히토에는 크기가 커지고, 속옷으로서 더 이상 사용되지 않게 되었다. 그 대신에 서민이 입고 있던 쓰쓰소데(筒袖)의 기모노를 속옷으로서 착용하게 되었다.

우치카케를 생략한 고소데에 모바카마 차림 또는 우치카케로 입는 고소데에 소매를 끼우지 않고 허리에 두르는 고시마키가 있다. 이러한 차림들에서 고소데가 중심이 되어 우치카케 차림이나 고시마키 차림은 고소데만으로 완성되었으며, 따라서 고소데가 겉옷으로서 중심적인 위치를 차지하게 되었다. 고소데는 원래 폭이 넓은 소매에 비해 소매가 좁은 의미의 속옷, 또는 서민의 겉옷으로 착용되었다. 문헌에서는 후지와라노노리나가(藤原頼長)의 일기,『다이키(台記)』에 고소데(小袖)의 기술을 볼 수 있고, 에마키(絵巻)에서는『헤이지모노가타리에마키(平治物語絵巻)』나『고카와데라엔기에마키(粉河寺縁起絵巻)』등에는 오소데 의류의 아래에 고소데를 착용하고 있는 모습이 묘사되어 있다. 이와테현 히라이즈미(岩手県平泉)의 주손지콘지키도(中尊寺金色堂)의 수미단(須弥壇)에 봉헌되어 있던 후지와라노모토에(藤原基衡)가 착용한 옷이 현존하는 가장 오래된 고소데라고 한다.

① 고카와데라엔기에마키
(粉河寺縁起絵巻)

② 후지와라노모토에
(藤原基衡)[20]

　헤이안시대 후기부터 가마쿠라시대 초기에는 귀족 사이에 폭발적인 고소데 붐이 일었고, 우치기 대신에 호화로운 직물로 가봉된 고소데를 겹쳐 입는 것이 유행했는데, 고가이기 때문에 때때로 금지령이 내려지기도 하였고, 이 때문에 무로마치시대까지의 귀족이나 무사 등의 상류계층에서 고소데는 속옷으로 취급되었다.

　무로마치시대 후기가 되자 하극상이나 치안 저하 등으로 인하여 소매가 작아 활동적인 고소데가 무가 부인의 정장용 겉옷으로 채택되었고, 아즈치모모야마시대에는 오이치노가타 초상화(お市の方肖像画)에서 볼 수 있는 것처럼 호화로운 우치카케형의 고소데가 만들어졌다. 또, 무사의 예장이 된 가미시모도 고소데를 밖으로 꺼내는 착용법이 통례가 되고, 고소데는 겉옷으로 승격되었다. 이때의 고소데는 「모모야마소

---

20) ① http://ja.wikipedia.org/wiki/%E7%B2%89%E6%B2%B3%E5%AF%BA%E7%B8%81%E8%B5%B7%E7%B5%B5%E5%B7%BB, ② http://ja.wikipedia.org/wiki/%E8%97%A4%E5%8E%9F%E5%9F%BA%E8%A1%A1를 각각 참조하였다.

데(桃山小袖)」라고 한다. 에도시대가 되
자 에도막부의 사농공상의 신분제에 따라
서 무사 등의 상류계급에서는 고소데의
가라유키(柄行き)가 고정화되었지만, 교
토나 오사카 등의 가미가타(上方)나 에도
의 부유한 조닌(町人)은 여유있는 경제력
을 바탕으로 의류에 돈을 투자하게 되었

고소데(小袖)와 에도시대
가케유마키(かけ湯巻)를 한 여인[21]

고, 고가의 고소데가 제작되었다. 그러나
너무 사치스럽다고 하여 때때로 에도막부가 금령을 내리기도 하였다.
이 시대의 대표적인 고소데로는 나가고소데(慶長小袖), 간분고소데(寛
文小袖), 겐로쿠고소데(元禄小袖)가 있다. 후기부터 구게 사이에서도
의식 이외에서는 고소데를 입는 것이 관습이 되었고, 또한 고소데 자체
의 옷깃도 평화로운 시대의 분위기에 따라 화려하고 폭이 넓은 후리소
데(振袖)가 탄생하였다. 그 때문에 고소데라는 명칭 자체가 현실에 맞
지 않게 되었고, 현재의 고소데는 소쿠타이나 주니히토에 등과 같은 구
게소쿠타이의 속옷을 지칭한다.

---

21) http://www.yahoo.co.jp

여성용(女性用) 정장(正裝)의 와후쿠(和服)[22]

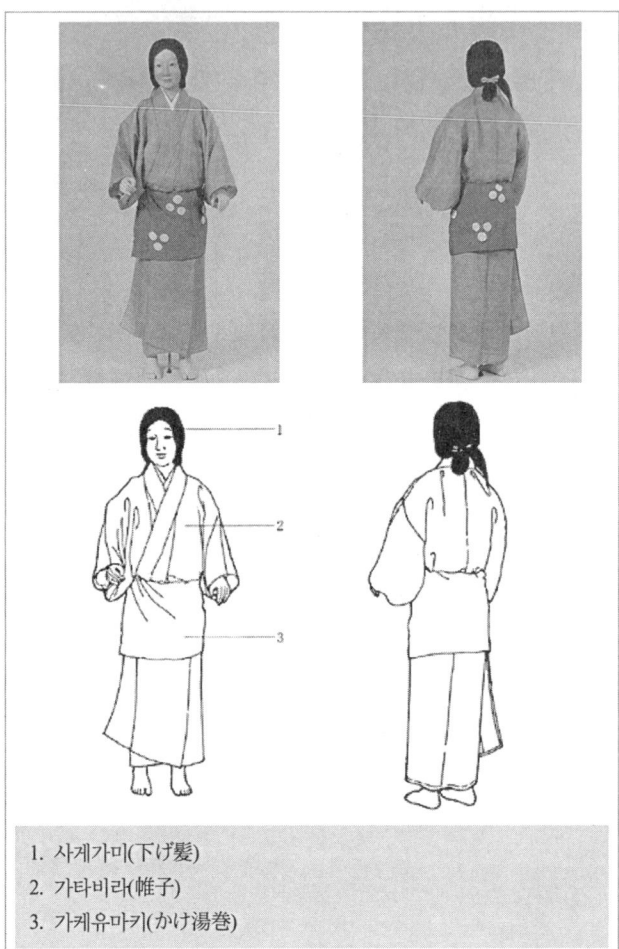

1. 사게가미(下げ髪)
2. 가타비라(帷子)
3. 가케유마키(かけ湯巻)

22) http://www.yahoo.co.jp

3.2.6 와후쿠의 구성 개관

▌와후쿠의 가타하바(肩幅)와 소데하바(袖幅)

나가기(長着)를 입었을 때에 길(身頃)과 소매의 경계선의 최상부는
인체의 어깨와 팔이 만나는 부분보다도 손가락 끝에 가까운 위치가 된
다. 길과 소매의 경계선의 최상부는 전형적인 체형으로는 두 팔의 중간
부분에 위치한다. 그 원인은 와후쿠인 나가기의 제단 방법과 구성에 있
다. 한편, 양복에서는 래글런 소매(ラグラン袖: Raglan sleeves)와 같은
예외를 제외하면 복장의 동체 부분과 소매의 경계선의 최상부는 인체
의 어깨와 팔이 만나는 부분에 위치한다.

▌와후쿠의 종류

현재의 와후쿠에는 성인 여성용·남성용·어린이용 등이 있다. 남성
용과 여성용 와후쿠는 종류별로 정장, 평상복, 그리고 그 사이에 입는
옷 등으로 나뉘어 있었다. 기본적으로 남녀 혼성용 와후쿠는 없지만,
본래 남성용이었던 와후쿠를 여성이 착용하는 경우도 있다. 하오리(羽
織) 등은 명치시대부터 일반화되었고, 현대에는 원래 남성용 복장이었
던 진베에(甚兵衛) 등도 여성이 착용하게 되었다.

남성용 진베에는 여름 실내복으로 여성의 유카타(浴衣)처럼 목욕할
때에 착용하는 와후쿠이다. 상의와 하의로 나뉘어져 있고, 상의는 오비
를 매지 않고 좌우의 끈으로 묶는 구조로 되어 있기 때문에 이러한 점에
서 진베에는 남성용 간이 기모노라고도 할 수 있다.

와후쿠를 구성하는 요소에는 하다주반(肌襦袢), 나가주반(長襦袢), 나가기, 하오리, 다테지메(伊達締め), 고시히모(腰紐), 오비(帯), 오비이타(帯板), 오비지메(帯締), 하카마의 다비(足袋), 조리, 게타 등이 있지만, 생략되는 경우도 있다. 나가기(長着)와 오비는 호화로운 무늬가 수놓아진 경우도 있다.

남성용 진베에(甚兵衛)와
여성용[23]

▌여성용 정장 와후쿠

현대의 여성용 정장 와후쿠의 기본적인 형태는 원피스형이지만, 여성용 하카마는 여학생용 정장의 일부가 되었다. 메이지와 다이쇼시대(大正)에 대부분의 여학생들이 학교에서 일상적으로 입는 복장으로서 여성용 하카마가 유행했다. 이 때문에 현재는 입학식이나 졸업식 등에 여학생들이 하카마를 정장으로서 즐겨 입게 되었다. 현재의 여성용 정장 와후쿠에는 구로도메소데(黒留袖), 이로도메소데(色留袖), 후리소데(振袖), 호몬기(訪問着), 모후쿠(喪服) 등이 있다. 이들 정장용 기모노의 특색은 에바문양(絵羽模様)에 따라서 같은 문양이 새겨져 있는 점이다. 에바문양이란 작은 패턴이 반복되어 염색된 문양이 아니고, 마치 와후쿠 전체를 캔퍼스에 비유하여 그림을 그린 것과 같은 문양으로, 겨드랑이나 오구미(衽: 섶)와 앞길(前身頃)의 솔기, 세누이(背縫い: 옷

---

23) 출처: http://ja.wikipedea.org/wiki

의 등줄기를 꿰맴) 등의 부분에서 문양이 이어지도록 미리 염색을 해둔 것을 말한다. 이들 정장용 기모노는 원칙적으로 결혼식와 훈장 수여식 또는 다과회(茶会) 등 격식이 있는 자리나 경사스런 의식에 착용한다. 도메소데에는 구로도메소데와 이로도메소데가 있다. 구로도메소데는 바탕색을 검정으로 물들인 것이고, 이로도메소데는 검정을 제외한 바탕색

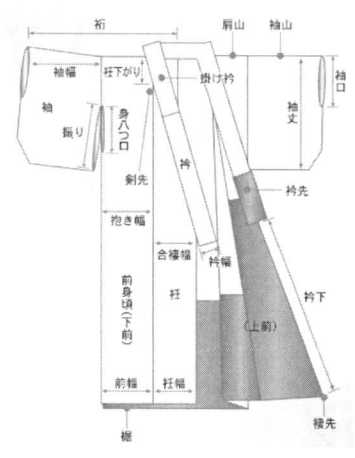

기모노의 명칭(名称)[24]

으로 된 옷을 말한다. 이 둘은 원래 기혼여성용의 가장 중요한 예복이지만, 최근에는 이로도메소데를 미혼여성들이 착용하는 경우도 많아졌다.

(1) 도메소데(留袖)

도메소데는 와후쿠의 일종이고, 평민의 기혼여성이 착용하는 가장 격식 있는 예복이다. 기모노의 품격을 말할 때에 가장 중요한 예복으로 꼽히고, 서양의 이브닝드레스에 상당하는 것이다.

원래 에도시대에는 젊은 층이 착용하는 후리소데의 긴 소매를 결혼 후에 짧게 해서 미야쓰구치(身八口: 겨드랑이 부분을 튼 것)를 누볐던 관습이 있었고, 이를 기모노의 형태에 관계없이 전부「도메소데」라고 한다. 여기에서「도메소데」라는 명칭 자체가 이윽고「기혼여성의 예복」이라는 의미로 변했다.

---

24) 출처: http://blog.naver.com/qbxlvnf0216

현재의 「도메소데」라고 불리는 것은 가세이분카(化政文化)의 문화가 번창했을 때에 에도의 게이샤(芸者)들 사이에서 유행하였던 에도즈마(江戸褄)라고 불리는, 하반신 부위에 문양이 새겨진 기모노를 지칭한다. 또 핫카케(八掛)는 「무쿠시타테(無垢仕立て)」라고 하여 반드시 겉과 동일한 천을 사용하여 가봉한다. 이때 겉으로는 보이지 않는 핫가케(八掛)에도 문양이 새겨지는 경우도 있다.

결혼식 등에서 기혼여성이 많이 착용하는 「구로도메소데」는 바탕이 검은색이고, 하마치리면(濱縮緬)이나 단고치리면(丹後縮緬)등 바탕의 문양이 없는 치리면을 사용하고, 소매에 문양이 새겨져 있으며 등·양소매 뒤쪽·가슴 윗부분 등 합계 다섯 종류의 가문(家紋)이 들어 간다. 흑색 이외의 옷은 제2의 예장인 「이로도메」라고 부르고, 착용 목적 등에 따라서 다섯 종류로 제한되고, 세 가지 문양, 또는 한 가지 문양 등으로 자수가 적은 것도 있다. 그리고 무늬가 없는 것도 있다. 천도 구로도메소데와 같은 히토코시치리면이나 바탕문양이 새겨진 분이쇼치리면(紋意匠縮緬) 또는 린즈나 슈시천(朱子地)을 사용하는 경우도 있다. 도메소데는 본래 기혼여성의 의복인데, 최근에는 미혼여성이 예복으로 착용하는 경우도 있다.

비교적 나이가 많은 미혼여성이 후리소데를 입기를 꺼리는 등 이러한 경우는 호몬기를 착용하는 것을 가급적 피하고 나이에 맞는 안정감을 보이기 위하여 미혼여성들이 입게 된 이유도 있다.

궁중에서는 검정은 상(喪)의 색이라고 하여 구로도메소데는 사용되지 않고, 이로도메소데가 사용되었다. 황족이 도메소데를 착용하거나 일반인이 훈장을 수여받기 위하여 궁중에 입궐하는 경우는 이로도메소데를 착용하는 것이 관례이다.

1) 구로도메소데(黒留袖)

현재 구로도메소데는 결혼식이나 피로연에 출석하는 신랑 신부의 모친, 중매자의 부인, 친족 중 기혼여성이 착용한다. 천은 문양이 없는 치리면에 검정 단색으로 염색되고, 등과 소매 뒤, 가슴에 다섯 종류의 문양이 있다. 또한, 천은 주로 히토코시치리면(一越縮緬)이 사용되고, 토모핫가케(共八掛)가 달려 있다. 문양은 염색(染め)이나 하쿠(箔), 자수를 사용한 깃쇼문양(吉祥文様), 유쇼쿠문양(有色文様), 쇼소인문양(正倉院文様) 등 격식이 있는 의상이 애용되고 있으며 금·은·백색의 오비나 고모노(小物)를 휴대하게 된다. 무늬는 허리 밑부분에 새긴다.

2) 이로도메소데(色留袖)

기혼여성의 정장이다. 앞에서도 언급하였지만, 검정 이외의 색으로 염색된 것을 지칭한다. 천도 치리면뿐만 아니라 동일한 치리면일지라도 천에 문양을 수놓은 의상이나 린즈를 사용하는 경우도 있다. 구로도메소데에는 다섯 종류의 문양이 있지만, 이로도메소데의 경우 다섯 종류뿐만 아니라 문양이 세 가지, 혹은 한 가지인 경우도 있다. 궁중행사에서는 흑색이 「상(喪)의 색」이라고 하여 구로도메소데는 착용하지 않는 것이 관례이므로 훈장 수여식과 기타 행사를 위해 입궐하는 경우에 이로도메소데를 정장으로 착용한다. 구로도메소데는 일반인의 정장이 되었다.

(2) 후리소데(振袖)

주로 미혼여성용의 에바문양이 있는 정장이다. 정식으로는 다섯 종류의 문양을 새기지만, 현대에는 거의 문양을 새기지 않는다. 소매의 길이에 따라서 오후리소데(大振袖), 나카후리소데(中振袖), 고후리소데(小振袖)가 있고, 신부의 의상 등에서 볼 수 있는 소매가 긴 옷은 오후리소데이다. 최근 성인식 등에서 착용하는 후리소데는 주로 나카후리소데인 경우가 많다. 에바문양에 그치지 않고, 고몬(小紋)이나 무지로 만들어진 후리소데도 많다. 후리소데는 소맷자락이 길기 때문에 그 이름이 붙여졌다. 현재는 미혼여성의 경우 검은색인 구로도메소데나 이로도메소데, 호몬기에 상당하는 격식 있는 예복으로서 착용하는 경우가 많다.

　다음은 후리소데의 특징과 분류에 대해서 설명하기로 한다. 미혼여성이 제례나 의례에서 착용하는 예복(晴れ着)인 와후쿠가 후리소데이다. 후리소데는 소매의 기장이 특히 긴 것이 특징이다. 소매에 어깨가 들어가는 방향을 따라 수직(垂直)의 소매 길이를 소데다케(袖丈)라고 한다. 와사이(和裁)의 경우 소맷자락은 그 길이에 따라서 오후리소데(袖丈 114cm 전후), 나카후리소데(袖丈 100cm전후), 고후리소데(袖丈 85cm전후)로 분류가 된다. 옷길에 가까운 쪽의 소매 끝이 부착되지 않고 열려 있는 부분을 후리야쓰구치(振八つ口)라고 한다. 소매가 긴 후리소데 와후쿠는 신부의 의상인 우치카케에서도 볼 수 있다. 후리소데는 일반적으로 미혼여성의 와후쿠이기 때문에 기혼여성은 보통 후리소데를 착용하지 않는다. 그러나 엔카(演歌) 가수 등의 경우 기혼여성이어도 후리소데를 입는 사람이 있다. 현재는 가장 소매길이가 짧은 고후리소데는 거의 착용하지 않지만, 격식을 차릴 때에 나카후리소데도 가장 중요한 예복으로서 통용되고, 일반적인 오후리소데보다 격이 떨어지는 것은 아니다.

(3) 호몬기(訪問着)

호몬기는 일본 여성용 기모노의 일종이다. 그 역사는 짧고, 명치시대에 양복인 「비지팅 드레스」에 해당하는 기모노로서 만들어졌다. 정장의 하나에 속하고, 처음에는 등과 양 소매 세 부분에 가문을 새기는 것이 관례였지만, 점차 쇠퇴하여 현재는 문양을 넣지 않는 경우도 많다.

특징으로서 「에바(絵羽)」라는 문양이 있다. 이것은 처음에 천을 치수에 맞춰 제단하여 가봉하고, 기모노로 완성된 형태에서 봤을 때 흐트러지지 않게 밑그림을 그린 후 다시 풀어서 염색 작업을 한 것으로, 문양은 오비의 위아래에 있고, 모두 솔기를 따라서 연결되는 것이 특징적이고, 이 점이 쓰케사게(付け下げ)와 큰 차이가 있다(쓰케사게는 무늬가 이어지지 않는다).

용도는 결혼식, 다도회와 파티 등의 중요한 행사 때에 착용한다. 또한, 혼인 여부와 관계 없이 착용할 수 있다.

(4) 모후쿠(喪服)

모후쿠란 소기나 제사 등에 참가할 때 착용하는 예복이다. 후지고로모(藤衣)나 모기누(喪衣) 등으로도 불린다.

이쓰쓰몬쓰키(五つ紋付き)가 새겨진 흑색 민무늬(黒無地) 옷이다. 관동에서는 하부타에(羽二重), 간사이(関西)에서는 히토코시치리면(一越縮緬)을 사용하는 경우가 많다. 약식모후쿠(略喪服: 色喪服)라 하여 회색이나 갈색, 곤색 등 순수한 무색에 검정색의 오비를 맞춘 모후쿠도 있다. 약식모후쿠는 참례자 및 관계가 먼 사람 등 혈연관계에 따라서 흑색 모후쿠를 입는 것이 엄중한 경우나 연회기 등의 시기에 착용한다(통상적으로 삼주기 이후는 약식모후쿠를 착용하는 경우가 많다).

현대 일본의 모후쿠는 검은색이나 옅은 회색이 일반적이다. 또한, 와후쿠의 경우는 상주와 상주의 배우자가 흰색을 착용하는 경우도 있다. 반대로 적색 등 화려한 색은 합당하지 않는 것으로 여긴다. 즉, 상주(喪主)의 가족·친족 또는 회장자(会葬者: 장례식 참석자) 중에서 학생·초등학생·아동·유치원생 등 교복이 있는 경우는 그 교복을 착용하는 경우가 많다. 또한, 경찰관·자위관·소방관·해상보안청 등의 관공청 직원의 경우는 소기에 참석할 때에 제복을 착용하는 경우도 많다. 이 경우에는 기장(記章)이나 약장 등을 떼어내는 것이 바람직하다.

본래 모후쿠란 유족이 「상(喪)을 입다」라는 의미로 정장과 약장 두 종류가 있고, 친족은 정장의 예복을 착용한다. 약장을 착용하는 여성은 진주와 같은 액세서리는 한 줄만 휴대하는 것이 바람직하다. 두 줄 이상의 액세서리는 「슬픔을 반복한다」라고 하여 일반적으로 기피한다. 가방은 잠금장치(留め口, 도메구치) 등 금속 재질을 피하고 천으로 된 제품을 많이 사용하는데, 가죽제품은 불교에서 살생을 연상시키기 때문에 흑색이라도 착용하지 않는 것이 바람직하다. 기독교계 종파에서는 베일로 여성의 얼굴을 덮는 것이 장례식의 정장(正裝)이다. 모후쿠의 영어 명칭은 모닝 드레스(mourning dress)나 모닝 클로즈(mourning clothes)이다. 즉, 예복의 일종인 모닝코트(morning coat, morning dress)의 '모닝(morning)'은 아침을 의미하는 단어이고, 모(喪)와는 무관하기 때문에 주의해야 한다.

명치유신 이전의 모후쿠는 상주 이외에도 흰색을 입었다. 명치천황의 다이소노레이(大喪の礼) 이후부터는 서양처럼 모후쿠를 흑색으로 정했다. 이전에는 장례식 예복이었기 때문에 나가기 안에 도메소데와 같이 흰색 속옷을 입었지만, 현재는 예복의 경량화와 더불어 「모(喪)가

겹친다」고 하여 기피하는 경향이 있고, 속옷은 입지 않는 것이 일반화 되었다. 미혼이나 기혼의 구별 없이 착용할 수 있다.

(5) 쓰케사게(付け下げ)

호몬기를 간략화한 것으로, 미리 잘라서 재단한 천에 에바문양을 수놓는 것이 아니라 예정된 부위를 미리 결정 하고 무늬가 새겨진 단모노(反物)의 상태로 판매되고 있 는 것을 재봉한 의상이고, 호몬기와 같은 위치에 무늬가 새겨진 의상을 지칭한다. 자칫 호몬기와 혼동하기 쉽지 만, 호몬기와 큰 차이는 무늬의 크기, 그리고 솔기의 이음 새 외에도 핫가케(八掛)에 표면의 천과 배색이 잘 되는 다른 천을 사용하는 점이다. 약식 예복에 해당하기 때문

쓰케사게
(付け下げ)25)

에 의식 등의 엄중한 자리에서 착용하는 경우는 적지만, 개성적인 무늬 나 가벼운 무늬의 호몬기보다도 고전적인 무늬가 있는 쓰케사게 쪽이 품격이 높다고 할 수 있다. 일반적으로 쓰케사게는 의식이 아닌 파티 등에서 착용하는 경우가 많다. 그리고 호몬기 보다 간편한 문양이기 때 문에 다도회 등의 편안한 장소에 어울리고, 고몬(小紋)보다 외출복 분위 기가 나기 때문에 가부키(歌舞伎)나 오페라 등의 관극에도 어울린다. 호 몬기처럼 피로연이나 연말연시 행사 등에도 착용할 수 있는 복장이다.

25) 출처: Javasc:openitemimage.item.shopping.c.yimg.jp/i/l/ceoile

(6) 쓰무기(紬, つむぎ)

쓰무기란 명주실을 베틀의 가로나 세로 중 한 쪽, 혹은 양쪽에 사용하여 짠 천, 또는 봉제한 와후쿠를 지칭한다. 쓰무기는 비단을 풀어 짜낸, 이른바 목면실이다. 또는 비단실 중 혼마유(本繭)라는 타원형의 누에고치와는 다르고, 혼마유보다 질이 떨어지는 굵고 마디가 많은 타마마유(玉繭)에서 손으로 실을 뽑아 짜낸 옥실(玉糸)이나 구즈마유(くず繭)라는 누에고치에서 짜낸 명주실을 베틀의 위선과 경선의 한 쪽, 또는 양쪽에 사용하여 짠 천을 말하고, 손으로 실을 뽑기 때문에 굵기가 균일하지 않다. 따라서 혼마유로 만든 비단실을 사용한 천의 표면이 광택을 띠는 것에 반해 쓰무기는 둔탁한 광택을 띠고, 표면이 약간 울퉁불퉁하며 독특한 느낌을 준다. 게다가 내구성이 뛰어나고, 여러 세대에 걸쳐서 착용하는 의복이기 때문에 비싼 가격에 거래가 이루어진다. 쓰무기는 튼튼하기 때문에 일찍이 일상복이나 작업복으로 사용되었다. 이 점에서 재질이 비단이라도 정장으로 사용하지는 않고, 외출복이나 멋을 낼 때(お洒落着) 사용하는 경우가 많아지고 있다. 최근 들어 약식 정장으로 사용하기도 한다.

(7) 히토에(単衣)

이는 안감이 없는 와후쿠를 지칭하며, 일반적으로 6월부터 9월까지 착용한다. 히토에(単)라고도 하며, 구게소조쿠(公家装束)인 히토에(単)는 히토에라고 하지 않는다. 히토에는 한 겹으로 가봉한 의복의 총칭으로 아와세(袷)의 반대말이다. 그 종류에는 히토에나가기(単長着), 히토에하오리(単羽織), 히토에코트(単コート), 히토에오비(単帯), 히토에주반(単長襦袢), 히토에바카마(単袴), 히토에가사네(単襲) 등을 들 수 있

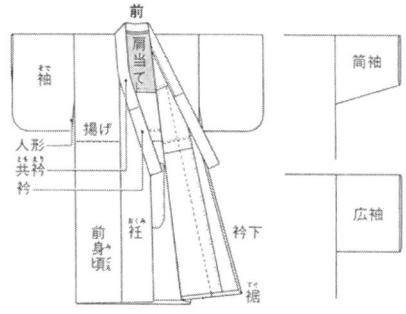

前
肩当て
袖
揚げ
人形
共衿
衿
前身頃
衽
衿下
裾
筒袖
広袖

히토에(単衣)[26]로(絽)

는데, 좁게는 히토에나가기를 가리키기도 한다. 주로 여름용 의복으로 사용이 되고 있다. 바탕이 되는 천은 면직물(綿織物)로, 유카타지(浴衣地), 데누구이추가타(手拭中形), 나가이타추가타(長板中形). 가스리 (絣: 잔무늬가 있는 천)의 목면, 시마(縞)의 목면, 미우라시보리(三浦絞り), 유마쓰시보리(有松絞り)나 하카타시보리(博多絞り) 등의 시보리 류(絞り類)와 날실과 씨실에 수를 넣은 고바이오리(紅梅織)등이 있다.

한편, 히토에는 한여름의 소조쿠로서 히토에가사네라고 하여 히토에를 두 겹 정도로 겹친 바탕에 표착을 반복하여 행하고, 그 위에 가리기누나 고우치기를 겹친 소조쿠이다.

(8) 로(絽)

로는 네지리오리(捩織)로 짠 옅고 투명한 견직물의 일종을 말한다. 에도시대에 여름용 의복에 사용하는 바탕천으로서 발전한 직물이고, 샤(紗)가 변형된 형태이다. 크게 나누어 생사로 만든 생로(生絽)와 한네리이토(半練糸)로 만든 네리로(練絽)가 있고, 실의 사용법이나 짜는 방

---

26) 출처: Javasc:openitemimage.item.shopping.c.yimg.jp

법 등에 따라서 여러 종류가 있다. 특히 통풍성이 좋기 때문에 여름 기모노의 오비와 후쿠로모노(袋物: 주머니) 등에 사용된다. 기본적인 직제방법은 라(羅)나 샤(紗)와 같지만, 로(絽)는 七·五·三줄의 짬을 두고 씨실에 두 줄의 경실을 교차시켜서 짠 것을 각각 시키혼로(七本絽)·고혼로(五本絽)·산본로(三本絽)라고 부른다.

(9) 샤(紗)

샤란 네지리오리(捩織)로 짠 것으로 엷고 투명한 견직물을 말한다. 샤는 가라미오리(からみ織)의 일종이며 씨실 두 줄이 얽히게 한 것으로 경실과 히토코시(一越)가 교차된 가장 간편한 가라미오리라는 직조방식에 의해서 제조된 의복을 지칭한다. 일반적으로 소코(綜絖) 두 겹과 가라미소코(からみ綜絖) 한 겹을 사용하여 짠다. 그 종류에는 겐몬샤와 스키몬샤, 고멘샤, 긴샤 등이 있다.

샤는 쓰무기와 동일한 것으로 잠시 외출하거나 멋을 낼 때(おしゃれ着)에 도메소데나 후리소데, 모후쿠, 호몬기나 쓰케사게 등 예장 또는 약식 예장으로 사용된다. 이는 여름 예장으로서 미적 감각이 뛰어난 의복이라고 할 수 있다.

(10) 하오리(羽織)

나가기 위에 입는 와후쿠의 일종이다. 방한, 예복, 장식 효과 등을 목적으로 사용할 수 있다. 현재 하오리(羽織)의 기장은 허리부터 무릎 사이를 말한다. 하오리의 기장은 유행에 따라서 좌우되지만, 현재의 표준에 의하면 나카하오리는 신장의 2분의 1정도이다. 혼하오리는 이에 3센티 정도를 겹친 것이고, 차하오리는 나카하오리보다 10센티 정도

짧다. 몬쓰키류(가문을 넣은 것)는 혼하오리로 하고, 샤레기(멋을 낸 옷)나 외출복, 평상복은 짧게 한다. 하오리 천의 경우 종래에는 단모노(反物)를 사용하여 혼하오리를 만들었지만, 제2차 세계대전 후에는 소매와 함께 끝단이 짧아지게 되고, 하자쿠(羽尺, 9.1~9.6미터)가 보통이다. 차하오리는 한탄(半反: 5. 5미터 내외)으로 만든다. 하오리와 기모노의 앙상블천은 20미터 내외로 짠다.

하오리의 종류를 용도별로 보면, 남자의 경우 구로하부타에(黑羽二重), 히토에는 히라로(平絽), 소메누키이쓰쓰몬쓰키하오리(染拔五つ紋付羽織)는 예장, 무지의 쓰무기(無地の紬)나 오메시히토에(お召一単)는 로(絽), 샤(紗)로 미쓰몬쓰키(三つ紋), 또는 히토쓰몬(一つ紋)을 단 하오리는 약식 예장으로 사용된다. 예장, 약식 예장과 함께 하카마를 걸친다. 샤레기로는 오메시(お召), 쓰무기 등 나가기와 같은 재질의 옷을 사용한다. 색은 곤색, 녹색, 황색이 일반적이고, 나가기와 대칭을 이루는 경우가 많다. 평상복으로는 목면, 또는 양모를 섞은 것을 입는다. 여자의 경우는 구로소메누키미쓰몬(黑染拔三つ紋), 또는 히토쓰몬(一つ紋)의 문양을 수놓은 아와세하오리는 치리면, 몬린즈(紋綸子) 히토에는 샤몬(紋紗), 로치리면은 경조사 때 입는 약장이 되고, 지몽(地紋)은 다양한 용도로 입을 수 있다. 히토쓰몬의 경우 이로무지(色無地)의 천은 구로몬쓰키(黑紋付와 동일)나 고전적인 문양의 구로에바하오리(黑絵羽羽織: 줄여서 에바하오리라고도 한다)에 히토쓰몬 자수를 넣으면 경사 시에 입는 약장이 된다. 여자는 오비쓰키(帯付き)의 몬쓰키(紋付)가 예장이 되고, 하오리는 어디까지나 약장에 지나지 않는다. 이로에바하오리는 화려한 분위기이므로 샤레기, 마치기(街着: 외출복의 일종)로 짜고, 고몬(小紋), 로게쓰(ろうけつ), 사라사(更紗: 오색염)등을 사용한다. 평상복은 목면시마(縞), 가스리(絣), 울 등으로 만든다. 하오리는 계절에 따라서 겨울은 아와세하오리(袷羽織), 여름은 히토에하오리(単羽織)로 나누어 착용하지만, 최근에는 울로 된 히토에하오리(単羽織)를 겨울에도 입을 수 있다. 어린이용은 이와이기(祝い着: 축하복장)로, 다섯 살이 된 남자아이의 경우 구로하부타에소메누키이쓰쓰몬쓰키메시메(黒羽二重染抜五つ紋付熨斗目) 문양의 요쓰미하오리(四つ身羽織)가 있다. 울로 만든 하오리(羽織)는 정월에도 자주 착용하는 편이다. 잔찬코(ちゃんちゃんこ: 소매가 없는 아동용 웃옷)는 히토쓰미소데나시하오리(一つ身袖なし羽織)이고, 와타이레(綿入れ: 솜을 둠)나 아와세(袷仕)로 재봉을 한다. 소데나시하오리(袖なし羽織)는 방한용으로도 사용할 수 있다.

아와세하오리(袷羽織)에는 부드러운 하우라(羽裏)를 붙인다. 하우라지(羽裏地)는 하부타에나 린즈, 가고센(化合繊)등을 사용하고, 히토에(単)의 가타스베리(肩すべり: 어깨 부분에 덧대는 천)에는 양복용우라지(洋服用裏地) 등도 사용된다. 색문양(色柄)은 무지(無地), 보카시(ぼかし), 고몬, 시마 등을 선택한다. 남성의 하오리우라(羽織裏)에는 가쿠우라(額裏)라고 하여 에바가라(絵羽柄)를 수놓은 화려한 것도 있다. 하오리는 나가기나 오비의 색, 문양, 천과의 조화를 이루는 것이 중요하다. 하오리히모(羽織紐), 오비시메(帯締), 오비아게(帯揚) 등 작은 부분과의 조화도 고려해야 한다.

여자의 하오리는 호레키(宝暦:1751~64) 무렵에 에도(江戸)의 후카가와(深川)에서 게이샤(芸者: 기생)가 착용한 것이 시초이고, 이를 하오리게이샤(羽織芸者) 등으로 불렸지만, 일반적으로 사용하게 된 것은 명치시대부터이다.

형태상에서 특수한 점을 예로 들어보기로 한다.

[1] 진바오리(陣羽織) – 무로마치시대에 파생하였고, 무사가 진중(陣中)에서 구소쿠(具足: 갑주) 위에 착용해서 구소쿠하오리(具足羽織)라고도 한다. 소매의 유무나 기장의 장단은 다양하다.

[2] 소데나시하오리(袖なし羽織) – 겉옷의 위에 입는 소매가 없는 것이고, 소매가 없기 때문에 무로마치시대에 발생하고, 기장이 긴 옷은 붓사키(打裂)의 형식의 진바오리로 발전했다. 서민 사이에서는 진바오리(陣兵羽織), 진베이바오리(甚兵衛羽織)로서 방한용으로 보급되었다.

[3] 붓사키바오리(打裂羽織) – 세와리바오리(背割羽織)라고도 한다. 오비다치(帶刀: 칼을 차는 것)나 승마에 지장이 없도록 허리 부분부터 등솔기를 가른 것이고, 모모야마시대(桃山時代)부터 볼 수 있다.

[4] 고모리하오리(蝙蝠羽織) – 소매가 길고 기장이 짧은 옷으로, 박쥐가 날개를 펼친 듯이 보이기 때문에 이러한 명칭이 부여되었다. 간에이(寬永)·쇼호(正保)(1624~48) 무렵에 부케와카슈(武家若衆: 젊은 사무라이들) 사이에서 유행하였다.

[5] 가와하오리(革羽織) – 유피(なめし革)로 만든 것으로 방한용이었지만, 메이레키(明曆)의 대화재(大火: 1657) 무렵부터 가지소조쿠(火事裝束: 소방복)로 사용되었다.

[6] 가지하오리(火事羽織) – 가지소우조쿠용(火事裝束用)의 하오리(羽織)이고, 가죽, 라사(羅紗), 라세이타(羅背板) 등으로 만든다. 아테오비(当て帶)를 단 것도 있다.

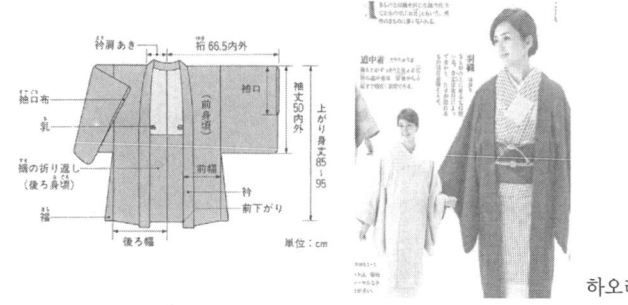

하오리

[7] 산사이바오리(三斎羽織)는 호소카와산사이(細川三斎)가 고안한 오케소데(筒袖)의 붓사키바오리(打裂羽織)로 막부(幕末) 말에 관군이 착용했다.

하오리는 본래 전국시대의 군장에서 유래한 것이었기 때문에 에도시대에도 여성이 이를 입는 경우는 거의 없었고, 여성용 겉옷으로서는 오로지 우치카케가 사용되었다.

예외로는 이른바 후카가와의 게이샤(深川芸者 – 辰巳芸者)들을 들수 있고, 에도 중기 무렵부터 이 지역의 게이샤(芸者)는 여성임에도 불구하고 하오리를 입기도 하여 명물이 되었다. 시대가 변함에 따라서 여성의 하오리는 점차 화류계 사이에서 유포가 되었는데, 이것이 일반적으로 사용되는 것은 명치기 이후이다. 이와 같은 기원 때문인지 같은 방한 용도로 만들어진 기모노인 우치카케는 지금도 결혼식에서도 사용되는 여성의 정장이지만, 하오리는 아직 여성의 정장으로서 인정되지 않는다. 여성의 하오리 기장은 유행에 따라 다르고, 명치시대에서 다이쇼시대는 무릎 아래까지 내려오는 나가하오리, 쇼와(昭和) 30년대에는 오비가 보이지 않을 정도의 짧은 하오리가 유행하였다. 이후 기모노 자체가 일상에서 착용되지 않게 되면서 하오리(羽織) 제작이 중지되었지만, 근년의 안티크기모노붐에 의해 다시 하오리가 각광받게 되었다. 더불어 2004년-2005년에 인기를 끈 것은 나가하오리였다.

■ 에도시대 전기

에도시대가 되자 와후쿠는 한층 간략화되고, 가타기누와 하카마를 합친 가미시모가 사용되었다. 또한, 서민의 문화로서 고소데가 유행하게 되었다. 가부키(歌舞伎)[27] 등의 연극이 유행하고, 니시키에(錦絵)나 우키요에(浮世絵)[28]에 의해 배우의 복식이 소개되자, 서민의 복식은 다시 다채로운 것이 되었다. 이에 대해서 막부는 유교적인 가치관과 검약

---

27) 일본 고유의 연극으로 전통 예능의 하나이고, 중요무형문화재(1965년 4월 20일 지정)이자 세계무형유산(2009년 9월 등록)이다. 가부키(歌舞伎)라는 명칭의 유래는「가타무쿠傾く」(かたむく)의 고어에 해당하는 가부쿠「傾く」(かぶく)의 연용형을 명사화한「가부키かぶき」라고 한다. 전국시대 말엽부터 에도시대(江戶時代) 초기에 걸쳐서 교토나 에도에서 유행했다. 화려한 의상이나 이채로운 형태를 띠고, 일상을 벗어난 행동(일탈행위)을 하는 것을 지칭하는 말로서, 특히 이러한 사람을 가부키모노(かぶき者)라고도 한다. 이「가부키かぶき」에「노래하고 춤추는 기생(歌い舞う芸妓)」의 의미에서「가부키歌舞妓」를 덧붙인 것은 이후의 일이었다. 간에이(寛永) 6년(1629년)에 온나가부키(女歌舞伎)가 금지되자 게이샤(芸妓)에서 비롯된「기생(妓)」을 대신하여 기가쿠(伎樂)가 혼용된「伎」의 글자를 사용한「가부키歌舞伎」의 표기가 이루어지게 되었는데, 에도시대에 걸쳐서 이「가부키歌舞妓」와「가부키歌舞伎」는 혼용되었다. 이것이 현재와 같은「가부키歌舞伎」로 정착된 것은 명치(明治) 때이다.
28) 에도시대에 성립한 회화의 장르이다. 니시키에(錦絵)와 우키요에(浮世絵)라고도 한다. 연주, 고전문학, 와카, 풍속, 지역의 전설과 기담, 초상, 정물, 풍경, 문명개화, 황실, 종교 등 다채로운 소재가 있다.「우키요浮世」라는 용어에는「현대풍」이라는 의미도 있고, 당대의 풍속을 묘사한 풍속화이다. 야마토에(大和絵)를 계승한 것이고, 종합적 회화양식으로서의 문화적 배경을 갖는 한편, 사람들의 일상생활이나 풍물 등을 다양하게 묘사하고 있다.

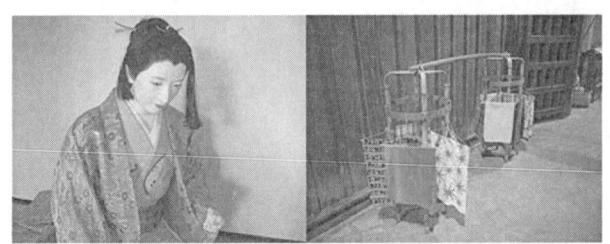

에도시대 복장과 에도 시타마치의 단기리야(江戸下町の端切屋)[29]

령(倹約令)을 통해 때때로 규제하려고 하였지만, 서민의 복식에 대한 정열은 식지 않았고 차노유(茶の湯, 다도)의 영향도 있었으며, 느낌은 순수하지만 실은 돈이 많이 드는 것을 즐기게 되었다. 오비를 매는 방법이나 구미히모(組みひも, 끈목)가 발달하였고, 점차 오비를 뒤로 묶게 되었다.

▌에도시대 후기

쇄국정책으로 국외로부터 비단 수입을 하지 않게 되었기 때문에 일본에서 소비되는 비단 대부분은 국산으로 대체되었다. 에도시대에는 비단이지만 비교적 가격이 싼 치리면으로 만든 와후쿠를 착용하는 서민도 있었지만, 1783년부터 1788년경에 이르러 덴메이(天明)의 대기근이 발생하였기 때문에 막부는 1785년에 서민이 비단제품을 착용하는 것을 금지하였다. 서민은 목면제나 삼 등의 의복을 착용해야만 했다. 시타마치(下町)[30]에는 단기리야(端切屋)의 행상이 가끔 방문하여, 서민들

---

29) 출처: http://ja.wikipedia.org/wiki
30) 동경의 경우 역사적으로 에도시대의 고후나이(御府内, 에도 시내)로 높은 지대의

① 안세년(安政年)의 이치무라좌(市村座)

② 이즈모노 오쿠니
(出雲阿国)[31]

은 매입한 자투리 천(端切れの布)으로 옷을 지었다. 이때의 여자복식은 긴 소매가 유행하였고, 결혼의상의 일종인 후리소데가 완성되었다.

1864년에는 긴몬노헨(禁門の変)을 계기로 조슈정벌(長州征伐)을 계획한 막부가 거병하였는데, 군부는 군인들의 군복을 서양식으로 개량하기로 하였고, 고덴마쵸(小伝馬町)의 상인인 모리타다 지베(守田治兵衛)가 2,000명분의 군복 제작을 맡아서 시행착오를 거치면서 완성시켰다. 일본에서 양복의 대량생산에 대한 기록은 이것이 최초이다.

부케지역(武家地域)을 「야마노테山の手」라고 하고, 저지대에 해당하고 상공업이 번창하며 조닌(町人)이 생활하고 있던 마치(町-시가지)를 「시타마치下町」라고 한다. 동경에서 시타마치(下町)로 대표적인 지역은 니혼바시(日本橋), 교바시(京橋), 간다(神田), 시타타니(下谷), 아사쿠사(浅草), 후카가와(深川), 혼조(本所) 등이었다. 야네센(谷根千)이라고 하는 야나카(谷中), 네쓰(根津), 센다기(千駄木)는 각각 데라마치(寺町), 시타마치(下町), 하급무가촌(下級武家町)이었다. 시타마치 외에도 부케마치(武家町), 데라마치(寺町) 등도 존재하고 있었다. 에도(江戸) 같은 도시에서는 군사상의 유리성 때문에 군사적 거점이 되는 다이묘야시키(大名屋敷), 다이신하타모토야시키(大身旗本屋敷), 대사원(大寺院)은 다이치산(台地上)에 집중되어 있었다. 또한, 수운이 편리한 가와조이시로시타마치(川沿城下町), 진야마치(陣屋町) 등도 볼 수 있다.

31) 출처: http://ja.wikipedia.org/wiki/%E6%AD%8C%E8%88%9E%E4%BC%8E

▍명치(明治)와 다이쇼시대(大正時代)

명치시대가 되자 정부의 산업육성에 따라서 근대적인 비단 제사공장이 건설되고, 비단 생산량이 한층 증가하였다. 일본은 개국을 하였기 때문에 외국과의 무역이 발전하였고, 실과 견직물의 수출액이 전 수출액의 대부분을 차지하며 점차적으로 일본은 비단의 생산지로 인식되기 시작하였다. 견사의 대량생산 덕분에 비단은 다른 상품에 비해서 그다지 가격이 비싸지는 않았다. 여성의 와후쿠에는 다양한 종류의 천이 사용되게 되었다. 이로 인해 견직물도 치리면·린즈·오메시·메이센(銘仙) 등 종류가 증가하였다. 완성된 천은 염색기술이 발달하여 두 번에 걸쳐 가공되었고, 이전에는 불가능한 것으로 여겨졌던 유센문양(友禅文様)을 수놓는 것이 가능하게 되었다. 비단의 고몬염색(小紋染め)은 에도시대부터 계속 유행했고 전통적인 하레기로서 크게 인기를 끌었지만, 미리 염색한 실로 문양을 새긴 시마(縞)나 가스리(絣)도 인기를 끌게 되었다.

명치 이후, 가조쿠(華族: 귀족)나 서양인과 접하는 기회가 많아졌던 사람들 사이에는 양복이 비교적 일찍 정착되었다. 정부의 중요한 직책을 맡고 있던 사람들은 양복을 입음으로써 일본이 서구의 발전된 과학기술을 배우고, 근대화를 목표로 하는 의욕을 서양인에게 어필하고, 외교 등을 유리하게 진행하려는 목적이 있었다고 한다. 서민에게는 양복이 고가였고, 아직 전통에 대한 미의식 등을 존중하는 분위기였기 때문에 에도시대 이래의 생활양식을 계속 유지하고 있었다. 서양으로부터 양복의 수입이 이루어지고 얼마 지나지 않아 일본 내에서도 양복이 만들어지게 되었다. 이전에는 일본 고유의 전통의복을 「기모노」라

고 부르고 있었지만, 본래 기모노는 복장이라
는 의미밖에 없었다. 그래서 양복과 구별하기
위하여 이전의 기모노를 와후쿠라고 부르게
되었다.

1870년경의 와후쿠(和服)를
입은 일본인 여성32)

양복이 등장하기 시작할 무렵에는 복장대
여점에서 양복을 빌려 입는 것이 보통이었다.
명치시대에 양복은 주로 남성용 외출복이나
예복이었고, 평상시에는 대부분 와후쿠를 착
용하였다. 그 결과 소규모지만 각지에 양복대여점이나 양복판매점이
정착하게 되었다.

1871년에 육군이나 관료의 제복을 서양풍으로 개량할 것을 규정한
천황의 칙령(太政官布告399号「爾今禮服ニハ洋服ヲ採用ス」)이 발령
된 이후, 경관·철도원·교원 등의 복장이 차차 서양화되었다. 남성의
경우 군대에서는 군복 착용이 의무화되었는데, 이때의 군복은 양복이
었다. 또한, 육군의 군복령에 따라서 제작한 쓰메에리(詰め襟)의 양복
인 학생복이 남학생의 제복으로 채용되었다.

명치와 다이쇼시대에 학교 안팎에서 여학생이 일상적으로 착용하는
복장으로 안돈바카마(行灯袴: 밑이 갈라지지 않은 치마형 하카마)를
즐겨 입었고, 여학생의 하카마 차림이 유행했다. 하카마는 와후쿠의 일
종이다. 이 하카마가 점차 일본의 복식문화로 정착하게 되었고, 현재는
입학식이나 졸업식 등에서 하카마를 정장의 일부로서 즐겨 입는 여학
생들이 증가했다. 여성의 경우 가조쿠(華族)나 여성의 교육에 임하는

---

32) 출처: http://ja.wikipedia.org/wiki

① 1920년대
　서양식제복

② 1920－1940년경의 여중고생의 교복
　(세라후쿠)

③ 현대 여중·고교생
　의 제복(세라후쿠)[33]

　교원 등 일부를 제외하고 대부분은 한결같이 와후쿠를 입었지만, 다이쇼시대 후기부터는 여성의 교복이었던 하카마를 대신하여 양복인 세라후쿠(セーラー服)가 채용되었다.

　한편에서는 일본 여성의 의복을 양복으로 바꿔 나가야 한다는 주장을 하는 여성들이 있었다. 1922년 5월 4일부터 11일 사이에 개최된 생활개선강습회에서 쓰카모토 하마코(塚本はま子)는 「의복의 개선」이라는 강연에서 「현대사회에 적합한 미적, 편리, 경제적인 개선을 점차적으로 이행하는 한 가지 방법으로 양복 착용의 생활화를 제안하고 있다」라고 언급하고, 또한 가에쓰 다카코(嘉悦孝子)[34]는 『앞으로의 재봉(是からの裁縫)』(일본복회출판부, 1922년)의 서문에서 「나는 일본제복 개선의 도달점을 양복이나 양복에 가까운 것이 되리라고 생각하고 있습

---

33) ①②③ 출처: http://www.yahoo.co.jp
34) 게이오(慶応)3년 1월 26일생이다. 가에쓰 우지후사(嘉悦氏房)의 장녀로 동경의 세
　　이리쓰가쿠샤(成立学舎)를 졸업하고, 고향인 구마모토에서 교육에 종사한 후 다시
　　상경하였다. 명치 36년에 여자상업학교(후의 가에쓰학원(嘉悦学院))을 창립하고, 여
　　성교육에 힘썼다. 쇼와(昭和) 24년 2월 5일 83세로 서거하였다.　저서로 『화내지
　　말고 일하라(怒るな働け)』 등이 있다.

니다.(私は日本服装改善の到達点は、洋服か洋服に近いものであらうと存じます)라고 언급하였다.

1923년의 관동대지진 때에는 활동하기에 불편한 구조였던 와후쿠(和服)를 입고 있던 여성의 피해가 컸기 때문에 이듬해인 1924년에 「동경부인아동복조합(東京婦人子供服組合)」이 발족했고, 이와 함께 여성의 복장도 서양화되었다. 즉, 와후쿠는 원래 중국 한복(漢服)의 영향(그러나 전술한 것처럼 일본의 기모노는 나라시대에 한반도의 치마저고리가 원형이었고, 이후 9세기경부터 당나라의 의상문화와 융합되어 지금의 기모노가 되었다.)을 받아 발달했기 때문에 디자인이 비슷하고(실제의 구조는 상당히 다르지만), 1900년경 청(清)의 조정으로부터 망명하여 일본에서 혁명운동을 하고 있었던 중국인 독립군 중에는 만주족이 지배하는 청조(清朝)에 대항하는 한민족(漢民族)이 저항의 상징으로 한복(漢服) 대신 와후쿠를 애용하는 사람들도 있었다.

▌소와(昭和)로부터 1945년 종전까지

1881년부터 1945년경까지 일본 초등학교의 여학생은 일정한 학년에 올라가면 와후쿠 등의 복식을 만들기 위한 재봉을 수업 중에 배우게 되었다. 이 재봉교육의 목적은 재봉 전문가를 양성하기 위한 것이 아니고, 또한 여성이 공장에서 재봉일을 할 수 있는 기술을 몸에 익히기 위함도 아니었다. 이 재봉교육의 목적은 여성이 가정에서 자신이나 가족용 의복의 재봉을 할 수 있게끔 여성에게 와사이(和裁: 와후쿠의 재봉)의 기본적인 기술을 가르치는 것이었다. 당시는 일반적으로 미싱이 아닌 수선이었다.

1935년에 미합중국의 듀폰사가 나일론이라는 화학섬유를 합성하는데 성공하였다. 1939년경부터 미합중국의 나일론공장에서 나일론이 대량생산되기 시작했다. 나일론은 비단의 대체품으로 사용되었기 때문에 점차로 일본의 견사와 견제품의 수출은 감소하게 되었다.

1938년에 『부인공론(婦人公論)』의 지면을 통해서 비상용 여성복 콘테스트가 개최되었다.

1939년 11월 14일부터 1939년 12월 10일까지 일본정부는 일반국민을 대상으로 공모전을 통해 남성용 국민복의 양식안을 모집하였다. 응모된 작품안에 대한 심사가 이루어졌고, 의견 교환 및 양식 변경을 거친 후인 1940년 7월 6일, 고가제품제조판매규칙이 공포되었고, 같은 해 7월 7일에 시행되었다(통칭 「七・七禁令」). 에바가라(絵羽柄) 제품, 자수, 금은실을 사용한 것, 쓰무기일지라도 고가의 의복 등은 사치스런 제품으로 여겨져 금지되었다. 이로 인하여 흰색 한바카마(半衿)가 유행하였다.

1940년 11월 2일에 일본정부는 국민복령이라는 칙령을 시행하였다. 이 국민복령에 의해 남성용 정장으로 국민복이 정착하게 되었다. 국민복령은 남성용 정장을 제외한 다른 의복에 대해서는 전혀 언급하지 않고 있다. 국민복령의 내용에 의하면, 국민복에는 「갑호(甲号)」와 「을호(乙号)」 두 종류의 스타일이 있었다. 국민복령의 갑호와 을호 각각에 대해서 「우와기(上衣)」, 「나가기(中衣)」, 「하카마」(국민복령에서 말하는 하카마는 하반신을 덮는 복식의 총칭), 「모자」, 「외투」, 「슈토(手套)」, 「구두」의 양식이 결정되었다. 상의와 속옷은 모두 상반신을 덮는 복식이었다. 겉옷은 내복 위에 겹쳐 입는 복장이다. 상의는 가이킨(開襟: 깃을 헤쳐 젖힌 형태)이고, 속옷은 가이킨이 아닌 복식이다. 국민복 대부분이

쓰쓰소데(筒袖)였고, 단추로 천을 고정시키는 국민복령에 따라 만들어진 국민복은 와후쿠와는 다르다.

국민복령에서는 「예장」을 하는 경우, 즉, 의식 등에서 예복을 입는 경우는 국민복에 그 양식이 상세하게 규정되어 있다. 예장을 하지 않는 경우는 「데키기(適宜)」만이 추가되었다. 국민복의 갑호에서 예장을 하는 경우 상의, 하카마(형태는 양복 바지), 모자, 외투의 색은 모두 「다갈색」으로 규정되었다. 예장을 하지 않는 경우 국민복의 갑호는 상의와 하카마만이 다갈색이고, 다른 부분의 색은 「데키기」에 한정된다. 예장을 할 때에는 반드시 국민복의 상의를 입어야 하였다. 국민복의 속옷은 하다기(肌着) · 시타기(下着)가 아니므로 상의를 벗은 상태로 외출할 수 있었다. 국민복 갑호의 모자의 경우, 예장을 할 때에는 히사시(ひさし : 차양)가 달린 에보시(烏帽子) 형태로 하고, 예장을 하지 않는 경우는 「데키기」로 삼았다. 국민복 을호의 모자는 예장을 할 때 육군 모자 형태를 사용하더라도 문제가 없었고, 예장을 하지 않는 경우는 「데키기」가 되었다. 국민복령에 의하면 국민복은 정장 또는 예복이고, 양복을 입을 때 착용하는 복식으로 규정되었다. 그 외에 국민복을 착용해야 한다는 의무는 없어졌다. 국민복령에 의거하여 국민복이 정장으로 결정이 되었기 때문에 결혼식에서 신랑이 정장을 할 때나 장례식에 출석할 때에 남성은 국민복으로 예장을 하였다.

국민복령의 조문(条文)에는 벌칙이 없었다. 즉, 반드시 남성이 국민복을 착용해야 한다는 의무를 규정한 법률은 없었다. 남성의 경우 평상복의 착용은 자유로웠다. 민간업체가 공장에서 국민복을 대량으로 생산하였고, 국민복을 배급하는 회사가 국민복을 대량으로 배급하였다. 부유한 남성 가운데서는 자신의 체형에 맞추어 국민복을 입는 경우도 있었다. 국민복은 일본 국민에게 보급하는 것을 목적으로 제조되었다. 대일본국민복협회는 『국민복』이라는 정기간행물을 출판하여 배포하였다. 1945년의 종전까지 생산된 남성용 의복은 국민복만이 허용되었기 때문에 본토결전(2차대전 시 일본 본토 내의 전쟁)의 기운이 일기 시작하면서 강요하지 않아도 점차 국민복을 착용하는 남성들이 증가하였다.

1942년까지 당시 일본 후생성(厚生省)은 여성용 의복의 개선방법을 연구할 목적으로 간담회와 연구회를 개최하였다. 이들 모임에는 복식을 전문으로 하는 직업을 갖은 여성들도 참가하였다. 1942년에 후생성(厚生省)은 새로운 양식의 여성용 의복을 부인표준복(婦人標準服)이라 하여 발표하였다. 부인표준복을 규정한 목적의 하나는 옷감을 절약하기 위한 것이었다. 부인표준복의 착용이 법률상의 강제력을 갖은 경우는 한 번도 없었다. 부인표준복에 관한 행정상의 공적인 문서로 남은 것은 부인표준복을 규정하기 전에 작성된 차관회의양해사항(次官会議諒解事項) 「부인표준복제정에 관한 건」뿐이었다. 차관회의양해사항 「부인표준복제정에 관한 건」은 어떠한 디자인의 데키기(부인표준복)가 바람직한가에 대해 기술한 문서이고, 구체적인 부인표준복의 디자인을 규정한 문서는 아니었다.

부인표준복에는 양복의 특징을 지닌 「갑형」 타입과 와후쿠의 특징을 지닌 「을형」 타입의 두 종류가 있었다. 부인표준복인 갑형과 을형에서 각각 몇 종류의 복식 형태가 결정되었는데, 부인표준복의 갑형과 을형을 각각 「활동복」이라고 불렀고, 실용성을 최우선시하는 양식이 포함되어 있다. 부인표준복의 갑형에는 상의와 치마로 나누어진 양식과 옷자락이 치마 형태인 원피스형이 있었다.

을형의 한 종류로, 이 당시 전형적이었던 여성용 와후쿠의 양식은 상반신을 덮는 옷과 하반신을 덮는 옷으로 나뉘고, 소매 길이를 짧게 만든 와후쿠가 있었다. 이것은 상하로 나뉜 투피스형의 와후쿠이다.

부인표준복 갑형의 활동복인 하반신을 덮는 옷은 양다리를 넣는 부분이 따로 있는 슬랙스(slacks)였다. 부인표준복 을형의 활동복 하의는 몬베의 형태였다. 몬베는 1930년대까지는 북해도나 동북지방에서 밭일할 때나 방한복 또는 평상복으로 사용된 하카마였다. 하카마의 일종인 몬베는 와후쿠라고 할 수 있다. 슬랙스와 몬베 모두 양다리를 따로 감싸는 하반신용 의복이었다. 몬베의 허리 부분에 고무끈이 없는 이유는 전쟁 때문에 고무가 부족해서 사용되지 않았다고 하는 설이 있는데, 원래 몬베는 고무끈이 아니라 천으로 된 끈으로 허리를 묶는 옷이었다.

부인표준복은 대부분 보급이 잘되지 않았고, 부인표준복을 고안한 사람들의 예측은 빗나가게 되었다. 차관회의경해사항「부인표준복제정에 관한 건」의 여섯 번째 항목에는 부인표준복의 제작이 각 가정에서 이루어지는 것을 전제로 하여 부인표준복의 디자인을 결정해야 한다는 취지가 기술되어 있었다. 전쟁 중에 여성들이 재봉이라는 노동을 강요받는 피해를 입었다고 주장하는 사람들이 있는데, 제2차 세계대전이 시작되기 전부터 가정주부들이 자신과 가족의 의복을 재봉하여 수선하는 것은 일반적인 경향이었다. 실제로 부인표준복은 공장에서 대량으로 생산되는 경우도, 대량으로 보급되는 경우도 없었다.

부인표준복은 각 가정에서 여분의 천이나 오래된 옷을 재료로 여성들이 가정에서 만들어 자신이나 가족이 착용하는 것이 일반적이었다. 즉, 부인표준복의 제작이 강요되는 경우는 없었고, 각 가정의 여성의 판단에 맡겨져 있었던 것이다.

그 때문에 여성은 부인표준복을 만들지 않아도 되었고, 부인표준복과는 조금 다른 개성적인 디자인의 복장을 만드는 사람도 있었다. 부인잡지(婦人雜誌) 등의 부록에서는 「유사특별부록(有事特別付録)」이라는 표준복의 레이블이 붙은 잡지도 출판되었다. 여성용 몬베는 전통적인 와후쿠보다 활동하기에 편한 옷이었다. 그러나 여성이 몬베를 착용한 모습이 그다지 보기에 좋지 않다고 생각하는 남성들도 있었다.

1940년경부터 여성이 집 밖에서 작업을 할 때에 하반신을 덮는 복장으로서 몬베가 정부에서 권장하는 일상복이 되었다. 그러나 그 권장 때문에 몬베를 착용하는 여성이 늘어난 것은 아니었고, 몬베를 착용하는 여성이 증가한 원인은 제2차대전 시 미군에 의한 공습 때문이었다.

몬베는 일본에서 여성의 노동용 바지 내지 하카마의 일종이었다. 여유 있는 동체 부위와 발목 부분에 묶은 옷자락이 특징적이고, 기모노의 옷자락이나 겉옷을 안에 넣을 수 있으며 활동하기에 적합했다. 몬베는 유키하카마(雪袴)와 모모히키(股引)가 그 기원이다.

소재는 등나무·칡·삼베 등을 사용하는 경우가 많다. 이전에는 가죽으로 만드는 경우도 있었지만, 나중에는 거의 목면천을 사용했다. 이전에는 동북지방 등에서 기모노의 위에 가봉한 야마바카마(山袴)로 노동, 일상생활의 작업에 사용되었지만, 태평양전쟁 중에 후생성에 의해 「몬베보급운동」으로서 부인회가 권장하는 경우도 있었다. 태평양전쟁의 전국적인 악화에 따라서 공습 시에 방한용으로 여성들에게 착용이 의무화되고, 강제되거나 하였다(그전부터 남성의 경우 국민복이 제정되어 있었다). 이때에는 시마모멘(縞木綿)이나 아이가스리(藍絣) 등의 튼튼한 천이 사용되었고, 외출복으로는 기모노를 재가봉한 비단천을 사용하는 경우도 있었다. 전시에 옷감통제(布地統制: 옷감 사용을 금지하는

것) 때문에 와후쿠의 재가봉이 권장되었고, 시로기야의 화재(白木屋の 火事)로 인해 몬베와 드로어즈(drawers)의 착용이 권장되었다. 몬베는 현재도 활동하기 편하다는 이유 때문에 많이 판매되고 있다.

국가에 의해서 착용을 강요당하는 경우도 있었고, 국민의 열악한 전시생활의 대명사로서 사용되는 경우도 있었다. 가수인 아와야 노리코(淡谷のり子)가 전지위문 공연 시에 몬베를 입지 않고 무대의상으로 출연한 것이 문제가 되어 당국으로부터 비판을 받은 적도 있었다.

방공연습 때에 여성들은 몬베와 같은 활동적인 의복을 착용하고 방공연습에 참가하도록 권장되었기 때문에 여성의 대다수가 방공연습에 참가할 때에는 몬베를 착용하였다. 미군이 일본 본토의 상공에서 민간인들을 대상으로 공습을 하는 빈도가 잦아졌던 1945년의 종전 무렵에는 지역에 따라서 거의 매일 공습으로 인한 피해가 심하였다.

나카야마 치요(中山千代)는 『일본부인양장사(日本婦人洋裝史)』에서 다음과 같이 기록하고 있다. 「필자는 전시에도 부인표준복인 갑형도 을형도 착용하지 않았다. 주위의 여성들도 마찬가지였고, 표준복 둘 중 어느 쪽도 거의 착용하지 않았다. 정부가 의도한 부인표준복에 의한 일본 정신의 구현은 성공하지 못했다. 그러나 공습이 시작되자 모든 여성은 바지 또는 몬베를 착용하였다. 여성들은 부인표준복이 『활동복』으로 지정이 되어 있었으나, 부인표준복은 거의 착용하지 않았다. 결전복이라 부른 점에서 드러나듯이, 반드시 착용이 의무화된 복장이었다.」라고 언급하고 있다.

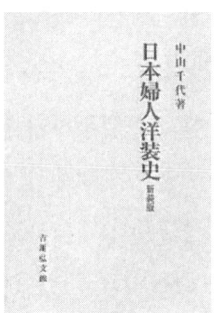

① 몬베

② 아와야 노리코
(淡谷のり子)35)

나카야마 치요
『일본부인양장사』36)

　1943년 6월 4일에 전시생활간소화실시요강이 일본정부의 각료회의
에서 채택되었다. 전시생활간소화실시요강의 목적은 일본 국민의 의복
을 간소화하는 것과 섬유제품 사용의 남용을 줄이고 절약하기 위한 것
이었다. 전시생활간소화실시요강 그 자체는 법적인 강제력 없이 노력을
요망하는 가이드라인 같은 것이지만, 나중에 전시생활간소화실시요강
을 추진하기 위한 법률이 제정되었다. 전시생활간소화실시요강에서는
남성용 의복을 새롭게 제작할 때에는 색은 자유롭게 하되, 형태는 국민
복 을호의 타입이나 그에 준하는 것으로 한정하였다. 남성의 경우 초등
학생 이외의 학생을 비롯해 중고생의 제복을 새로 제작할 때에는 국민
복 을호를 만들어 착용해야 했다. 그러나 남자 초등학생의 제복은 규제
하지 않기로 했다. 그 대신에 전문학교 이상의 여학생 제복을 가급적
부인표준복으로 바꾸도록 권장하게 되었다. 화려하지는 않지만 여성의

---

35) ①② 출처: http://ja.wikipedia.org/wiki
36) 출처: http://www.amazon.co.jp/%E6%97%A5%E6%9C%AC%E5%A9%A6%E4%BA%
　　BA%E6%B4%8B%E8%A3%85%E5%8F%B2-%E4%B8%AD%E5%B1%B1-%E5%
　　8D%83%E4%BB%A3/dp/4642014551

아름다움을 잃지 않는 부인표준복이 성인 여성들에게 보급되도록 정부가 적극적으로 권장하였다.

전시생활간소화실시요강은 이미 가지고 있던 옷을 입는 것은 금지하지 않고, 여성들에게 몬베의 착용을 강제하는 것도, 의류티켓(衣料切符)의 헌납을 권장하는 것도 기술되어 있지 않았다. 요강에는 여성이 기존에 소유하고 있던 복장 중에 부인표준복이 아닌 복장을 부인표준복으로 재가봉하라는 내용도 기술되어 있지 않았다. 전쟁이 장기화함에 따라서 의류티켓(衣料切符)으로 새로운 옷을 손에 넣는 것은 매우 어려워졌다.

▌쇼와(昭和)와 1945년 종전 후

제2차 세계대전이 끝난 1945년 이후의 여성들은 공습의 횟수가 적어졌기 때문에 이때까지 착용하지 않았던 와후쿠를 다시 입게 되었다. 종전 직후에는 몬베를 입는 여성도 많이 있었지만, 몬베는 가난과 전쟁을 상기시킨다고 하여 착용하지 않게 되어, 점차로 쇠퇴하게 되었다. 그러나 와후쿠가 비싸고 착용이 번거로운 점이 원인이 되어 싸고 실용적인 양복의 유행을 따라가지 못했기 때문에, 서서히 와후쿠를 평상복 대신에 착용을 하는 사람이 적어졌다.

그러나 1965년부터 1975년경까지 와후쿠를 평상복 용도로 착용하는 여성을 많이 볼 수 있게 되었다. 이때 와후쿠의 인기를 끌어올리고 유행시킨 것은 울로 가봉한 울기모노였다. 울기모노는 색채가 아름답고 캐주얼하여 편안하게 착용할 수 있는 일상복으로 일본 내 여성들 사이에 유행하게 되었다. 그러나 그 후에도 와후쿠가 아닌 양복을 입는 사람의 비율이 증가하고, 와후쿠 업계는 불황에 휩쓸리게 되었다. 와후쿠 업계에서는 판매촉진을 위하여 다양한 형태로 와후쿠를 활용할 수 있다고 선전하였다. 이와 반대로 오히려 서민들은 「와후쿠는 불편하다」라는 반응을 보였다. 그 결과 와후쿠의 판매부진으로 와후쿠 업계는 더욱 경영이 어려워졌다. 탄모노 등의 직물을 생산하고 있던 업계들의 도산이 증가하게 되었다.

1960년대까지는 집 안에서 일상복으로 와후쿠를 착용하는 남성도 많아졌지만(1970년대까지의 만화의 묘사에서도 엿볼 수 있다), 점차로 모습을 감추게 되었다. 1960년대 구미의 문화인이나 뮤지션 사이에서는 동양적인 사상이나 종교가 유행하게 되었고, 그중에는 기모노 또는 기모노에 맞추어서 디자인한 옷을 입는 사람들도 볼 수 있었다. 록 기타리스트인 지미 헨드릭스 등이 대표적인 인물이다.

▌헤이세이(平成)시대와 현대의 복식

일반적으로 와후쿠를 입는 여성을 볼 수 있는 기회는 적어졌지만, 관혼상제인 시치고산(七五三)을 비롯해 성인식·졸업식·결혼식 등과 같은 이벤트 시의 착용은 늘어나고 있다. 또한, 유카타는 불꽃놀이대회 등 여름축제와 같은 이벤트의 의상으로 정착하게 되었고, 그 문양과 소재도 다채로워졌다. 헤이세이 이전의 유카타는 목욕을 한 후에 입는 옷이라는 인식에 비하면 천지차이인 우아하고 패션성도 우수한 갸루유카타(ギャル浴衣) 등도 등장하였다.

---

37) 출처: http://ja.wikipedia.org/wiki

백화점 등에서는 개방적인 수영복 패
션과 대조되어 아름답게 보이는 유카타
를 다양한 용도로 착용할 수 있는 이점
을 강조하며 홍보를 하는 등 여름에 성
시를 이루고 있다. 패션으로서의 유카타
는 남성에게도 인기가 있었지만, 여성만
큼은 못했다. 또, 일상적으로 와후쿠를

리사이클기모노(リサイクル着物)의
체인점37)

입는 남성은 여성에 비하면 적고, 업무용 복장이나 진베이(甚平)를 종교
관계자나 직장인 등 소수의 남성들이 즐겨 입는 것 이외에는 거의 볼
수 없게 되었다. 한편, 남성의 와후쿠착용을 권장하는 운동이 인터넷을
통해서 일고 있다.

　　1990년대 후기부터 안티크기모노[アンティーク着物: 쇼와 초기 이
전의 의상]나 리사이클기모노[リサイクル着物: 쇼와 중기 이후] 가게
가 급증하고, 패션잡지의 광고가 파급효과를 가져와 여성들 사이에서
서서히 기모노 붐이 일고 있다. 이전과 다른 것은 종래의 규정에 구애를
받지 않고 양복의 감각으로 입는 사람들이 증가하고 있는 점이다. 양복
천으로 기모노나 오비를 만들어 양복과 겹쳐서 착용하거나 양말에 반
부쓰 또는 부츠를 신거나 오비아게(帯揚げ)에 레이스를 다는 등 신선한
착용법이 유행하고 있다. 다음에는 현대의 복식문화를 한눈에 알아볼
수 있도록 하기 위하여 이하에 그 사진을 들어 설명하기로 하겠다. 다음
그림은 일본의 유치원생을 비롯한 초등학생과 회사원들의 실내복과 외
출복 사진이다.

① 현대 일본 유치원생과 초등학생들의 복장

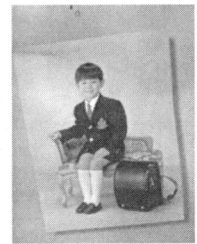

② 일본초등학교 남학생의 복장

③ 일본초등학교   ④ 동경한국학교의   ⑤ 일본유치원생의
　　여학생 복장   　　초등학생 교복   　　교복과 가방38)

38) ①②③ 는 일본초등학교 학생의 교복이다. 남학생은 흰 모자에 검정색이나 곤색
　　반바지를 입는다. 여학생은 흰 모자에 검은색 스커트를 입고 있다. ④ 는 동경한국
　　학생의 교복차림, ⑤ 는 일본 보육원생과 유치원생의 교복과 가방이다. ①②③④
　　⑤ 는 모두 작자 촬영.

일본 여성 회사원의 복장(사원복)[39]

일본 여성회사원의 복장[40]

39) 출처: http://www.yahoo.co.jp
40) 2011년 12월 도쿄도 시부야역 근처에서 저자가 촬영하였다.

20대 일본여성의 복장[41]

① 일본 여성회사원의 다양한 복장

---

41) 2011년 12월 도쿄도 시부야역 근처에서 저자가 촬영하였다.

② 일본 남성회사원의 복장

③ 일본경찰관의 제복

④ 기모노와 하오리(유카타)를 입은 여인군상

⑤ 일본 중고등학교 남학생 교복

⑥ 남성회사원의 복장

⑦ 일본주부와 유치원생의 복장

⑧ 일본주부의 복장[42]

42) ①②③④⑤⑥⑦⑧의 사진은 2011년 12월 도쿄도 시부야역 부근에서 저자 촬영.

04 관혼상제(冠婚葬祭)

관혼상제란 인간이 태어나서 죽기까지, 또한 그 후에 거행되는 여러 행사들을 포괄적으로 부르는 명칭이다. 중국어에도 「관혼상장제(冠婚葬祭)」라는 표현이 있지만, 현재는 「관혼상제(冠婚喪祭)」(guān hūn sàng jì)라고 하는 것이 일반적이다.

관혼상제란 인간이 태어나고 죽기까지 및 죽은 후에 가족이나 친족 간에 이루어지는 행사 전반을 가리키고, 원래는 유교사상의 연장이 포함되어 있지만, 현재는 단순히 통과의례(通過儀礼)의 일종으로 취급한다. 문자 모두가 인생의 갈림길 및 사후의 취급방법을 의미하고, 그 어느 쪽이든 순조롭게 행해야 한 사람 몫을 해내는 것이라는 사상도 있다.

즉, 이들은 비일상적인 행사(催し物: 이벤트)이기도 한 점에서 일시적으로 출비를 낼 수밖에 없는 행사로 취급되고, 특히 돌연히 발생하는 장례식(葬式)이나 혹은 산발적으로 행하는 결혼식 전용의 적립금융상품이나 부조금 등과 관련된 조직도 존재하고, 이들은 결혼식장의 운영과 같은 서비스업에서도 볼 수 있다.

4문자의 각각의 의미는 이하와 같다.

▌관(冠)

성인식(成人式)을 말한다. 일찍이 15세의 겐푸쿠(元服)에서 유래하였고, 관을 받는다(사회적인 직분이나 참정권을 얻는다)는 의미를 갖고 있다. 현재 일본에서는 선거권의 획득이라는 의미가 있지만, 자칫하면 음주나 금연의 법적 제한이 없어지는 정도로밖에 인식되지 않는 경우도 있지만, 명치시대(明治時代)부터 다이쇼시대(大正時代)까지 봉건주의가 왕성했던 시대에는 장자(長子)의 겐푸쿠(元服)라고도 하고, 그 집안의 사회적 지위에 따라서 친족끼리 선물을 주고 받았다고도 한다. 현재에도 친족·관계자 등의 성인식이 되면 선물을 보냄으로써 일반가정에서 출비를 하고 있지만, 현재는 일반적으로 너무 고가의 물건을 주고 받지 않기 때문에 의례적으로만 남아 있는 부분이 있다.

▌혼(婚)

결혼식을 지칭한다. 이는 축하하는 사람으로부터의 선물이나 축의금 외에 피로연을 행하는 쪽에 있어서도 축연의 개최나 선물(引出物)의 제공 등 많은 출비도 따르고, 또한 다양한 풍습·종교적인 이유도 포함되어 의식내용도 다양한 점에서 전문화된 서비스업자도 많다. 단지 일본에서는 근대화를 전후로 하여 형해화가 현저하며 종교 행사적인 측면은 삭감된 케이스도 많고, 진젠시키(人前式: 친족 및 가까운 사람들만 초대하는 간소한 결혼식)라는 형식도 볼 수 있다.

▌상(葬)

장례식(葬式)을 가리키지만, 유체의 노칸(納棺: 납관)에서 소기(葬儀)·화장·납골에 이르기까지 일련의 과정을 서비스업자가 취급하는 형태가 발달하고 있다. 또한, 사람의 죽음은 예측 불가능한 경우도 많기 때문에 돌연적인 장례식에 대응을 하고 고객을 획득하기 위해 장례회

사와 병원이 연계를 하는 현상도 볼 수 있다. 이러한 활동은 고인과 유족 내지 남은 지인과의 이별의 의식이지만, 후술하는 제(祭, さい: 페스티벌, まつること)와 같이 의식의 날로부터 계산하여 날자가 결정되는 행사도 있기 때문에 그날을 기념하는 의미가 있다.

▌ 제(祭)

조상의 영(靈)을 추모하는 의식 전반을 가리킨다. 제사(法事)나 추석(お盆) 등 종류가 다양하고, 이들은 예정된 행사로서 취급되는 부분도 있기 때문에 위의 세 가지에 비하면 준비가 쉬워진다. 그 한 방편으로, 조상의 영을 모시는 것에는 다양한 양식화·의식화를 볼 수 있고, 이에 따라서 「바르게 모시는 일(正しく祭る事)」이 요구되기도 하며, 더욱이 예복 등의 중요성이 증가하는 부분도 있다.

이들은 조상의 영을 모시는 일로, 사람을 모으고 일가친척의 유대관계를 깊이 다져 번영을 목표로 한다는 점에서 넓게 보면 마쓰리와 동등한 행사이다. 오본(お盆) 등에 귀성하여 조상의 성묘를 하는 사람도 일본에는 아직 많고, 이들이 일본인적인 멘탈리티의 일부가 되기도 한다.

4.1 성인식(成人式)

성인식은 일본의 지방 공공단체 등이 성인식을 거행하는 기간에 성인이 된 청년들을 초청하여 격려하고 축복하는 행사를 지칭한다. 강연회나 파티를 열어 기념품을 증정하거나 한다.

4.1.1 유래

성인이 된 것을 축하하는 의례는 이전부터 있었고, 남자에게는 겐푸쿠(元服)·혼도시이와이(褌祝), 여자에게는 모기(裳着)·유이가미(結髮: 틀어 올린 머리) 등이 있었다. 문화인류학이나 민속학에서는 이러한 것을 통과의례(通過儀礼)의 하나로서 취급한다.

일본의 현대와 같은 형태의 성인식은 종전된 지 얼마 되지 않은 1946년 11월 22일, 사이타마현 기타아타치군 와라비초(埼玉県北足立郡蕨町: 현재의 와라비시蕨市)에서 실시된 「청년제(青年祭)」가 그 기원이라고 한다. 패전으로 인해 허탈감에 빠져 있었던 당시, 차세대를 담당해야 할 청년들에게 밝은 희망을 갖도록 격려하기 위해서 당시의 사이타마현 와라비초 청년단장인 다카하시 쇼지로(埼玉県蕨町青年団長高橋庄次郎)가 주창자이고, 청년제를 기획하고, 회장이 된 와라비제일국민학교(蕨第一国民学校)의 교정에 텐트를 치고, 청년제(青年祭) 프로그램을 거행하였다.

이 「성년식」이 전국에 퍼져 현재의 성인식이 되었다. 와라비시(蕨市)에서는 현재도 「성년식」이라고 부르고 있으며, 1979년 성인의 날에는 시제 시행 20주년, 성인의 날 제정 30주년을 기념하여 시내의 와라비시로아토공원(蕨城址公園)에 「성인식발상지」의 기념비가 건립되었다.

와라비시(蕨市)의 「청년제」의 영향을 받은 일본정부는 1948년에 공포되어 실시된 축일법에 따라 「어른이 된 것을 자각하고, 스스로 살아가려고 하는 청년들을 축하하고 격려한다(おとなになったことを自覚し、みずから生きぬこうとする青年を祝いはげます).」라는 취지하에 다음 해부터 1월 15일을 성인의 날로 제정했다. 이후부터 대부분의

지방에서는 성인식을 이날에 거행하게 되었다. 그 후 1998년의 축일법 개정(祝日法改正: 헤피먼데이제도)에 따라서 2000년부터 성인의 날은 1월의 두 번째 월요일로 결정되었다.

4.1.2 신성인(新成人)의 정의

성인식의 참가대상이 되는 성인은 전년의 「성인의 날」부터 그 해의 「성인의 날」 사이에 생일을 맞이한 사람이다. 그러나 최근에는 전년의 4월 2일부터 그 다음 해의 4월 1일에 성인이 된 사람을 식전 참가대상으로 하는 학령방식(学齢方式)이 정착하게 되었다.

연령방식(年齢方式)의 경우 생일이 늦은 사람에게는 다른 참가자가 대부분 면식이 없는 낯선 사람이 되고, 해피먼데이제도(ハッピーマンデー制度)에 의해 그 해의 성년의 날은 19세, 이듬해의 성인의 날은 21세가 되는 케이스가 있기(1987년 1월 9일-13일생의 경우) 때문이라고도 한다.

그 외에도 북해도 삿포로시와 히로시마현 히로시마시에서 이 1년 사이에 20세의 생일을 맞이하는 사람[1]을 성인식 참가대상자로 하는 레키넨방식(曆年ち式)이 채택되었다. 그러나 대학 수험 때문에 1년간 재수를 한 것만으로도 식전참가가 어려운 경우가 많아졌기 때문에 다른 시초손(市町村)에서 성인식의 대상이 되지 못한 사람이 다음 해에 진학이나 전근으로 전입한 경우에는 2년 동안 계속해서 참가할 수 없게 되는

---

1) 예를 들면, 1996년의 경우는 1976년 1월 1일부터 12월 31일의 사이에 태어난 사람이 참가 가능하다. 대부분이 만 19세 상태에서 참가하게 된다.

등 청년층의 사건 사고가 많았기 때문에 두 도시 모두 2000년 이후에는 영방식(齡方式)으로 변경하게2) 되었다.

1960년대까지는 신성인은 반수 이상이 이미 사회에 진출한 근로 청소년이었지만, 1970년대 이후 대학진학자 증가나 중졸 및 고졸취업자의 감소로 인하여 신성인 중 재학자의 비율도 해마다 증가하여 현재에 이르고 있다.

▌개최일

성인식은 현재는 성인의 날, 또는 그 전날(항상 일요일)에 열리는 경우가 보통이다.

그밖에 그 해의 골든위크나 오본(お盆), 또는 마쓰노우치(松の内)에 거행되는 시구초손(市区町村)도 많다. 특히 군부(郡部)가 많이 있지만, 이는 취직이나 진학을 위해 고향을 떠나는 사람들이 많기 때문에 고향 집에 귀성하는 사람이 많은 오본이나 마쓰노우치(松の内)에 거행되는 쪽이 참가하기 쉽기 때문이다. 또 다설지에서는 우천으로 인해 모처럼 입은 하레기(晴れ着)가 더럽혀지거나 교통기관의 혼란과 같은 사건 사고를 고려하여 오본(お盆)에 개최하는 케이스도 많이 있다.

---

2) 히로시마시(広島市)에서는 1996년 1월에 개최한 식전(式典)까지 역년(暦年)을 기준으로 참가자를 정했다. 이듬해인 1997년 1월의 성인식은 1977년 1월 1일부터 1978년 1월 15일까지를 대상으로 하고, 1998년에는 성인식을 개최하지 않았다. 다음 해인 1999년은 1978년 1월 16일부터 1979년 3월 31일생이 대상자가 되었다. 삿포로시(札幌市)는 1998년 1월의 개최까지 대상자를 역년(暦年)으로 구분하고, 1999년의 식전은 1979년 1월 1일부터 3월 31일생의 사람을 대상으로 하였다.

■ 문제

(1) 출석율 저하

원래 성인식은 법률의 취지에 기술되어 있는 것처럼 일정한 연령에 달한 청년을 행정기관 등이 축복·격려하고, 이에 대해서 참가자가 책임감과 자립심을 갖춘 사회인으로서 더욱 나은 사회발전에 공헌할 것을 결의하고, 이를 폭넓게 사회에 계몽하기 위한 것이었다.

그러나 1970년대에 들어서자 수험전쟁의 격화에 따라 재수생이 증가하고, 대학입시와 중첩이 되거나 또는 입시 직전이라 부득이하게 참가를 할 수 없는 사정이 발생하여 출석율 저하나 성인식 이탈현상이 두드러지게 나타나기 시작하였다.[3] 그리고 후술하는 모럴에 대한 비판 때문에 일부러 출석을 거부하거나 「폭력적인 신성인들(荒れている新成人たちと)과 동일시되고 싶지 않다(一緒にされたくない)」, 「단순히 눈에 띄고 싶어하거나 아귀 같은 집단(単なる目立ちたがり屋な餓鬼の集まり)」「맹세의 말 따위(誓いの言葉などで)」라며 냉소적으로 생각하고 있다.

그러나 최근에는 자치체가 이에 대해서 대비책을 간구하거나 해서 출석율이 상승하고 있는 곳도 있다.[4]

---

3) 여기에는 수험전쟁의 격화나 제2차 베이비붐에 의한 재수생의 증가로 대학입시센터시험과 일시가 겹치거나 혹은 그 직전이 되기 때문에 어쩔 수 없이 참가할 수 없는 사정도 영향을 끼치고 있다. 실제로 공통 제1차 학력시험 시대인 1983년, 1984년 및 센터시험이 실시된 1994년과 1995년에는 성인의 날에 시험이 실시된 곳도 있었다.

4) 「최근의 신성인은 근면한가? 식전 출석율은 상승경향－나고야(名古屋)」, 아사히신문(朝日新聞) 2010년 1월 12일자·에히메현내판(愛知県内版).

(2) 소자화의 영향

소자화에 따라서 출생률은 1970년대 전반의 제2차 베이비붐 이후 감소하는 경향이 두드러지고, 이 영향 때문에 신성인이 된 인구도 계속해서 감소하고 있는 자치체도 있다.

(3) 도시부와 군부(郡部)

도시화가 되면서 군부의 성인식에 출석 해당자가 감소하고 있다. 한편, 도시에서 거행되는 성인식의 참가자 수는 증가 추세에 있다.

군부에서는 고등학교를 졸업한 후에 대학진학이나 취직을 위해 도시로 이동하는 청년들이 많아졌고, 이 때문에 군부에서는 오본기간(お盆期間)에 성인식을 하는 자치체가 증가하고 있다. 또한, 성인식 안내장은 주민표 등을 기준으로 보내기 때문에 성인식이 고향에서 개최될 경우 참석하지 못하는 경우도 많다.

그런데 현주소와 다른 시초손(市町村)에서 열리는 성인식에 출석하고 싶을 때는 자신이 희망하는 시초손에 신청할 수 있다. 성인의 날이 두 번째 월요일로 이행된 2000년부터 지방부에서는 그 전날에 거행하는 경우도 많다. 또한, 이 시기에도 귀성이 곤란하거나 귀성이 가능할지라도 경제적인 부담이 크다는 이유 때문에 오본(お盆) 또는 정월 연휴 3일 동안에 거행되는 경우도 있다.

도시부에서는 해마다 참석자가 증가함에 따라 이들 전원을 수용할 수 있는 시설을 충분히 갖추지 못하는 자치체가 나타나게 되었고, 성인식 회장에 갔는데 만석이어서 안에 들어가지 못하는 사람이 나타나게 되는 등의 문제가 발생하게 되었다. 특히 제2차 베이비붐 세대의 성인식에서는 회장 내에 들어간 인원수보다 들어가지 못한 인원이 많은 경우도 있었다. 또한, 회장 내에 안내하는 사람이 없기 때문에 큰 회장에서 빈자리를 찾아 헤매거나 어두운 회장 내에서 공석을 찾을 수가 없어서 곤란을 겪는 등의 문제가 발생하는데도, 이에 대한 충분한 대책을 세우지 못하는 지방자치단체의 미비한 행정정책 때문에 성인식 참가자들이 성인식을 경시하는 풍조를 조장하는 경우도 있다.

하코모노행정(箱物行政: 실패한 공공정책)이라는 비판을 받으면서 공공사업의 예산이 계속 증가해 온 1990년대 후반까지 성인식을 충분히 개최할 수 있는 시설이 도시 내부에도 확충되었다. 그러나 제2차 베이비붐세대가 성인식을 맞이한 1990년대 전반이 지나자 소자화의 영향으로 성인이 된 사람의 수가 감소하는 경향이 두드러지게 나타났다. 1990년대 말이 되자 도시부에서는 식전회장의 공석이 눈에 띄게 많아졌고, 신성인이 회장에 들어가지 않는다는 비판도 일게 되었다.

그리고 공석의 증가에 따라서 이전에는 회장 밖에서 친구들과 대화를 나누며 회장 내에 들어가지 않는 연령층이 회장 내에 입장하게 되고, 그때까지만 하더라도 회장 밖에서는 문제가 되지 않았던 경우가 현저하게 나타나고 있다. 예를 들자면 사담(私談)이 끊이지 않거나 회장 내에서 휴대전화를 사용하거나 하는 등의 여러 가지 많은 문제가 발생하고 있다. 그리고 일부에서는 많은 신성인 그룹이 회장에서 폭력을 행사하여 식(式)을 방해하는 케이스도 증가하고 있다.

공무집행 방해를 빌미로 체포되는 성인들이 속출하고, 이에 소동으로 발전되는 시초손도 있다. 또한, 성인의 날이 1월에서 2월의 첫 번째 월요일로 바뀐 2000년 이후는 학령방식(学齢方式)을 대상 선정 기준으로 삼는 자치체가 대다수가 되었기 때문에 성인식이 사실상 중학교나 고교의 동창회와 같은 의미로 해석되는 경우가 많아졌다. 이 때문에 전술한 것처럼 휴대전화의 사용이나 사담(私談)의 증가로 인하여 성인식이 그 본래의 기능을 상실해 가고 있다.

더욱이, 식에 출석하는 청년층이 외적으로는 기모노와 같은 호화로운 복장을 하고 있지만, 회장에서는 오랜만에 만난 친구와 담소에 열중한 나머지 주최하는 자치체 수장 등의 식사나 강연에 관심을 보이지 않고 식장이 소란스러워졌다. 그 결과 본래 의젓한 어른으로서 결의를 다지는 장소인 성인식이 오히려 젊은 층의 모럴 저하가 두드러지게 나타나는 장으로 바뀌고 말았다. 이와 같은 성인식의 현상을 빗대어 시치고산현상(七五三現象)이라고 한다.

그런데 현재의 성인식의 원형이 된 청년제의 「차세대를 감당할 청년들에게 밝은 희망을 갖게 하고 격려를 보내다(次代を担う青年達に明るい希望を持たせ励ます)」라는 취지는 현대의 청년들에게는 어울리지 않는 캐치프레이즈가 되어가고 있다. 그러나 성인식을 맞이한 성인끼리 오랜만에 만나서 우정을 다지는 기회로서의 역할이나 자녀가 성인이 된 모습을 기념하여 축하해주고 싶어하는 부모의 마음도 있는 것은 분명하다.

성년을 맞이한 사람이 솔선해서 자신들의 성인식을 만들어가는 것이 성인식을 더욱 훌륭한 것으로 만들어 간다고 하는 취지하에 만들어진 것으로 신성인(新成人)을 성인식의 기획이나 운영에 참가시키는 시초손(市町村)이 최근 들어 증가의 추세에 있다. 그러나 신성인이 참가한다고는 하지만, 자치단체 관계자의 의향과 신성인의 의향이 상반되는 경우는 신성인의 의견보다 자치단체의 방침이 우선시되는 경우도 많다. 그리고 전술한 도요타시(豊田市)에서의 사건처럼 신성인으로 구성된 실행위원회 자체가 문제를 일으키는 케이스도 있다.

또한, 지방의 테마파크에서 성인식을 개최하여 성인의 새 출발을 축하하는 자치체도 있다. 예로, 1998년 이후의 시즈오카현 기타큐슈시(福岡県北九州市)의 스페이스월드성인식이나 2002년 이후의 지바현 우라야스시(千葉県浦安市)에서 거행된 동경 디즈니랜드의 성인식 등이 있다.[5]

4.1.3 성인식의 비즈니스화

성인식(成人式)에서는 가격이 비싼 기모노, 특히 여성의 후리소데는 와후쿠(呉服)를 착용하는 신성인이 증가함에 따라서 와후쿠 업계에서는 최대한 돈을 벌 수 있는 기회로 삼고 있다. 그 때문에 폭력을 행하는 신성인들로 인해 곤경에 처하는 경우도 있지만, 자녀의 성인식을 기념하는 의미에서 기모노를 입히고 싶어하는 부모들의 소망과 와후쿠 업계로부터의 요청이 맞물려 성인식을 계속하고 있는 자치체가 있다.

예를 들자면, 2000년의 시즈오카시(静岡市)와 2000년 이후의 나하시(那覇市)가 있다. 최근 일본인의 와후쿠 기피 현상이 두드러지고, 와후쿠가게 자체도 감소의 추세에 있다. 그러나 성인식은 청년들에게 일본 와후쿠의 장점을 어필하는 좋은 기회가 되고 있다. 근래에 들어서 여성뿐만 아니라 남성이 몬쓰키바카마(紋付袴)라는 기모노를 착용한 모습도 눈에 띄게 많아지고 있다. 그런데 문제는 품행이 단정치 못한 신성인들이 몬쓰키바카마를 착용하는 일이 증가 추세에 있다는 것이다. 최근

---

5) 2006년 1월 10일 아사히신문(朝日新聞) 석간의 1면의 「소립자(素粒子)」에 「우라야스(浦安)의 신성인, 유원지의 쥐춤(ネズミ踊り)에 취한 듯한 얼굴로 흥청망청 놀다니(喜んでるようじゃ), 앞날이 걱정된다(この先思いやられる)」라고 쓰였기 때문에 우라야스시(浦安市)는 아사히신문사에 항의문을 보냈다.

에는 렌털도 증가하고 있기 때문에 이것으로 대신하는 사람도 많다. 이에 따라 성인식이 끝나면 B항이라는 와후쿠의 아울렛이 각지에서 개최되고 있다.

또, 신성인의 기쓰케(기모노 입기)·화장·헤어 등을 하는 미용업계에서도 성인식날은 돈벌이가 되는 호경기가 되고 있다. 그 때문에 미용실은 통상보다도 일찍부터 영업을 개시하고, 기쓰케가 가능한 연배의 여성이나 서포터를 하루 정도 고용하고, 바쁜 하루를 보낸다. 그런데 요즘 들어 식에는 참가하지 않고, 식이 끝난 후에 동료들과 합류하는 청년들이 증가하거나 참가인원이 많은 경우 식을 여러 번에 걸쳐서 거행하거나 시간을 바꿈으로써 혼잡을 완화하는 경향도 있다. 이외에도, 성인식 전에 본격적으로 화장을 시작하는 신성인을 상대로 메이크업 강습회를 열어 자사의 화장품을 판매하는 화장품업계의 움직임도 보이고, 또한 식전 당일에 와후쿠 착용이 끝난 신성인이 기념사진을 촬영하는 사진관에서도 선전에 신경을 쓰는 등 신성인을 상대로 한 성인식 관련 고객 획득경쟁은 열기를 띠고 있다.

▌다양한 성인식

(1) 사내성인식(社內成人式)

매년 고교졸업자를 다수 채용하는 기업에서부터 축제일이 대목이 되는 백화점, 슈퍼, 외식산업 등의 소매업이나 철도, 관광버스 등의 운수사업 및 사업 성격상 교대근무가 많은 철강, 화학, 섬유, 제지, 자동차 등의 제조업, 전력, 도시가스, 전화국 등은 성인의 날에도 근무가 많아서 시초손이 거행하는 성인식에 참가하지 못하는 사람도 당연히 많다.

따라서 이러한 업종에서는 사내(직장 내)에서 독자적으로 성인식을 실시하는 기업을 많이 볼 수 있다. 대표적인 것에는 하토버스나 메이테쓰그룹이 있고, 해마다 그 모습이 보도될 정도로 관심이 많다. 그러나 1990년대 이후는 불황이나 대학진학자의 증가 등으로 고졸자를 채용하지 않는 기업이 늘어나면서 성인을 맞이한 직원도 해마다 감소 추세에 있고, 게다가 리스토라(リストラ, 재편성(restructuring))도 다발적으로 일어나고 있으며 이 때문에 사내성인식을 중지하는 기업이 많다.

반대로 도요타자동차의 소재지인 도요타시(豊田市)에서는 회사의 업무일정에 맞추어 성인식의 개최일을 늦추고 있다.

마찬가지로 주둔지에서 기숙 생활을 하는 자위관이나 전원 기숙사제 훈련기관인 해상보안대학교나 방위대학교 및 지적장애인 갱생시설에 있어서도 이와 유사한 성인식을 실시하고 있다.

(2) 니분노이치(1/2)성인식과 릿시시키(立志式)

최근에는 학교행사나 종합적인 학습시간(종합학습) 등으로 20세의 절반 나이인 10세(대부분 초등학교 4학년 때 맞이한다.) 대상으로 니분노이치성인식(1/2成人式)을 개최하는 초등학교가 전국적으로 증가하고 있는 추세이다.

또한, 일부 중학교는 중학교 2학년(중학교 2학년 혹은 3학년)이 되면 학교행사로서 릿시시키(立志式)를 하는 곳도 있다. 이는 옛날의 성인식에 해당하는 겐푸쿠(元服)를 맞이한 시기가 현재의 중학생 시기에 해당하기 때문에 그 풍습을 학습하는 의미도 겸하고 있다.

(3) 제2성인식

그리고 피선거권을 획득한 25세를 축하하는 행사로서 제2성인식도 개최되고 있다. 제1회째는 2010년 1월 11일 성인의 날에 도쿄도 나가노구의 나가노선프라자에서 개최되었다.

(4) 각지의 성인식

오키나와현 이시가키시마(沖縄県石垣島)의 이시가키시핫포(石垣市白保)에서는 「성년을 맞이한 자가 공민관에 촌민을 모아서 성인이 된 것을 축하하는 기쁨과 촌에 대한 감사를 춤으로 표현한다」라는 취지의 행사가 전통적으로 개최되고 있으며, 텔레비아사히에서도 「광폭한 상황이 벌어지고 있는 오키나와의 성인식 중에서(荒れ模様となっている沖縄の成人式の中で)」와 같은 예를 들고 있다. 지방에 따라서는 이러한 형태의 성인식도 다수가 존재한다.

(5) 성년식(成年式)

성년식은 천황 및 황족이 성년이 되었을 때에 거행되는 의식이다. 천황령 제4호의 황실성년식령(皇室成年式令)에 의하면 천황, 황태자 및 황태손은 만 18년, 기타 황족은 만 20년에 달했을 때에 이루어진다.

천황의 경우 가시코도코로(賢所)의 앞에서 거행되고(5조), 가시코도코로(賢所), 고레이덴(皇霊殿) 및 신전에 봉헌을 하고, 칙사에게 진구(神宮), 진무천황산능(神武天皇山陵), 선제선후(先帝先后)의 산능(山陵)에 봉헌을 한다(3조). 식이 끝나고 고레이덴 및 신전에 알현을 하고, 또한 태황태후 및 황태후를 알현하고, 정전에 고하여 조가(朝賀)를 받아 궁중에서 향연을 베푼다(5조 이하).

천황의 경우는 가시코도코로 앞에서 거행되고, 종료 후 고레이덴 및 신전에 배알을 하고, 천황, 황후, 태황태후 및 황태후를 조견한다(9, 11, 12조).

황태자 및 황태손의 경우 식 당일에 가시코도코로, 고레이덴 및 신정에 보고하고, 식후에 궁중에서 향연을 연다(10, 12조). 식의 상세한 사항은 황실성년식영부식(皇室成年式令附式)에 기술되어 있다.

▌ 일본 이외의 성인식

다른 나라에서는 일본과 같이 성인연령(나라에 따라서 다르지만, 18세나 20세, 21세 등)에 달한 것을 전국에서 일제히 축하하는 나라는 거의 없다.6)

4.2 결혼식

결혼식은 결혼을 성립시키기 위한, 또는 확인하기 위한 의식이다. 영어로는 웨딩(「wedding」)이라는 용어를 사용한다. 가타가나로 웨딩구(ウェディング), 또는 웨딩(ウエディング)이라고 표기한다.

※「의식으로서의 결혼식」이 종료한 후의 연회는 「결혼피로연(結婚披露宴)」의 형태로 개최된다.

---

6) 적어도 미국, 타이, 인도, 독일, 호주, 이탈리아 등에서는 일본의 성인식과 같은 의식은 존재하지 않는다. 아프리카나 독일은 18세에 선거권이 적용되고, 설령 대학생일지라도 부모로부터의 자립은 물론이고 학비도 자기부담을 원칙으로 한다.

4.2.1 고대의 결혼문화

❚ 일본신화의 국가탄생(国産み) 부분

고지키(『古事記』)[7], 니혼쇼키(『日本書紀』)[8] 一書第一 등의 일본신화의 이자나기(伊邪那岐命)[9]와 이자나미(伊邪那美命)[10]의 국가탄생신화(国生み)·신탄생신화에서는 오노고로섬(オノゴロ島)에서 하늘에 대들보(御柱)를 세우고, 고지키와 일본서기에 따르면 이자나기(イザナギ)가, 「나와 당신은 이 천지의 대들보를 돌면서 결혼을 합시다. 당신은 오른쪽에서 돌고, 저는 왼쪽에서 돌고 나서 만납시다(私と貴方と、この天之御柱を廻って結婚しましょう. 貴方は右から廻り、私は左から廻り逢いましょう)」라는 약속을 하고, 만난 곳에서 「이 얼마나 아름다운 아가씨인가(なんとまあ、かわいい娘だろう)」, 「정말로 사랑스러운 분이구나(ほんとにまあ、いとしい方ですこと)」라고 서로

---

7) 고지키는 712년(겐메이 5년)에 오노아소미 야스마로(太朝臣安萬侶)가 편찬한 일본에서 가장 오래된 역사서이다.

8) 니혼쇼키는 나라시대에 편찬된 일본 최고의 역사서이다. 일본 최고의 정사이고, 육국사의 제1에 해당한다. 도네리신노(舍人親王)를 중심으로 720년(요로 4년)에 완성되었다.

9) 일본신화에 등장하는 남신. 천지개벽 시에 신세7대의 최후에 이자나미와 함께 태어났다. 구니우미(国産み)·가미우미(神産み)의 때에 이자나미와의 사이에 일본국토의 형태를 만드는 다수의 자녀를 낳는다. 그중에는 아와지섬(淡路島)을 필두로 혼슈(本州)·시코쿠(四国)·규슈(九州) 등의 섬들, 돌·나무·바다(오와타쓰미大綿津見神)·물·바람·산(오야마쓰미大山津見神)·들·불 등의 삼라만상의 신이 포함된다.

10) 일본신화의 여신. 이자나기(伊弉諾神)의 아내이다. 그 탄생신화는 상기의 이자나기와 동일하다. 불의 신(火の神)인 가구쓰치(軻遇突智)를 낳았기 때문에 음부에 화상을 입어 병사하지만, 그때에도 소변과 대변에서 많은 신들이 태어난다.

호칭을 부르면서 결혼하게 되었다는 묘사가 결혼식의 기원이 되었다고
한다.

고지키, 니혼쇼키의 혼인모습[11]

일본국가탄생신화[12]

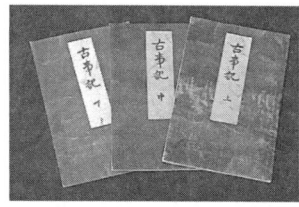

① 신푸구지본고지기
　(真福寺本古事記)

② 헤이안조사본(平安時代写本)인
　日本書紀[13]

---

11) 출처: http://bbs.jinruisi.net/blog/2012/04/001076.html
12) 출처: http://www.ne.jp/asahi/supernil/gyakusetu/rekisiga/main_r17.html
13) ①② 출처: http://www.bell.jp/pancho/k_diary-3/images/image-03/0327-18.jpg

如此應而伊邪那岐又詔 既此 吾倆行繞天之御柱 逢而為婚 伊邪那岐
詔約其妹 曰 汝者自右迴逢 吾者自右繞逢 如此依約繞行 方所逢之時
伊邪那美先言 姸哉 汝壯俊男焉 伊邪那岐續言 姸哉 汝麗美人焉。

『古事記』

即將巡天柱 約束曰 妹自左巡 吾當右巡 既而分巡相遇 陰神乃先唱曰
姸哉 可愛少男歟 陽神後和之曰 姸哉 可愛少女歟 遂為夫婦。

『日本書紀』一書第一

이자나기와 이자나미의
구니우미[14]

아와지시마(淡路島)
가미다테카미이와(上立神岩)[15]

4.2.2 헤이안시대(平安時代)

가요이콘(通い婚-: 고대사회에 남자가 저녁이 되면 여자의 집에 몰
래 드나들고, 아이가 태어나면 여자가 기르는 모계사회의 결혼풍습)의

---

14) 출처: http://moriizou.blog39.fc2.com/blog-entry-509.html
15) 출처: http://www.awajishima-kuniumishinwa.jp/kojiki/027/index.html. 「창의 끝」
과 같은 형태를 한 바위가 아와지섬(沼島)의 심볼인 우와다치가미이와(上立神岩)
이다. 국가탄생신화의 유서 깊은 장소이고, 높이 약 30m의 입석 바위이다. 아와지
섬의 해안선에서 볼 수 있는 국가탄생 전설의 무대를 상기시키는 기암이나 암초가
상징적이다. 이자나기노미코토와 이자나미노미코토가 이 섬에 내려와 거대한 기둥
의 주위를 돌아서 결혼했다고 하여 「아마노고바시라(天の御柱)」라고도 한다.

시대에서 천황의 경우는 후궁과 가족이 들어온 궁중의 도네리(殿舍)에 천황이 삼일 밤을 홀로 지새운 다음에 발견되었다는 「도코로아라와시(露顕: 露見)」라는 연회를 거행한다. 이것이 현재의 피로연의 기원이 되었다. 민간에서도 헤이안기의 결혼은 남성이 여성의 거처로 삼일 연속 찾아가는 형식인데, 여성의 집에서는 그사이에 찾아온 남성과 그 종자를 접대한다. 3일째에는 도코로아라와시(露顕)라는 피로연이 거행되고, 신랑 신부가 중심이 되어 피로연을 열게 된다. 참석자는 처의 관계자만으로 한정된다.

4.2.3 무로마치시대(室町時代)

이즈미류(和泉流)[16]의 교겐(狂言)[17]인 『후나와타시무코(舟渡婿)』에서는 가요이콘(通い婚)이 「도코로아라와시(露見)」한 후에 신부와 신랑의 집으로 도미 등의 생선과 술을 지참하여 축하하는 식을 거행하는 것이 전제가 되어 있다.

---

16) 이즈미류(和泉流)는 교겐(狂言)의 류기(流儀: 유파)의 하나이다. 현대 노가쿠협회(能楽協会)에 20명 정도가 등록되어 있고, 도쿄, 나고야, 가나자와 등을 기반으로 활동한다. 창시자는 무로마치 중기 오우미구니시카모토(近江国坂本)에 살았던 사사키 가구라켄(佐々木岳楽軒)이라고 하는데, 신빙성이 없다. 실질적인 원조는 도리가이 모토미쓰(鳥飼元光)이고, 세쓰사루가쿠(摂津猿楽)의 도리가이좌(鳥飼座)에 속했지만, 나중에 교토에 진출하여 데사루가쿠(手猿楽)의 연기자로서 활약하고, 이즈미노카미(和泉守)의 주료코(守領号)를 하사받았다. 그 예능계는 초기 교겐(初期狂言)에 큰 업적을 남긴 히요시 만고로(日吉万五郎)의 계보에 속한 것으로 보이고, 사기류(鷺流), 오쿠라류(大蔵流)의 원천이 되었다.
17) 노(能)와 같이 사루가쿠(猿楽)에서 발전된 전통예능으로 사루가쿠의 골계미를 세련되게 만든 희극이다. 명치 이후부터 노・시키산반(式三番)과 함께 노가쿠라고 불린다.

4.2.4 아즈치모모야마시대(安土桃山時代)

1563년(에이로쿠[永禄] 6년)에 내일(来日)하여 아즈치모모야마시대의 일본에 관한 기록을 남긴 루이스 프로이스의 편지에 의하면, 「일본에서는 결혼식을 하지 않는다」라고 기술되어 있다. 그러나 이 시대에도 유력한 무가의 결혼식은 성대하게 치러졌던 것으로 알려졌다. 또한, 다카다이지(高台寺)에서는 당시 하급무사였던 도요토미 히데요시(豊臣秀吉)와 네네(ねね)의 결혼식에 대해서 「도마(土間)에 짚을 깔고, 그 위에 얇은 깔개를 깐 것에 불과한 검소한 축언(祝言)」을 들었다는 기록이 남아 있고, 당연히 이 시대에도 신분에 관계없이 결혼식을 거행하였다고 한다.

4.2.5 에도시대와 명치시대(江戸時代~明治時代)

결혼식장에 여러 신이 임재한다는 생각은 중세의 도코카자리(床飾り: 거실에 꽃장식이나 분재, 족자, 그림, 서책 등으로 장식하는 관습)에서 엿볼 수 있듯이 에도 중기의 데이조잣기(貞丈雑記)[18]에 명문화(明文化)가 되어 있었다. 신랑의 자택에 친척들이 모이고, 다카사고의 이(高砂の尉)와 우바노가케지쿠(姥の掛け軸: 족자)를 거실에 걸고, 학과 거북의 장식물을 올린 시마다이(島台: 결혼식용 장식)를 놓고, 그 앞에서 건배를 하고 결혼식을 진행한다. 이른바 노리토(祝言: 제문 또는 기

---

18) 에도시대의 유쇼쿠고지쓰쇼(有職故実書) 16권. 이세 사다다케(伊勢貞丈, いせさだたけ)의 저서이다. 자손을 위해 기록한 호레키(宝暦) 13년(1763) 이후의 잡록을 사후 제자가 교정하여 덴포(天保) 14년(1843)에 간행했다. 무가의 예식에 관한 사항을 36부문으로 나누어 기록하였다.

『일본의 의례와 관습의 스케치』로부터
1867년(게이오[慶応]3년) 출판[19]

도문의 일종)가 이루어진다. 집안의 도코노마(床の間: 거실에 해당함)
는 신이 임재하는 신성한 장소로서 족자나 시마다이(島台)가 있어 신
(神)의 거처가 되기도 하고, 이때부터 결혼식은 종교와 밀접한 관계가
있었다. 10월(음력)은 간나즈키(神無月)였기 때문에 결혼식은 이달을
피하여 거행되었다. 민속학자인 야나기다 구니오(柳田國男)[20]의 『메
이지다이쇼사(明治大正史)』 및 『혼인 이야기(婚姻の話)・정본 야나기
다구니오집(定本柳田國男集15)』에 의하면, 적어도 막부 말부터 명치
초기까지의 서민의 결혼식은 명치 이후에 확정된 신젠식(神前式: 신도
식으로 행해지는 결혼식)과는 다르고, 자택을 중심으로 하며, 신랑이
신부의 친가에서 잠시 동안 생활하는 무코이리콘(婿入り婚)[21]의 형식
이었다고 한다.

19) 출처: http://ja.wikipedia.org/wiki/%E3%83%95%E3%82%A1%E3%82%A4%E3%83
%AB:A_japanese_Wedding-J._M._W._Silver.jpg
20) 1875−1962, 메이지−쇼와시대의 민속학자이다. 메이지 8년 7월 31일생. 이노우에
미치야스(井上通泰)의 제자. 마쓰오카 시즈오(松岡静雄), 마쓰오카 에이큐(松岡
映丘)의 형이다. 농상무성에 입사하여 법제국참사관을 거쳐 기족원서기관장을 마
지막으로 사직하고, 아사히신문사 객원논설위원, 국제연맹위원으로서 활약했다.
이에 겸하여 잡지 「향토연구」의 간행, 민속학연구소의 개설 등을 진행하였고, 평민
의 생활사를 테마로 야나기다학(柳田学)이라는 일본민속학을 창시하였다.
21) 혼인을 처가에서 하고, 이후 남편은 처가에 거처하든가 쓰마도이(妻訪い)의 형태로
혼인생활을 하는 경우이다. 일정기간 이후에는 시댁으로 옮기기 때문에 일시적인
쓰마도이콘(妻訪い婚)이라고도 한다. 손나이콘(村内婚: 마을 내에서 결혼하는 경
우)을 기반으로 일본에서 옛날부터 행해졌다. 쇼세이콘(招婿(しょうせい)婚). 반대
로 요메이리콘(嫁入(よめいり)婚) 등이 있다.

이때 신혼생활 첫날에 신부집에서 축하를 하는 연회석이 마련되기도 했는데, 요루노이쓰쓰(夜の五つ- 현재의 오후 9시경)부터 거행되는 경우가 많았다고 한다. 또 야나기다(柳田)에 의하면 에도

야나기다 구니오와
[도노모노가타리]의 사진22)

시대에 같은 마을 사람끼리 결혼을 하는 경우에는 노리토(祝言)를 읊지 않거나 또는 간소한 결혼식을 올렸으나, 마을 외의 사람과 결혼을 하는 횟수가 증가함에 따라서 형식이 복잡해지고, 신젠식에 가까운 형태가 되었다고 언급하고 있다. 그리고 서민의 결혼식은 신쇼쿠(神職: 신관)가 낭송하는 노리토보다 향토가(鄕土歌)나 민요, 속요를 부르는 경우가 많았다고 한다. 노리토일지라도 현대의 신젠식처럼 「아마쓰노리토(天津祝詞)」를 읊게 된 것은 명치 이후이다.

4.4.6 근현대(近現代)의 변천

상기와 같이 일반적으로 서민들의 결혼식은 비교적 자택에서 거행되는 경우가 많았다. 신사에서 행하는 「신전결혼식(神前結婚式)」은 그 이전에도 거행되고 있었지만, 그 횟수는 극히 소수였다.

1885년(明治18年), 전 니치렌(日蓮宗) 승려였던 다나카 지카쿠(田中智学)에 의해서 창설된 「고쿠추카이(国柱会)」의 전신인 「릿쇼안고쿠카이(立正安国会)」에서 일본 최초로 공식적인 결혼식 규정이 제정되었

---

22) 동경 신주쿠구 우시고메야나기초의 오즈마대학기숙사(구 야나기다 구니오 저택자리)의 입간판, 저자촬영.

기타시라가와노미야 나가히사오(北白川宮永久王)와
사치코비(祥子妃)의 결혼식(1935년 4월)[23]

다이쇼천황과
데이메이황후[24]

다. 다나카 지카쿠의 사상인 「불교부부론(仏教夫婦論)」에 의해서 명치
유신 이후의 일본에서 부부의 결혼을 제도화하는 것은 국가의 근대화
에 불가결한 것으로 간주되었다. 이 릿쇼안고쿠카이에 의한 부쓰젠결
혼식(仏前結婚式)이 불교사상에 입각한 최초의 공식적 결혼식이다.

1900년 5월 10일에 황태자 요시히토 신노(皇太子嘉仁親王)와 구조
사다코공작(九条節子公爵)의 딸의 결혼과 이후의 다이쇼천황(大正天
皇)과 데이메이황후(貞明皇后)의 결혼식이 유명하다. 황족의 관례에
따라서 정장을 한 남녀가 규추산덴(宮中三殿)에서 배례를 하고, 신의
앞에서 부부의 맹세를 하는 형태의 결혼식이었다. 그러자 일반시민들

---

23) 출처: http://ja.wikipedia.org/wiki/%E3%83%95%E3%82%A1%E3%82%A4%E3%
83%AB:A_japanese_Wedding-J._M._W._Silver.jpg
24) 출처: http://ja.wikipedia.org/wiki/%E3%83%95%E3%82%A1%E3%82%A4%E3%
83%AB:Emperor_Taish%C5%8D.jpg

도 신젠(神前)에서의 거식을 희망하는 목소리가 높아지고, 진구호산카이(神宮奉斎会: 현재의 도쿄다이진구東京大神宮)에서 이 결혼식을 모방한 형태인「신젠식」의식을 새롭게 창설하였다. 그리고 이것이 국민 사이에 정착되었다.

전후가 되어 고도경제성장기에 들어서자 결혼식장에서 식을 올리는 「기독교식」도 유행하게 되었다. 일본인의 관습은 신도(神道)를 믿으면서 아기가 태어나면 신도식의 의례에 따라서 아이의 건강과 무사를 기원하는 신도관념과 결혼식은 교회에서 거행하는, 종교형태를 벗어난 일본 특유의 결혼방식과 문화적인 현상이 나타나고 있는 점이 흥미롭다.

4.2.7 근년~최근의 경향

근년의 일본에서는 종교에 관계없이 교회식, 신젠식(神前式), 진젠식(人前式), 부쓰젠식(仏前式) 등의 결혼식이 자유롭게 거행되고 있다. 의식 후에 피로연이 열리기 때문에 결혼식을 올리는 장소도 참석자의 교통이 편리하고 넓은 주차장이 완비된 호텔을 이용하는 사람들이 많아지고, 다음으로 많이 이용되는 곳이 결혼식장이다. 이처럼 호텔이나 결혼식장에서는 식장 측에서 결혼식에 관한 대부분의 준비를 하거나 화려한 연출까지 곁들인 서비스를 제공하는 곳이 늘고 있다. 이들 식장에는 신사나 사원, 기독교 교회에 별실이 설치되고, 주로 양가의 친족이 중심이 되어 식이 진행되고 있다. 그 후에 따로 마련된 연회장에서 성대한 피로연을 하게 되어 있다. 연회장을 이용하는 경우 어떻든 많은 비용이 들기 때문에 친족과 친지만의 간소한 결혼식도 거행되고 있다. 또한, 최근에는 하우스 웨딩이라 하여, 집 한 채를 빌려서 친족이나 친구 등

친근한 사람을 초대하고, 파티 형식의 결혼식과 피로연을 거행하는 경우도 있다.

4.2.8 현대 일본의 결혼식

▌신젠식(神前式) 결혼식

전술한 대로 일본의 결혼식 자체나 거행되어 온 관습은 일본의 독자적인 종교인 신도에서 큰 영향을 받고 있지만, 결혼식이 자택에서 거행되는 경우도 있다.

「신젠결혼식(神前結婚式)」이라는 형식이 명확해지고 일반적으로 널리 확대가 된 것은 1900년 5월 10일에 고시쓰고콘레이(皇室御婚令)가 발포되고, 황태자(후의 大正天皇)의 결혼식이 최초로 규추가시코도코로노오마에(宮中賢所大前)에서 거행되어 이와 같은 신전결혼식을 올리고 싶어 하는 분위기가 국민들 사이에서 고양된 것이 계기가 되었다. 이러한 분위기에 따라서 동경의 진구호산카이(神宮奉贊会)가 황실의 혼례를 참고하여 민간에서의 「신젠결혼식」의 양식을 규정하고, 이듬해인 명치 34년 3월 3일에 모의결혼식을 개최한 이후 개량과 보급활동을 하였다. 오늘날 「신젠식」으로서 거행되고 있는 결혼식은 이 진구호산카이(神宮奉贊会)가 창설된 것이 기원이 되었다.

구체적인 식순은 미코(巫女)의 인도로 신랑 신부, 중매자, 신랑 신부 양친과 친족의 순으로 입장하고, 마지막에 제주(斎主)가 입장한다. 덴기(典儀)라고 불리는 사회진행자(司会進行役: 미코(巫女)가 진행하는 경우도 있다)가 식의 시작을 선언하고, 제주의 배례에 맞추어 일동이

① 신부의 입장   ② 신도식 결혼식. 신주(神主)의 선
                                    도로 신랑·신부가 경내를 걷는
                                    것이 일반적이다[25]

기립하여 신전에 예를 갖춘다. 하라에(祓: 거리끼는 것을 제하는 의식)를 하기 때문에 제주가 고헤이(幣)를 사용하여 게가레(穢れ: 흉측한 것)를 제거한다. 일동은 기립한 채로 가볍게 머리를 숙이고 이것을 받는다. 제주가 신전에서 두 사람의 결혼을 그 신사에 임재하고 있는 신과 우지카미(氏神: 조상의 신)에게 보고하는 노리토를 낭송하고, 신의 가호를 기원한다. 일동은 기립하여 머리를 숙인다.

산산쿠도(三々九度)의 잔을 주고받는데, 첫 번째 잔은 우선 신랑이 잔을 받고, 신부, 그리고 신랑 순이 된다. 두 번째 잔은 우선 신부, 다음에 신랑, 신부의 순이 되고, 세 번째 잔은 첫 번째 잔과 같다. 이치니산(一二三)의 세 번의 잔을 세 번씩 받기 때문에 3×3＝9로 산산큐도(三々九度)가 성립이 된다. 단, 현재는 신랑 신부의 시간적인 제약이 있기 때문에 이하와 같은 약식을 이용하는 신사도 많다. 첫 잔을 받고, 다음에 신부가 그 잔을 받아 전부 마신다. 두 잔째는 신부로부터 신랑순, 세 번째 잔은 신랑에서 신부의 순으로 어떤 잔이든 반드시 세 번에 걸쳐 전부 마셔야 한다. 신랑 신부가 신전에 나아가서 서약문을 완독하게 되

---

25) 출처: http://ja.wikipedia.org/wiki/%E3%83%95%E3%82%A1%E3%82%A4%E3%83%AB:Japanese_wedding.jpg

는데, 신랑이 본문을 읽고, 자신의 이름 부분은 신랑 신부가 함께 읽는다. 다마구시(玉串)를 신전에 봉헌하고, 니하이·니하쿠슈·잇파이「二拝二柏手一拝」의 순으로 예배를 하고, 자리를 뜰 때는 서로 등을 보이지 않도록 내측으로 몸의 방향을 바꾼다. 이것은 신에 대해서 가급적으로 자신의 엉덩이를 보이지 않도록 하기 위함이다.

신랑 신부에 이어서 중매자와 친족 대표가 다마구시를 올리고, 그리고 양가가 친족이 된 것을 서원한다. 이어서 양가의 친족, 신랑 신부, 중매사가 잔을 받는다. 제주가 식을 무사히 마친 것을 신에게 보고하고, 일배(一拝)를 한다. 그리고 일동은 기립하여 배례를 하게 되고, 그 후에 제주가 축하의 인사를 하고, 일동이 예배를 올린다. 제주가 퇴장한 후에 신랑 신부, 중매인, 친족의 순으로 퇴장을 하고, 식이 끝이 난 후에는 피로연을 하게 된다.

이는 반드시 신사에서만 거행되는 것은 아니고, 결혼식을 주관하는 호텔이나 기타 회장 등에서도 많이 거행되고 있다.

신젠식 결혼식순

간담(歡談)	정원이나 맞이방에서 거식 전 휴식을 취한다.
참진(参進)의 의(儀)	신쇼쿠(神職)・미코(巫女)・가가쿠(雅楽)가 방(お部屋)까지 마중을 나간다. 정례(ご整列)를 받은 후 가가쿠(雅楽)의 연주하에 호토쿠니노미야신사(報德二宮神社)의 앞으로 나간다. 이때 신부(新婦)의 소개자(介添役)는 일반적으로 어머니가 담당하게 된다.
친족소개 (親族紹介)	하라이덴(祓殿)에서 호토쿠니노미야신사신쇼쿠(報德二宮神社神職)에 의해서 친족소개를 하게 된다.
슈바쓰 (修祓, しゅばつ)	하라이덴(祓殿)에서 거식(挙式)에 앞서서 기요메(お清め, 정화)의 하라에(祓)를 한다.
사이슈잇파이 (斎主一拝)	
노리토소조 (祝詞奏上)	부부가 언제까지나 화목하게 살며 행복하기를 기원하고, 예부터 내려온 야마토고토바(고대 일본어)로 헌상한다.
산콘노기 (三献の儀, 三三九度)	둘이서 같은 잔을 주고받고 행운의 숫자를 반복함으로써 두 사람의 유대를 더욱 견고하게 한다.
반지교환 (指輪交換)	
다마구시예배 (玉串拝礼, 신랑 신부)	두 사람의 소원을 담은 다마구시(玉串)를 신(神)에게 봉헌한다. 다마구시(玉串)는 신(神)과 사람 사이에 서서 인간의 소원을 신(神)에게 전한다고 한다.
다마구시예배 (玉串拝礼, 양가 부모)	소원을 담은 다마구시(玉串)를 신에게 봉헌한다.
가구라마이진상 (神楽舞奏上)	미코(巫女)가 가구라토요사카노마이(神楽豊栄舞)를 봉헌한다.
친족 유대의 건배 (親族固めの盃)	참가자 내빈과 함께 영원한 행복을 서원하는 축배를 한다.
제주일배 (斎主一拝)	
퇴장(退下)	거식 후에는 통상적으로 참가한 내빈과의 기념사진을 찍게 된다.

① 환담(歡談)

② 산신(參進)의 기(儀)

③ 친족소개　　　　　④ 슈바쓰(修祓)　　　⑤ 사이슈잇파이(斎主一拝)

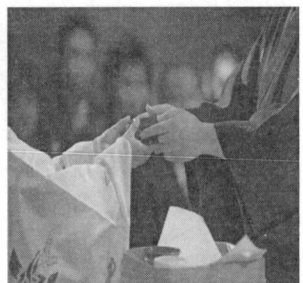

⑥ 산콘노기(三献の儀)

⑦ 반지의 교환

⑧ 결혼서약

⑨ 다마구시예배(玉串拝礼)

⑩ 도요사카노마이(豊栄舞)

⑪ 위의 가구라마이진상(神楽舞奏
上)과 아래의 도요호기노마이(豊
寿舞)

⑫ 친족유대의 건배(親族固めの盃)

⑬ 신쇼쿠와의 기념촬영

⑮ 퇴장 장면

⑭ 가족과의 기념촬영26)

⑯ 하카마차림의 신랑과
이로우치카케 및 시로무쿠의 신부27)

26) ①②③④⑤⑥⑦⑧⑨⑩⑪⑫⑬⑭⑮⑯ 출처: http://tefko.251251.net/images
/0903wedding.jpg
27) ⑰ 출처: http://image.search.yahoo.co.jp/search?ei=UTF8&fr=top_ga1_sa&p=%E7
%B5%90%E5%A9%9A%E5%BC%8F#mode%3Ddetail%26index%3D6%26st%3D369

시로무쿠(白無垢)

이로우치카케
(色打ち掛け)

히키후리소데
(引き振り袖)28)

신랑의 몬쓰키하카마
(新郎 紋付羽織袴)

니시키보시(綿帽子)

가쿠가쿠시(角隠し)

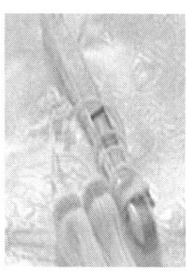
가이켄(懐劍)29)

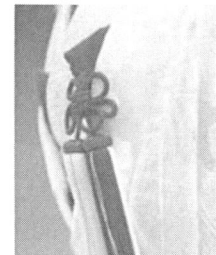
하코세코(筥迫)30)

가이켄을 휴대한 신랑

---

28) 출처: http://image.search.yahoo.co.jp/search?ei=UTF8&fr=top_ga1_sa&p=%E7%
B5%9 0%E5%A9%9A%E5%BC%8F#mode%3Ddetail%26index%3D6%26st%3D369
29) 가이켄(懐劍)이란 호신용의 단도. 실내 등 일본도의 사용이 제한되는 장소에서 기
습을 받은 경우 호신용 이외에도 여성의 혼례의장의 부속품으로서 쓰이기도 한다.
30) 하코세코(筥迫)란 여성 와후쿠의 정장인 우치카케를 입을 때 사용하는 고모노이레
(小物入れ). 가슴 부위의 옷섶에 끼워 넣는 상자 형태의 장식품이고, 긴란(金襴),
돈스(緞子), 란샤(羅紗) 등 화려한 자수를 놓고, 가자리후사(飾り房)가 붙어 있다.

신도식 결혼식의 옷차림과 식순31)

거식개시

슈바쓰의 기(修祓の儀)

산콘노기(三献の儀)

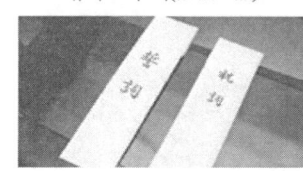

서약의 기(誓詞の儀)

반지의 교환

다마구시 봉헌(玉串奉奠)

친족의 기(親族杯の儀)

사이슈 인사(斎主挨拶)

31) 출처: http://image.search.yahoo.co.jp/search?ei=UTF8&fr=top_ga1_sa&p=%E7%
B5%90%E5%A9%9A%E5%BC%8F#mode%3Ddetail%26index%3D6%26st%3D369

▎부쓰젠식(仏前式) 결혼식

부처에게 결혼을 서약하는 양식이다. 1892년에 정토진종 혼간지파(浄土真宗本願寺派)의 후지이 요시마사(藤井宣正)가 도교도 하쿠렌사회당(東京白蓮社会堂)에서 결혼식을 올리고, 각 종파에서는 부쓰젠결혼식(仏前結婚式: 불교식 결혼)이 보급되었다. 보다이지(菩提寺)의 본당에서 거행되는 경우가 많지만, 임시로 본존을 안치한 공민관이나 가정에서도 거식은 가능하다.

구체적인 식순은 종파에 따라서 다소의 차이는 있으나 주지(住職)와 참가자 일동이 본존에 결혼을 보고하고, 주지로부터 영구 불교도로서 지켜야 할 사항에 대한 교훈을 듣고, 기념의 염주를 받은 후 서로에게 경애를 표하는 서약서에 서명한 다음 산산큐도(三三九度)의 잔을 주고받는 것이 일반적이다. 대부분 불교 신자들이 이용을 하고 있을 뿐 일반인들은 이를 활용하지 않는다.

불교식 결혼식이 깊게 침투하지 못한 이유로는 신도식 결혼식 등이 지금까지의 일반적인 형태이고, 불교도라도 일본인의 종교의식 중에서는 이를 위화감 없이 받아들인 점이나 애당초 불교가 결혼을 그다지 신성시하지 않았던 것을 한 실례로 들 수 있다.

부쓰젠결혼식의 경우「두 사람의 결혼은 태어나기 전의 인연」이라는 전제하에 석가 앞에서 부부의 결혼을 맹세하고, 그 인연을 맺어준 부처에게 감사를 표현하는 형태이다. 형식적으로는 신젠결혼식(神前結婚式)과 공통점이 많이 있다.

(1) 부쓰젠결혼식의 자리배치도

부쓰젠결혼식의 좌석배치로는 맨
앞에 사회자가 서고, 왼쪽에 신부가,
오른쪽에 신랑이 서고, 후면에는 왼
쪽에 신부 측의 중매인을 비롯한 가
족, 친족이 입석하게 된다. 우측에는
신랑 쪽의 중매인, 부모, 친족 순으로
배석하게 된다.

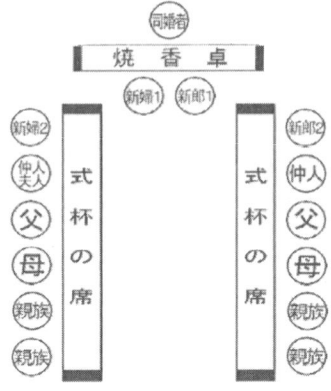

(2) 부쓰젠결혼식의 진행법

1) 참가자 입당(參列者入堂)

부모, 친족이 입당한다. 본존을 향하여 우측에 신랑관계자, 좌측이
신부관계자가 착석한다.

2) 신랑 신부 입당(新郎新婦入堂)

신랑은 중매자를 동반하고, 신부는 중매자의
남편에 인도되어 입당을 하고 정면에 착석한
다. (위 그림 신랑1, 신부1의 장소)

3) 게이하쿠분 낭독(敬白文朗読)

사혼자(司婚者)인 승려가 입당하여 향을 피우고, 본존을 향하여
「신랑 신부가 부부의 맹세를 하고 혼례의 서약을 한다. 바라옵건대
상부상조하며 경애하는 마음과 정성을 다하고 사은에 감사한다(願
わくは剛柔相扶け、敬愛の誠を尽くし、四恩に報い奉るべし)」와 같은

내용의 게이하쿠분(敬白文)을 낭독한다. 이 사이에 일동은 기립한 채로 듣는다.

4) 염주수여(念珠授与)

사회자가 부처에게 올린 두 개의 염주 중에서 흰색 염주를 신랑에게, 빨간색 염주를 신부에게 건넨다. 신랑 신부는 이 염주를 왼손의 엄지손가락 이외 네 손가락에 걸치고 합장한다.

5) 사혼(司婚)의 사(辞)

사회자가 신랑 신부에게 결혼생활을 하는 동안 고락을 함께하기를 요청하고, 각각 「맹세합니다(誓います)」라고 답을 한다. 기독교식의 서약에 해당한다.

6) 신랑 신부의 쇼코(焼香: 분향)

먼저 신랑, 다음에 신부의 순으로 왼손에 염주를 쥔 채 오른손으로 쇼코를 한다. 쇼코는 한 번만 한다. 쇼코가 끝나면 신랑 신부는 각각 자리에 앉는다(위 그림 신랑2, 신부2의 장소)

7) 건배(誓杯)의 기(儀)

산산큐도(三三九度)의 잔을 의미하며, 신젠결혼식처럼 잔을 주고받는다.

8) 사혼자법화(司婚者法話)

사혼자가 두 사람의 새 출발을 축복하는 말을 한다.

9) 퇴당

사혼자, 신랑 신부, 중매자 부부, 가족, 친족 순으로 퇴장한다.

(3) 자택결혼식

자택결혼식이란 식장을 빌리지 않고 자택에서 행하는 결혼식이다. 자택에서의 결혼식은 최근에는 거의 볼 수 없게 되었지만, 지방에서 전통을 중시한다는 점에서 자택결혼식을 거행하는 곳도 있다. 통상은 신랑집, 또는 중매자의 집에서 거행된다.

자택결혼식의 식순

1) 입실과 착석

도코노마(床の間)를 향하여 왼쪽에 신랑관계자, 우측에 신부관계자가 마주 보고 앉는다.

2) 산산큐도(三三九度)의 건배(杯)

신랑, 신부, 신랑 순으로 신주(お神酒)를 주고받는다. 통상은 신랑이 먼저이지만, 신부부터 마시기 시작하는 경우도 있다.

3) 부모 자녀의 건배(親子の杯)

신랑과 신부의 부모 사이에서 친자의 건배가 이루어 진다. 친자의 건배는 생략되고, 다음 식순인 친족 유대의 건배만을 주고받는 경우도 있다.

4) 친족 유대의 건배(親族固めの杯)

　양가 참석자 전원이 마주 보고 건배
　를 한다.

5) 식종료

　중매자가 식의 종료를 선언한다.

6) 축연(祝宴)

　별실, 또는 요정이나 호텔 등에서 피로연을 한다.

(4) 결혼식의 사진

① 결혼서약서 작성(誓いの言葉)과 신랑 신부의 퇴장모습

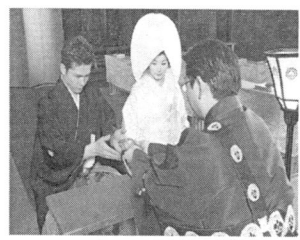
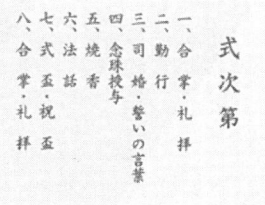

② 염주의 수여　　　　　　　상기는 불전식의 식순

부쓰젠에서 결혼식을 거행하는 승려를 사혼자(司婚者: 사회자)라고 한다. 식순은 오른쪽이 대표적인 예로 두 사람이나 양가의 요청을 받

1. 합장 예배	2. 근행
3. 사혼, 서약의 말	4. 염주 수여
5. 센코	6. 법화
7. 식배 축배	8. 합장 예배

아들여 집행하게 된다. 염주 수여나 쇼코(燒香: 향을 올리는 것) 등의 엄숙한 분위기 속에서 식이 진행된다. 기타 반지교환·건배 등이 포함 되거나 친구들의 참가 등 요망에 따른다.

식은 법회회관의 다이히로마(大広間: 넓은 홀) 또는 홀에서 가가쿠 (雅楽) 연주가 이루어진다.

부쓰젠식 결혼의 거식장 및 간지 비용

거식회장	오타니혼뵤(大谷本廟) 예배당
거식간지(挙式懇志) (예배당사용간지)	가가쿠 연주의 경우 150,000엔 이상 CD 사용의 경우 100,000엔 이상
참가자(列席者)	40名(친구는 별도로 준비)
사회자(司婚者)	정토진종혼간지승려
대기실(控室)	예배당 내 좌·우측 각 1실(10畳＋8畳) 무량수당(無量寿堂) 6층 부쓰마(8畳×2室)

(5) 의상과 부케에 대해서

③ 신랑은 구로몬쓰키·턱시도 등, 신부는 시로무쿠·이로우치카케·웨딩드레스 등을
착용한다.

묘초도센코(明著堂燒香 晴天時)

④ 오타니혼묘(大谷本廟)의 묘초도(明著堂)에서 결혼 보고의 참배와 향을 피운다. 슈가
사(朱傘)를 쓰고, 슈미즈(白洲)를 지나 묘초도(明著堂)로 향한다.

몬보카이칸(聞法会館)에서의 결혼식

⑤ 거식   ⑥몬보카이칸 홀

⑦ 몬보카이칸의 대형홀

⑧ 불교식의 신부
의상과 부케32)

▌기독교식 결혼식

본 항목에서는 기독교식의 결혼식에 대해서 논하기로 하겠다. 그런데 기독교의 경우 가톨릭과 프로테스탄트의 두 가지 형태의 종교로 분류되기 때문에 각각의 항목을 두 분류로 나누어서 설명하기로 한다.

① 기독교식 결혼이 거행되는 교회와 연회장

---

32) ①②③④⑤⑥⑦⑧ 출처: http://image.search.yahoo.co.jp/search?ei=UTF8&fr=
top_ga1_sa&p=%E7%B5%90%E5%A9%9A%E5%BC%8F#mode%3Ddetail%26index%3D6%26st%3D369

② 가톨릭교회에서의 결혼식

사진은 「프로테스탄트교회식 결혼식(敎会結婚式)」을 올리는 장면[33]

(1) 사진으로 보는 기독교식 결혼식 식순

교회에서의 결혼식은 원칙적으로 신랑 신부 둘
중 적어도 한 쪽이 크리스천이어야 한다. 그러나
목사나 교회 운영자에 따라서 비기독교도라도 거
식이 가능할 수 있으므로 문의를 해볼 필요가 있
다. 또한, 호텔이나 결혼식장에 채플(예배당)이

33) ①② 출처: http://img4.blogs.yahoo.co. jp/ybi/1/40/43/tiaki820/folder/1036934
/img_1036934_27493803_0?1291875449

설치되어 있는 경우는 기독교도가 아니라도 거식이 가능하다. 사진은 간이 결혼식장인 바투르(BATUR)이다.

① 신주쿠(新宿)에 소재한 간이 결혼식장(BATUR TOKYO)

② 신주쿠(新宿)에 위치한 결혼식 전문점[34]

이치가야(市カ谷)에 위치한 호텔 그랜드힐 이치가야(HOTEL GRAND HILL)의
채플 전경과 실내 모습[35]

---

34) ①②는 저자가 촬영한 사진.
35) 저자가 촬영한 호텔의 결혼식장으로, 간이 교회예배당과 연회시설이 있다.

(2) 교회 결혼식의 좌석배치

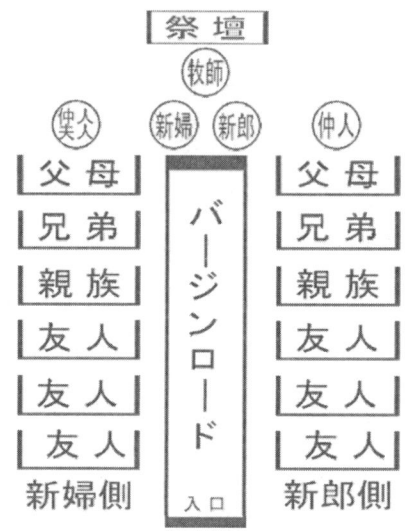

기독교 결혼식의 좌석배치는 단상 앞 정중앙의 좌측에는 신부와 그 중매인이, 우측에는 신랑과 그 중매인이 자리하고, 좌측에 순서대로 신부의 부모, 형제, 친족, 친구가 입석을 하게 된다. 그리고 우측에는 신랑의 부모, 형제, 친족, 친구 순으로 배석을 하게 된다. 그리고 신랑 신부가 입장과 퇴장을 하는 정중앙의 선을 버진로드라고 한다.

기독교 결혼식의 진행법이나 순서는 신자 여부와 프로테스탄트나 가톨릭 등의 종파, 교회나 결혼식장 등에 따라서 순서나 내용(內容)이 달라진다.

아래에는 프로테스탄트의 대략적인 결혼식 순서를 사진과 함께 기재하였다.

(3) 교회결혼식의 진행순서

1) 참가자 입장과 착석

교회에서의 결혼식은 먼저 참례자가 입장을 하고 나서 착석하게 된다. 제단을 향하여 우측에 신랑 관계자, 좌측에 신부 관계자가 착석한다. 입장 시에는 중앙의 버진로드를 밟지 않도록 주의 한다. 또, 버진로드 주변의 자리에 공석이 없도록 버진로드 주변의 좌석부터 앉게 된다.

2) 신랑 입장

신부가 결혼행진곡 연주와 함께 제단 우측으로부터 나코우도(仲人: 중매자. 일본의 경우 반드시 중매자가 결혼식에 참석하는 것이 통례)·친구들과 입장한다.

3) 신부 입장

신부가 부친과 함께 버진로드를 걸으면서 입장하는 모습을 지켜본다. 이때 일동은 기립하여 부친이 신랑에게 신부를 인도하는 것을 지켜본다.

4) 찬송가 합창

전원 기립한 채 오르간에 맞추어 찬송가를 부른다. 노래가 끝나면 착석한다.

5) 성서낭독 및 축도

목사가 성서 구절을 낭독하고, 신랑 신부를 위해서 하나님께 기도를 드린다.

6) 서약식

식의 중심이 되는 부분으로 목사가 「○○○○(신랑의 이름), 당신
은 △△△△(부부의 이름)과 하나님의 율법을 준수하여 혼인을 하
려고 합니다. 당신은 건강할 때에도 병이 들었을 때에도 항상 상대
를 사랑하고, 서로를 존경하며 서로 위로하고, 존중하며, 서로가 지
켜주며 목숨이 다할 때까지 굳게 정절을 지킬 것을 맹세합니까」 등
신랑 신부에게 결혼의 서약을 하게 하고, 신랑 신부가 참석자 앞에
서 결혼을 맹세한다.

서약문과 결혼증명서[36]

서약문
[저희들은 오늘부터 즐거울 때나 괴로울
때나 풍족할 때나 가난할 때도 건강할 때
나 병에 걸렸을 때에도 저는 당신을 사랑
하고, 위로하며 돕고, 평생 부부로서의 책
임을 다할 것을 약속합니다.]

결혼증명서
[이 형제와 자매는 하나님의 증인 앞에서
기독교에 의거한 결혼 서약을 하였습니다.
저는 이 결혼식에 참석한 내빈을 대표하여
성부와 성자 예수 그리스도와 성령의 이름
으로 이 두 사람이 부부가 된 것을 증명합
니다.]

---

36) yahoo japan의 이미지 사진을 활용하였다.

7) 결혼반지 교환

목사의 축복을 받은 반지를 상대의 왼쪽 약지에 끼워준다.

신랑이 신부에게 결혼반지를 끼워주는 모습[37]

8) 기도와 선언

신랑 신부의 오른손을 겹친 위에 목사가 손을 올리고 하나님의 축복이 함께하실 것을 기원한다.

9) 신랑 신부 퇴장

신랑 신부가 버진로드를 걸으면서 퇴장을 한다.

일본에서 거행되고 있는 이른바 「기독교 결혼식」은 기독교도의 결혼식을 모방한 결혼식이다. 즉, 진짜 교회당이나 성당이 아니고, 결혼식만을 위해서 인위적으로 만들어진 사설 교회당 풍의 시설(종교시설이 아니고 집회장으로 등록된 이른바 「결혼식교회」)에서 특정한 교단에 소속되어 있지 않는 사람들에 의해 거행되는 케이스가 대다수를 차지하

---

37) 출처: http://lh6.ggpht.com/showmedia.jp/SBrLpj4p7aI/AAAAAAAAAEA/OIVged
fTftQ/s800/IMG_7885. JPG

고 있다. 또한, 양식면에서도 가톨릭과 프로테스탄트를 혼동하고 있는 경우가 많다. 다만 정교회의 양식을 참고하는 경우는 없다.

현재 일본의 기독교도인은 전인구의 1% 정도이고, 신앙과는 관계없이 기독교식의 결혼식을 희망하는 사람들이 많이 있다. 매스컴 등이 기독교 결혼식의 선전을 반복하면서 일반화가 되고, 웨딩드레스 등이 멋지고 화려하다는 이미지 때문이다. 이와 같은 요구를 받아들여서 호텔이나 결혼식장에서는 이른바「기독교식 결혼식」플랜이 갖추어져 있고, 이에 따라 결혼식을 거행하고 있다. 일반적인 진행으로는 목사가 사회를 보고, 주로 먼저 신랑이 입장하여 제단 앞에서 기다린다. 웨딩부케를 들고 웨딩드레스를 착용한 신부가 에스코트하는 사람(보통 친아버지)과 함께 입장한다. 중앙통로를 지난 후 에스코트하는 사람이 신랑에게 신부를 인도한다. 그밖에 순서 등의 차이는 있지만, 찬송가, 성서 낭독, 선서, 신랑과 신부에 대한 축복, 반지의 교환 순서로 결혼식이 진행된다. 또한, 신랑 신부가 식장에서 퇴장할 때에 친구나 친족 등에 의해서 부케 던지기, 라이스 샤워, 플라워 샤워 등이 이루어지는 경우도 있다.

▌ 가톨릭교회의 결혼식

결혼식의 순서는 일본이나 다른 나라와 별다른 차이가 없다. 그러나 서양식과 조금 다른 점이 있는 결혼식이다. 신부는 웨딩드레스를 입고, 신랑은 양복을 입고 입장한다. 가톨릭 결혼식은 미사 중에 거행되고, 와인을 마신다.

가톨릭교회에서 결혼식은 「히세키(秘跡)」의 범주의 하나에 속한다. 즉, 단순히 사회적인 계약과 같은 의식이 아니고, 세례를 받은 두 사람이 그리스도와 교회 사이에 보이는 사랑의 유대를 모범으로 신앙에 기초한 결혼에 동의할 때 현장에 예수 그리스도가 임재하고 계시기 때문에 이 「히세키」를 통해서 하나님이 개입을 하신다고 믿는다.

따라서 결혼식을 원하는 두 사람 모두 가톨릭 신자인 경우에 한해서 「히세키의 결혼」이 성사되는 것이다(각국의 가톨릭교회에서는 보통 신도가 아닌 경우 결혼식을 할 수 없지만, 일본의 가톨릭교회에서는 교황청의 특별한 허가에 의해 한쪽 또는 쌍방이 가톨릭 신자가 아니어도 교회에서 정한 일정 기간 동안 결혼강좌에 출석할 것을 조건으로 거식을 인정하는 경우가 있다). 진행의 예를 들면 다음과 같다. 신부가 에스코트하는 사람(일반적으로 친아버지)과 함께 입장한다. 중앙통로를 걸으며 에스코트하는 사람이 신부를 신랑에게 인도한다. 성가, 성서의 낭독, 하나님 앞에서의 서약, 축복, 결혼서약서에 서명, 혼인부(婚姻簿: 혼인신고서에 해당) 기입, 반지 교환 등의 순서로 이루어진다. 즉, 다음과 같은 말로 서약을 한다. 「나는 부부로서 순탄할 때도 역경에 처할 때도 병이 날 때도 건강할 때도 평생토록 서로 사랑과 충실을 다할 것을 맹세합니다(私たちは、夫婦として、順境にあっても逆境にあっても、病気のときも健康のときも、生涯、互いに愛と忠実を尽くすことを誓います)」라고 신랑과 신부가 하나님과 사제, 그리고 참석자들 앞에서 결혼서약을 함으로써 결혼이 성립된다.

▌진젠식(人前式) 결혼식

교회나 신전에서의 결혼식처럼 신불에 결혼서약을 하지 않고, 부모나 기타 친족 또는 친한 친구들 앞에서 결혼서약을 하는 형태가 현재 진젠식이라고 부르는 거식의 한 형태이다. 신젠식과 혼동을 하지 않도록 진젠식을 히토마에식이라고도 부르기도 한다. 호텔이나 결혼식장에서 주관하는 경우가 많다. 진젠식의 경우 특정한 종교와는 무관하기 때문에 참석자마다 종교적 배경이 다르더라도 문제없이 식을 올릴 수 있는 장점이 있다. 거식의 진행은 대체로 기독교식을 답습하지만, (입장방법, 웨딩드레스, 반지교환, 선서 등), 그 이외에는 자유롭고, 입회자에 의해서 결혼의 승인이 이루어지는 특징이 있다. 승인의 증거로 입회인이 손뼉을 치거나 다양한 아이디어로 독창적인 거식이 이루어진다. 진젠식의 의식으로서 산산큐도(三三九), 미즈아와세노기(水会わせの義), 가이아와세노기(貝合わせの義) 등이 있다.

05 소기(葬儀)

소기는 사람의 죽음을 애도하기 위해서 거행되는 제의로, 장제의 일부이다.

5.1 개요

소기의 양식은 이를 거행하는 사람들의 사생관, 종교관과 긴밀한 관계가 있고, 종교의 차이가 그대로 장례양식의 차이가 된다. 또 소기는 고인을 위한 행사임과 동시에 남겨진 가족을 위해서 거행된다는 의미를 강하게 내포하고 있다. 남은 가족이 고인의 죽음을 어떻게 마음속에 받아들이고, 위치를 정립하고, 해석하고 처리하는가를 행하기 위한 원조가 되는 의식이 소기이다. 그 의미에서 소기는 문명이 발생하기 이전인 구석기시대부터 거행되어온 종교적인 행위라고 할 수 있다.

5.2 역사

현존하는 역사상 최초의 소기유적이라고 할 수 있는 유물이 이라크 북부에 있는 샤니다르 동굴에서 발견되었다. 이 동굴 속에서는 약 6만 년 전의 것으로 추정되는 네안데르탈인의 뼈가 발견되었고, 이 주변에는 그 동굴에서 발견될 수 없는 화분(꽃가루)이 발견되었다는 보고가 있다. 아마도 그 당시 사망한 사람을 애도하기 위해서 꽃을 사체의 주위에 놓아두었던 것으로 보인다.

5.3 소기의 양식

5.3.1 일본의 소기 관습

쓰야(通夜: 밤새기)는 고대의 모가리(殯: 시신을 매장하기 전에 관에 넣어서 잠시 빈소에 안치하던 일, 또는 그 의식)에서 발생하였다. 소기 전야제의 형태이다. 누군가가 잠을 자지 않고 지키고(교대해도 좋다), 새벽까지 등불이나 향불(출관 전에 고별을 맞이하여 관에 꽃이나 편지를 놓는다)이 꺼지는 일이 없도록 해야 하고, 또는 제액(魔除け)의 의미도 포함되어 있다. 근년에 들어서는 소방서가 식장에서 야간에 불을 피우지 않도록 지도하는 경우가 있고, 도시부의 장례식장에서는 쓰야를 하지 않고, 한쓰야(半通夜)의 형태로 밤에는 유족이 귀가를 하는 경우도 있다.

승려 등에 의한 소기가 끝나면 출관이 이루어지고, 대부분의 참석자들과는 헤어지는 것이 일반적이다. 출관을 할 때 고인이 사용하던 유품인 밥그릇을 쪼개거나 객실을 쓸어내거나 바구니나 절구를 굴리는 등의 풍습이 남아 있는 지역이 있다.

그리고 화장터로 가는 길과 귀갓길은 동일한 길을 지나지 않는다. 외길이라서 힘들지라도 가능한 같은 길을 지나지 않도록 노력해야 한다. 매장한 고인의 영이 달라붙지 않도록 하기 위함이다. 역으로 같은 길을 통과해야 한다고 하는 풍습도 있다.

소기가 끝난 뒤에 후리시오(振り塩: 소금 뿌리기)라고 하는 정화의 소금을 뿌리는 의식이 있다. 다만, 이는 신도에서 유래된 관습이고, 죽음을 게가레(穢れ)로 여기지 않는 불교의 교리에 반한다는 의견도 있고, 원래 이를 하지 않았던 정토진종을 중심으로 근년에는 거행하지 않는 경우도 있다.

유체를 안치할 때는 유체의 가슴 위에 액막이용의 칼을 둔다. 이를 마모리가타나(守り刀: 수호의 칼)라고 하는데, 이것의 유래는 무사의 사회에서 가타나(刀)로 악마를 자른다는 의미와 더불어 악마의 시종으로 여겨지는 고양이가 반짝이는 것을 싫어하기 때문에 가타나(刀)를 두어서 제액을 한다는 인식이 포함되어 있다. 유체를 안치하면 거기에 공양물로서 마쿠라메시(枕飯: 망자의 머리맡에 놓는 밥, 고인의 밥)와 마쿠라단고(枕団子)를 올린다. 마쿠라단고는 쌀가루 등으로 둥글게 만든 것으로 개수는 지역에 따라서 차이가 있고, 로쿠지조(六地蔵)와 로쿠도(六道)로 여섯 개라고 하는 설과 13불등의 형태를 본따 13개라는 설이 있다. 사망한 날로부터 한 개씩 늘려서 시주구니치(四十九日)[1]까지 49개를 장식하는 지역도 있다. 마쿠라메시는 밥을 밥공기에 가득 담고 젓가락을 꽂아서 장식한다.

---

1) 주인(中陰), 주우(中有)은 불교에서 사람이 죽고 난 49일간을 지칭한다. 망자가 저승으로 여행을 떠나는 기간이다. 시주구니치(四十九日)라고도 한다. 망자가 생(生)과 사(死)·음(陰)과 양(陽)의 협곡에 있을 때이기에 주인(中陰)이라고 한다.

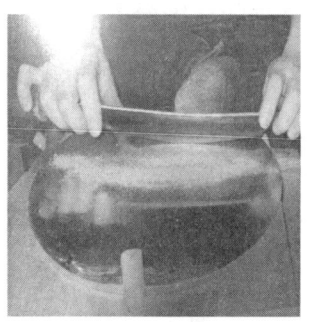
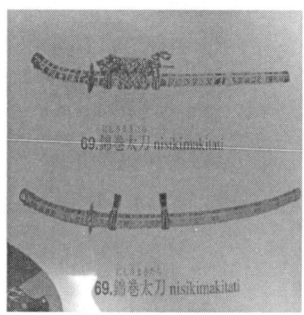

① 신교미가키(神鐘磨き)　　　② 다치(太刀)²⁾

　일반적으로 영결식은 도모비키(友引: 음양도에서 사물의 승패가 없다고 하는 날)의 날을 피하는데, 이것은 보통 "친구를 (죽음으로)부르지 않기 위한 배려"라고 한다. 그러나 원래 로쿠요우(六曜: 음양도나 민간력에서 길흉의 기준이 되는 여섯 날)는 불교와는 관계가 없다. 도박이나 승부수에서 비롯된 것으로, 도모비키는 「승부에서 친구와 무승부가 된다」라는 뜻으로 여겨져 온묘도(陰陽道: 고대 중국의 음양오행설이 백제를 통해서 일본에 전해져 토속신앙이 되었다)에서 유래되었다. 따라서 도모비키날에 고별식을 하지 않는 풍습은 미신이라고 할 수 있다. 화장터는 도모비키날에 휴업을 하는 곳이 많지만, 도모비키날에도 휴업을 하지 않는 곳도 늘고 있다.

　장례식 관습 중에는 묘지 등 매장하는 장소까지 송영하는 것을 노베오쿠리(野辺送り)³⁾와 산카이마와시(三回まわし)라고 하여 발인하기

---

　2) ①②는 『京の神祇裝束調度品伝統 平安からの継承』(京都神祇工芸協同組合, p.12, 14)을 인용하였다.
　3) 죽은 사람을 화장터나 매장지까지 배송하는 것, 그 행렬이나 장식을 지칭한다.

전에 관을 그 자리에서 세 번 돌리거나 건물을 세 번 돌거나 하여 발인하는 풍습을 일부 지역에서 볼 수 있다.

후리제니(振り銭)·후리모치(振り餅) 등, 장례행렬 때에 꽃바구니(花籠: 대나무 바구니의 대 여러 개를 빠개어 늘어뜨리고 종이장식을 단 것)에 종이돈이나 떡을 넣어서 떨어뜨리면서 장송을 하는 풍습도 있다. 또, 바구니에서 손으로 꺼내어 뿌리는 마키제니(撒き銭)·마키모치(撒き餅) 등도 있다.

또, 같은 일본에서도 오키나와는 중국문화의 영향을 많이 받아, 류큐의 신앙에 기반을 둔 소기의 풍습은 매우 특이하며(풍장(風葬), 세골(洗骨), 死亡広告의 項도 參照), 고별식 전에 화장을 하는 것이 보통이다. 또, 동북지방, 규슈지방의 일부에서도 고별식 전에 화장을 하는 경우가 많다.

▌조장(助葬)

조장이란 객사한 사람, 친족이 없는 생계곤란자나 신원불명인 등이 사망한 후 생전의 연고자나 관계자에 의해서 소기가 거행되지 않고, 대신에 사회복지사업단체나 자선사업단체, 또는 NPO 등에 의해서 거행되는 형태의 소기를 말한다. 홈리스 같이 생활보호 등의 지원을 받지 않고 있던 고인일지라도 조장을 담당하는 단체나 장의사에게는 화장에서 납골까지의 비용을 생활보호수단의 하나로서 각 자치체가 결정한 일정한 액수 내에서 지급되고, 공동묘지나 공동납골당에 유골을 안치하는 단계까지를 조장이라고 부르고 있다. 그런데 무연고자의 유골을 수습할 사람이 없어 유골을 납골당에 맡긴 채 인수할 사람을 기다리는 경우도 많다.

일찍이 1919년 11월에 도쿄에 「재단법인조장회」가 설립되어 있었다. 또, 19세기 중엽에는 대륙 지역의 홍콩, 상해나 외국에서 이주한 화교 및 노동자 등은 동향의 중국인 사회에서 부조활동으로 조장을 거행하고 있었다.

▌신도(神道)

신도의 소기를 신소사이(神葬祭)라고 한다. 신도는 죽음을 터부시하기 때문에 성역인 신사에서는 장례식을 거행하지 않고 고인의 자택이나 소사이바(葬斎場: 장례식장)에서 거행되는 경우가 많다. 현재와 같은 형태의 신소사이(神葬祭)는 불교식 소기를 강요하던 에도시대에도 신소사이를 계승한 신사에서 이루어지고 있다. 식이 거행될 때에는 중앙제단 옆에 영정을 두고, 제단 뒤쪽에 놓인 관 뒤에 메이키(銘旗)라는 고인의 이름이 적힌 깃발을 세워두는 경우도 많다. 그리고 그 주위에 등불, 사카키(榊: 비쭈기나무)[4]나 구모쓰(供物) 등을 제단에 올리기도 한다.

---

[4] 일본에서는 일찍부터 신사(神事)에 사용되는 식물이고, 「사카키(榊)」라는 국자(国字)도 여기에서 발생하였다. 이전부터 식물에는 신이 깃들어 있다고 생각하고, 특히 끝 부분이 뾰족한 가지 끝은 신이 내리는 요리시로(ヨリシロ)로서 어린 소나무(若松)나 오가타마노기(オガタマノキ) 등 다양한 상록식물이 사용되었지만, 근년에는 가장 친근한 식물로 가지 끝이 뾰족하고, 신의 요리시로(神のヨリシロ)에 합당한 사카키(サカキ)나 히사카키(ヒサカキ)가 정착되었다.

일반적인 식의 흐름은 우선 신쇼쿠(神
職)가 따뜻한 시오유(塩湯: 소금물)나 오
누사(大麻)[5]를 사용하여 유족과 참가자
및 장례식장을 정결하게 하는 슈바쓰(修
祓)가 거행된다. 그리고 신쇼쿠가 조상신
에게 제물인 신센(神饌)[6]을 올린다. 신쇼
쿠는 제문을 낭독하고, 고인의 생전 업적   사카키(榊)[7]
과 덕망을 언급하고 고인이 신이 되어 유족을 지켜주도록 기원한다. 참
가자는 다마구시(玉串)를 올리고, 2배 2박수 1배(二拜二拍手一拜)를
하여 고인을 추모한다. 이때 박수는 「시노비테(しのび手: 조용하게 치
는 박수)」로 한다.

또, 신도에서는 묘소를 「오쿠쓰시로(奧津城)」나 「오쿠쓰시로(奧つ
城)」라 하고, 묘비에도 「○○가의 오쿠쓰시로(家之奧津城−奧都城)」
라고 새기는 가정도 있다. 묘비의 끝 부분을 에보시(烏帽子)에 비유하
여 뾰족하게 만드는 외관상의 차이도 보인다. 「레이지(靈爾)」(불교의
위패에 해당)를 두는 경우는 불단 대신에 미타마야(御靈舍: 일종의 묘)
를 설치하는 경우도 있다.

---

5) 오누사(大幣)라고도 쓴다. 「누사ぬさ」란 『만요슈万葉集』나 『고킨슈古今集』에 누
사(奴佐)나 누사(幣)라는 기술이 있고, 모토오리 노리나가(本居宣長)가 『고지키텐
古事記伝』에 「누사(奴佐)는 신에게 공물의 의미로 하라에(祓)를 할 때에 올리는
것을 말한다」라고 해석했듯이 마(麻, あさ)나 목면 등을 신에게 바치는 공양물,
또 쓰미게가레(罪穢)를 씻는 하라에쿠시(祓串)나 아가모노(贖物)를 의미한다.
6) 신센(神饌)이란 일본의 신사(神社)나 가미타나(神棚)에 올리는 공양물이다. 미케
(御饌), 또는 미니에(御贄)라고도 한다. 신센(神饌)에는 조리하여 올리는 주쿠센
(熟饌)과 생으로 올리는 세이센(生饌) 등이 있다.
7) 출처: http://ja.wikipedia.org/wiki/%E9%A4%A8%E6%9E%97%E5%9F%8E.

현대 일본의 소기는 거의 불교식으로 거행되고 있는데, 이는 에도시대의 데라우케제도(寺請制度: 모든 국민이 각 절에 호적을 등록하게 했던 법률로, 장례식을 불교가 관장하게 하였다)에서 시작된 것으로, 불교가 민간인의 장례까지 담당하는 불교식 장례가 일반화되었다.

한편, 에도시대 말기에는 일본 고유의 신앙이라는 이름하에 신도부흥운동이 일어났다. 막부도 일반인들이 신도에 의한 소기를 거행하는 것을 인정하였지만, 일부를 제외한 대부분이 불교식으로 진행했다. 그러나 신도는 명치시대에 국가신도(國家神道), 신쇼쿠가 종교행위인 소기에 깊이 관계하는 것을 장려했지만, 신소사이는 별다른 진전을 보지 못했다. 근년에는 새로운 문화를 추구하는 사람들 사이에서 신소사이가 붓소(仏葬)보다도 경제적인 부담이 적은 점과 불교가 도래하기 전의 일본 고유의 조상숭배신앙으로 회귀하려는 의도에서 신소사이를 행하는 움직임이 엿보이고 있다.

천리교·금광교(金光教) 등의 교파신도에 있어서도 신소사이를 모티브로 한 독자적인 소기를 갖고 있는 경우가 많다.

① 오다우에마쓰리(御田植祭)의   ② 니이나메사이(新嘗祭)의
　신센(神饌)   　신센(神饌)[8]

8) ①② 출처: http://ja.wikipedia.org/wiki/%E7%A5%9E%E9%A5%8C

5.3.2 신소사이(神葬祭)

신소사이란 일본 고유의 종교인 신도의 소기이다.

▌역사

일본의 오래된 소기(葬儀) 양식은 신화세계에 등장하고, 고지키(古事記)의 아메노와카히코(天若日子)[9]의 소기 부분에서 그 모습을 볼 수 있다. 상세한 내용은 주석에 기술하였다.

---

9) 아메노와카히코(アメノワカヒコ, 天若日子, 天稚彦)는 일본신화에 등장하는 신. 아시하라노나카쓰노구니 평정(葦原中国平定)에서 아마쓰구니타마신(天国玉神)의 아들로 등장한다. 나카쓰구니(葦原中国)를 평정할 때에 파견된 아메노호히(天穗日命)가 3년이 지나도 돌아오지 않자, 다음으로 아메노와카히코가 파견되었다. 그러나 아메노와카히코는 오구니누시(大国主)의 딸인 시타테루히메(下照姫命)와 결혼을 하고, 아시하라노나카쓰구니(葦原中国)를 얻으려고 획책하여 8년이 지나도 다카노아마노하라(高天原)에 돌아오지 않았다. 그래서 아마테라스노오미카미(天照大神)와 다카미무스비(高皇産霊)는 나키메(鳴女)라는 꿩을 파견하여 돌아오지 않는 이유를 물었다. 그 말을 들은 아메노사구메(天探女)가 불길한 새이니 사살하도록 아메노와카히코에게 말하자, 그는 파견될 때에 다카미무스비로부터 받은 활과 화살(弓矢-아메노하바야(天羽々矢), 마카고유미(天鹿児弓))로 꿩을 사살하였다. 그 화살은 다카노아마노하라(高天原)까지 날아갔다. 그 때문에 다카미무스비는 「아메노와카히코에게 사심이 있다면 이 화살에 맞기를」이라고 주문을 걸어 지하세상에 떨어뜨리자 화살은 침소에서 자고 있던 아메노와카히코의 가슴에 적중하게 되었다. 아메노와카히코의 죽음을 애도하는 시타테루히메의 울음소리가 하늘에까지 들리자, 아메노와카히코의 아버지인 아마쓰구니타마는 지하세상에 내려와서 소기를 치르기 위한 모야(喪屋: 빈소)를 세우고 모가리(殯)를 하였다. 시타테루히메의 오빠인 아지스키타카히코네(味耜高彦根命)도 조문을 위해서 방문하였지만, 그가 아메노와카히코와 너무도 비슷하였기 때문에 아메노와카히코의 아버지와 처가 「아메노와카히코는 살아 있었다」라고 하며 껴안았다. 그러자 아지스키타카히코네는 「불경스런 망자로 오인하지 마라(穢らわしい死人と見間違えるな)」라고 화를 내며, 검을 뽑아서 모야(喪屋)를 베어 쓰러뜨리고 걷어차 버렸다. 따라서 이 장면이 일본 문헌에 보이는 최초의 신도식 장례장면이다.

10) 출처: http://ja.wikipedia.org/wiki/%E7%A5%9E%E9%A5%8C

불교가 전래되면서 급속하게 불교식 소기가 증가하였다. 또한, 에도시대가 되자 기독교 대비책인 데라우케제도에 의해서 불교식 소기가 강요되었다. 다만, 에도시대 중후기에 이르러 국학의 융성에 따라 국학자들이 일본 고유의 정신·문화로의 회귀를 부르짖는 가운데, 신소사이(神葬祭)의 연구도 이루어지게 되었고, 일본 고유의 신앙에 기초한 소기를 요청하는 신소사이운

아마테라스노오미카미
(天照大御神)[10]

동이 일어났다. 그 결과, 막부는 덴메이(天明) 5년에 요시다케(吉田家: 요시다가문)의 허가장이 발부된 신도신자와 그 후손만이 신소사이를 거행할 수 있도록 했다.

명치시대가 되자 정부의 진기정책(神祇政策)[11]의 일환으로 신소사이가 장려되었다. 그 예로, 신소사이 전용묘지로서 아오야마레이엔(青山靈園)[12]이 설립되었다.

---

10) 출처: http://ja.wikipedia.org/wiki/%E7%A5%9E%E9%A5%8C
11) 덴진치기(天神地祇)의 약칭이다. 천신은 「아마쓰가미」라고 부르고, 천상에서 태어나 지상에 내려온 신이다. 지기(地祇)는 「구니쓰가미」라고 부르고, 지상에 강림한 신의 자손, 또는 지상에 태어난 신을 말한다.
12) 1872년에 미노구니구조항(美濃国郡上藩: 현재 기후현 구조시(岐阜県郡上市)]의 한슈(藩主)였던 아오야마가문(青山家)의 시모야시키 사적(下屋敷跡)에 개설되었다. 원래는 신소사이 묘지였다가 1874년 9월 1일, 시민을 위한 공동묘지가 되었다. 1889년 도쿄후(東京府)로부터 도쿄시로 이관되었다. 1926년(다이쇼(大正) 15년) 이후에 사이바(斎場)를 비롯한 모든 부대시설이 도쿄시에 기증되었고, 일본 최초의 공동묘지가 되었다.

롯본기힐즈타워에서 조망한 아오야마레이엔과 벚나무 가로수[13]

1873년 7월 18일에는 화장이 불교의 장례관습이라 하여 금지되었다 (1875년 5월 23일 해금). 그러나 신불(神仏) 분리나 하이부쓰키샤쿠(廃仏毀釈)[14]에 따라서 지역마다 신소사이로 변경된 곳도 있다. 명치헌법에서는 신앙의 자유가 제한적으로 보장되었기 때문에 신소사이가 강요되는 경우는 없었다. 그러나 소기는 종교행위로 여겨지는 한편, 공무원에 해당하는 신쇼쿠는 종교활동인 신소사이를 거행하는 것이 금지되었으나 예외적으로 부현사(府県社) 이하 신사의 신쇼쿠는 인정되었다. 이 때문에 종교활동이 가능했던 교파신도를 제외하고 얼마간 신소사이의 보급은 정체되었다. 전후에는 신도가 종교로서의 역할을 회복하고, 점차 소기에 관여할 수 있게 되었다.

현재는 여전히 불교식 소기가 일반적이지만, 소기의 본래 의미를 알기 쉽다는 점과 경제적인 부담이 다른 종교에 비해 적다는 이유로 신소사이가 증가하고 있다.

---

13) 출처: http://ja.wikipedia.org/wiki/%E7%A5%9E%E9%A5%8C
14) 불법(仏法)을 폐기하고, 석가의 교훈을 기각한다는 의미로 명치 초기(明治初年)에 제정일치를 슬로건으로 한 정부의 신도 국교화 정책·신불 분리정책에 의해서 일어난 불교 배척운동을 말한다. 각지에서 불당·불상·경문 등이 파기되었다.

▌신도(神道)의 사생관

신도에서는 「사람은 모두 신의 자녀이고, 신의 힘을 입어 모태에 잉태되고, 이 세상에 태어나 그 역할이 끝나면 신들의 세계로 돌아가고, 그 후손을 보호해준다(人はみな神の子であり、神のはからいによって母の胎内に宿り、この世に生まれ、この世での役割を終えると神々の住まう世界へ帰り, 子孫たちを見守る)」라고 생각한다. 따라서 신소사이는 고인이 집안의 수호신이 되는 의식이 있다. 또, 신도에서 죽음이란 게가레(穢れ)[15]이므로 신이 임재하는 성역인 신사에서 장례를 거행하는 경우는 거의 없고, 고인의 자택이나 다른 사이바(斎場)에서 거행되고 있다. 그러나 오해해서는 안 되는 것은 신도에서 말하는 「게가레-穢れ」란 「불결·부정」을 의미하는 것이 아니라는 점이다. 육신의 죽음에 의한 슬픔 내지 발랄한 생명력이 감퇴한 상태를 「게가레(気枯れ)-기운이 마르다」=「게가레(けがれ)」로 여긴다.

▌특징

▶ 오쿠리나(諡号)가 붙여진다-불교의 대부분 종파에서 사후의 이름으로서 승려가 가이묘(戒名)를 하여 법명을 받는데, 신도에서는 이에 해당하는 것이 오쿠리나이다. 불교식 위패에 해당하는 레이지(霊璽, 혹은 미타마다이(御霊代)라고도 한다)에는 일반적으로 고인의 이름을 먼저 쓰고(최근에는 없는 경우가 많지만, 가이묘와 동일

---

15) 게가레란 시간·공간·물체·신체·행위 등이 비정상적인 상태·성질이 되어 있는 것을 나타내는 종교의 개념이다. 일본 불교와 신도의 관념 중 하나이고, 불결·부정 등 청정하지 않은, 오염되어 좋지 않은 상태를 말한다.

하게), 그다음에 고인의 평생의 업적이나 사망한 시기 등이 기록된다. 마지막으로 연령과 성별에 따라 성인남성은 「우시(大人)」라 하고 여성은 「도지(刀自)」 등으로 통일된 형태로 영호가 기록된다. 「우시(大人)」 이외에는 와카히코(若子: わかひこ)·와라코(童子)·이라쓰코(郎子)·히코(彦)·오기나(老叟)·오키나(翁)·오우나(大翁)·기미(君)·묘(命)·손(尊)·도지(刀自) 등이 붙여진다. 이에 반하여 여성의 경우 와라메(童女)·이라쓰메(郎女)·오도지(大刀自)·오나(媼)·오오나(大媼)·히메(妣)·히메(媛) 등 사망연령이나 업적에 따른 호칭이 붙여지기도 한다. 오쿠리나의 예로서는 ○○○○美志真心高根大人、○○○○早苗童女(사망한 여자어린이)(○○○○는 氏名)과 같은 형태가 있다.

▶ 센코(線香)는 사용하지 않는다―불교식 소기에서는 쇼코(燒香)를 하고, 레이젠(靈前: 영전)에는 센코를 피우지만, 신소사이에서는 쇼코나 센코를 사용하지 않는다. 신소사이의 경우 레이젠에 해당 하는 것은 다마구시호텐(玉串奉奠)이다. 다마구시란 사카키(榊) 등의 나뭇가지에 시데(紙垂)를[16] 단 것이다. 참례자의 정성을 표현하는 시데를 올리는 데 의미가 있기 때문에 사카키를 대량으로 준비를 할 수 없는 지역 등에서는 큰 사카키에 시데를 순서대로 매다는 가케다마구시(掛け玉串)라는 형태로 거행되는 경우도 있다.

---

16) 시데란 시메나와(注連繩)나 다마구시, 오누사(祓串), 고헤이(御幣) 등을 늘어뜨려 특수한 오리기(斷ち方)를 한 종이이다. 시데라고 표기하고, 시데(四手)라고도 쓴다. 「시데(しで)」라는 말은 동사 「시즈(垂づ―しづ)」의 연용형이고, 「시다레루(しだれる: 늘어뜨리다)」와 같은 어근이다. 일찍이 유우(木綿)를 사용하였지만, 현재 종이(紙)는 호쇼가미(奉書紙)·미노가미(美濃紙)·한시(半紙)를 사용하는 것이 일반적이다.

① 쓰야의 쇼코

② 다마구시

③ 일본의 제단[17]

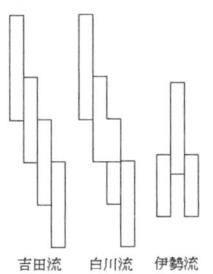

吉田流　白川流　伊勢流

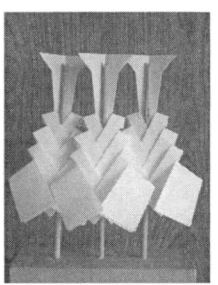

④ 시데의 종류에는 요시다류, 시라카와류, 이세류 등이 있다.

---

17) ①②③ 출처: http://ja.wikipedia.org/wiki/%E7%A5%9E%E9%A5%8C

⑤ 시메나와(注連縄)　　　⑥ 오누사(祓串)　　　⑦ 고헤이(御幣)[18]

> ▸ 용기에 쌀이나 술을 붓는 겐마이(献米)나 겐바이(献杯) 등의 의식
>   이 있다.

> ▸ 묘(墓)－신도의 묘는 오쿠쓰키(奥津城, おくつき=奥都城、奥城라
>   고도 한다)라고 한다. 형태는 일반적으로 진보메노무라구모노쓰루
>   기(神宝天叢雲剣)[19], 또는 에보시를 만들어 끝을 뾰족하게 하는데,
>   그렇지 않는 경우도 있고, 정면에 「○○게오쿠쓰시로(家奥津城:
>   무덤을 섬으로 비유함)」라고 새긴다. 성묘를 할 때에는 센코(線香)

---

18) ④⑤⑥⑦ 출처: http://ja.wikipedia.org/wiki/%E7%A5%9E%E9%A5%8C
19) 아메노무라구모노쓰루기(天叢雲剣)는 미쿠사노카무다카라(三種の神器, 3종의 신
　　기) 중 하나를 말한다. 미쿠사노카무다카라란 이자나기와 이자나미가 지상에 내려
　　올 때에 아마테라스노오카미(天照大神)으로부터 받았다고 하는 거울·검·옥을
　　말하고, 일본의 역대천황이 계승해온 미쿠사노카무다카라(三種の宝物)이다. 야타
　　노카가미(八咫鏡)·야사카니노마가타마(八尺瓊勾玉)·아메노무라구모노쓰루기
　　(天叢雲剣)(「草薙剣」)를 말한다. 아쓰미신궁(熱田神宮)의 신타이(神体)이다. 미
　　쿠사노카무다카라(三種の神器中) 중에 천황이 지니고 있는 무력의 상징이라고 한
　　다. 스사노오노미코토(スサノヲ命, 須佐之男命)가 이즈모노구니(出雲国)에서 쓰
　　러뜨린 야마타노오로치(八岐大蛇、八俣遠呂智)의 꼬리에서 나온 다치(太刀)로,
　　아마노무라구모(天叢雲)라는 이름은 야마타노오로치의 머리 위에 항상 구름기운
　　이 걸려 있기 때문이라고 한다. 별명은 한자로 아메노·무라구모노·쓰루기(草薙
　　剣－日本書紀)와 草那芸之大刀(古事記)로 표기되었다. 검은 스사노오노미코토로부
　　터 아마테라스노오카미(天照大神)에 봉헌되었고, 신이 지상에 내려올 때에 니니기
　　노미코토(ニニギ尊, 瓊瓊杵尊)에게 건네주었다.

는 피우지 않고, 사카키·쌀·소금·물·술 등을 올린다. 물론, 고인이 생전에 좋아하던 음식이나 꽃을 올려도 상관없다.

▶ 미타마야(祖靈舍)－미타마야(祖靈舍)란 불교식의 불단에 해당하는 것이다. 대개는 노송제이고, 일반적으로 불단보다도 간소한 것이다. 통상적으로 가미다나(神棚) 아래에 모신다. 보통의 예배 작법, 공양물 등은 가미다나와 같이 행하지만, 순서는 가미다나를 먼저, 미타마야(祖靈舍)를 나중에 한다.

▶ 아래 그림은 좌측부터 『묘』, 『외책』, 『부속품』과 입체도와 중앙에는 미타마야, 우측은 가미다나, 사카키, 쌀, 술, 가가미모치가 배설된 사진이다.

일본무덤의 구조

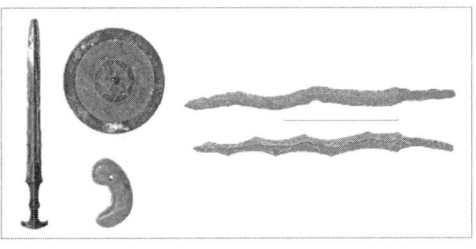

사진은 고지기와 일본서기에 등장하는 삼종의 신기(三種の神器)[20]

---

20) http://ja.wikipedia.org/wiki/%E7%A5%9E%E9%A5%8C에서 인용. 삼종의 신기란 거울, 옥, 검을 말하는데, 검의 경우 백제의 칠지도의 영향이 큰 것으로 보인다.

▌신소사이의 절차

(1) 마쿠라나오시(枕直し)의 기(儀)

이는 신소사이의 최초의 의식이다. 가미다나·미타마야에 고인의 사망을 알린다. 이후 가미다나 앞에 흰색 한지를 떨어뜨린다(가미다나도지 - 神棚封じ 라고 한다. 고주니치사이(五十日祭)로 후지(封じ)를 푼다). 고인에게 흰색 고소데를 입혀서 보통 머리를 북쪽으로 향해 누이고, 베갯맡에 마모리카타나(守り刀)를 둔다. 전면에는 제단을 설치하고, 쌀·술·소금·물 등과 고인이 생전에 즐기던 것을 올린다.

가미다나도지(神棚封じ)[21]

(2) 노칸(納棺)의 기(儀)

고인을 관에 입관하는 의식을 말한다. 뚜껑을 덮고, 흰색천으로 관을 덮은 후에 모든 사람이 예배를 한다. 뚜껑을 덮기 전에 사카키의 잎(榊の葉 - 비쭈기나뭇잎)에 물을 칠하여 입을 적시는 마쓰고노미즈(末期の水)의 행사를 하는 경우도 있다.

---

21) 출처: http://ja.wikipedia.org/wiki/%E7%A5%9E%E9%A5%8C

이때에 불교에서 말하는 「교가타비라(経帷子: 흰 수의)」에 해당하는 간고로모(神衣)라는 가리기누의 형태를 딴 흰색 의상을 입히고, 남성의 경우 샤쿠(笏)를 쥐여주고 에보시를 씌우고, 여성의 경우에는 부채를 쥐여주어 「가미사마노형태(神様の形)」를 만들게 된다. 즉, 유체는 경직되나, 그렇게 되지 않더라도 최근에는 드라이아이스 등으로 굳히는 경우도 있다. 이때는 의상은 덮기만 하고, 에보시는 머리맡에 놓는 경우가 많다. 태어났을 때의 우부유(産湯: 갓난아이를 씻김)와 반대인 사후의 유가마(湯釜)를 하고 나서 입힐 때는 부드러워지기 때문에 문제가 없다.

옛날부터 행해진 「유가마(湯灌)」는 고인의 신체를 씻어서 정결하게 하는 의식이다. 고인에게 가장 먼저 행하는 의식이고, 현세에서의 부정이나 고통 일체를 씻어서 정결하게 하고, 내세의 공덕을 기원하면서 진행한다. 인간이 때어났을 때에 가장 먼저 우부유에 들어 갔던 것처럼 환생을 위한 「우부유」의 의미도 있다고 한다.

(3) 쓰야사이(通夜祭) 및 센레이사이(遷霊祭)

쓰야사이는 불교식 쓰야에 해당한다. 그리고 센레이사이(遷霊祭)란 고인의 영을 레이지(霊璽)에 옮기는 의식을 말한다. 신쇼쿠가 사이시((祭詞)를 헌상하고, 유족은 다마구시를 올리고 예배를 한다. 즉 센레이사이는 「영혼을 옮기는 의식(御魂移しの儀)」을 행하고, 방을 어둡게 하고, 신쇼쿠가 고인의 영혼을 유체에서 레이지로 옮기는 의식이다. 이때 미세한 소리로 게이히쓰(警蹕)[22]가 거행되면서 북을 치기도 하는

---

22) 천황이나 귀인의 통행 시에 큰 소리로 길을 열도록 하는 행위.

데, 공포영화에서 볼 수 있는 「슈우우~ 둥둥둥(ひゅ~どろどろどろ)」
와 같은 효과음의 원형이 되었다.

(4) 소바사이(葬場祭)

고인에게 최후의 이별을 고하는 의식을 지칭한다. 신소사이 중 가장
중요한 의식에 해당한다. 조사 봉헌, 조전 낭독, 신쇼쿠에 의한 사이시
헌상(祭詞奏上), 다마구시호텐(玉串奉奠) 등이 거행된다. 불교식 소기
의 고별식에 해당한다.

(5) 가소사이(火葬祭)

유체를 화장하기 전에 화장터에서 거행되는 의식을 말한다. 신쇼쿠
가 사이시(祭詞)를 헌상하고, 유족이 다마구시를 올리고 예배를 한다.

(6) 마이소사이(埋葬祭)

묘지에 유골을 매장하는 의식을 말한다. 묘의 사방에 대나무를 세워
서 시메나와(注連繩)[23]로 두르고, 유족이 예배를 드린다.
신소사이에서는 화장터에서 유골을 직접 묘지로 옮겨서 매장한다.
그러나 최근에는 일단 자택으로 가지고 가서 이미아케(忌明け)[24]의 고
쥬우니치사이(五十日祭) 때에 매장하는 경우도 있다.

---

23) 시메나와(注連繩)는 신도에서 쓰이는 신사의 도구이고, 실이 글자의 형태를 이루도
록 시데(紙垂)를 단 밧줄을 가르킨다. 시메나와(標繩)・시치고산나와(七五三繩)로
도 표기한다.
24) 불교에서 사망 후로부터 49일간을 주인(中陰)이라고 한다. 이 49일간에는 염라대
왕에 의한 심판이 이루어지고, 유족은 이 기간동안 7일 간격으로 호요(法要)를 하
고, 고인이 극락에 갈 수 있도록 기원한다.

(7) 기카사이(帰家祭) 및 나오라이(直会)25)

화장·매장을 마치고 자택에 돌아와서 신쇼쿠의 하라에(祓: 부정을 제거하는 의식)를 받고, 집 앞의 현관에 소금을 뿌린다. 그리고 영전(霊前)에 소기가 무사히 끝난 것을 알린다. 그다음에 나오라이(直会)를 한다. 나오라이(直会)란 소기에서 신세를 진 신쇼쿠, 조역자(世話役)등의 수고에 대한 감사의 뜻으로 연회를 열어 접대한다. 이것으로 소기 의식은 끝이 나고, 이후에는 미타마사이(御霊祭)가 거행된다.

(8) 미타마사이(御霊祭)

진행순서는 도오카사이(十日祭), 하쓰카사이(二十日祭), 산주니치사이(三十日祭), 욘주니치사이(四十日祭), 고주니치사이(五十日祭), 햐쿠니치사이(百日祭), 이치넨사이(一年祭)의 형태로 거행된다. 불교식의 쇼나누카사이(初七日)가 도오카사이(十日祭), 시쥬구니치(四十九日)가 고주니치사이(五十日祭)에 해당한다.

지역이나 소기를 거행하는 신쇼쿠에 따라서 다른데, 하쓰카사이(二十日祭), 산주니치사이(三十日祭), 욘주니치사이(四十日祭)에서는 생략되는 경우도 있다. 즉, 1년 후에는 산넨사이(三年祭), 주넨사이(十年祭), 고넨사이(五年祭)가 이어지고, 이후 5년마다 미타마사이(御霊祭)를 거행한다. 산넨사이(三年祭)는 불교식 삼회기(三回忌)에 해당하는데, 불교식 삼회기는 사망했을 때를 기준으로 하여 일주기(一周忌)의 다음 해에 거행하지만, 신도식 산넨사이(三年祭)는 실제로 사망한 해로

---

25) 신소사이 종료 후, 신센(神饌)이나 미키(神酒)의 오로시모노(おろし物)를 참가자가 나누어 마시거나 먹는 음식의 행사. 다이조사이(大嘗祭)·신조사이(新嘗祭)에서 도요노아카리(豊明)의 세치에(節会) 등.

부터 3년 후(이하 五年祭·十年祭도 동일)가 되기 때문에 각별한 주의
가 필요하다.

▌쓰야(通夜)의 식순

접수준비(조문객을 접수할 준비를 한다)
→   접수개시
→   착석
→   승려 도착·입장
→   개회식
→   돗쿄(読経)
→   쇼코(焼香)
→   승려 퇴장
→   폐회식
→   쓰야후루마이(通夜ぶるまい)26)
→   요도기(夜とぎ)27)

---

26) 조문객에게 술이나 음식을 접대하여 감사의 뜻을 전하는 자리이다. 지방에 따라
    다양한 형태가 있고, 다과로 끝내거나 식권을 전달하는 경우도 있다.
27) 호지(法事)나 호요(法要)가 끝난 뒤에 먹는 식사를 말하고, 불교의 경우 호지, 호요
    시에 승려에 의한 돗쿄(読経)가 끝난 뒤에 식사를 하면서 친목을 다지고, 고인을
    추모하는 행사이다.

▌신관(神官)에 대한 사례

신도식 소기를 거행하기 위해서는 사이슈(斎主), 후쿠사이슈(副斎主), 사이인(斎員), 레이진(伶人)[28], 가쿠인(楽員)[29] 등이 필요하다. 규모에 따라서 증원하는 경우도 있다. 신쇼쿠에게 줄 사례금이 필요한데, 이는 다음과 같은 방법으로 준비한다.

> ▶사이슈(斎主)와 기타 신쇼쿠의 몫을 흰색 주머니에 넣어서 싸고, 주머니의 겉(表書き)에는 「오레이(御礼)」또는 「다마구시료(玉串料) 」라고 쓴다.
>
> ▶미즈히키(水引: 장식용 끈)를 두를 경우는 은이나 백색(불교식의 흑·백이 아니다)으로 한다.
>
> ▶기카사이가 끝난 뒤에 일괄로 전달한다. 따로 「미구루마다이(御車代: 차비)」도 준비하여 전달한다.

사례의 기준은 다음과 같다. 사이슈(斎主)는 0~10만엔, 사이슈 이외의 신쇼쿠 0~5만엔, 미구루마다이(御車代)는 0~2만엔 정도가 표준이다.

장례식장인 사이바(太宰府斎場)

---

28) 음악을 연주하는 사람. 특히 가가쿠(雅楽)를 연주하는 사람. 가쿠닝(楽人).
29) 악단(楽団)에 소속하여 연주를 하는 사람. 악단원.

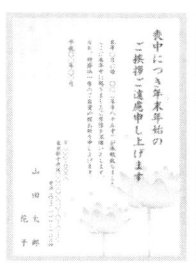

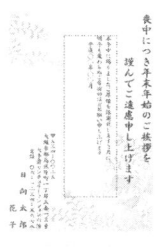
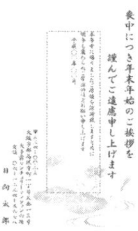

레이조(礼状)　호요노레(法要お礼)　아이사쓰조(挨拶状)

일본장례식에 사용하는 봉투

신시키(神式)의 신소사이(葬場祭)			
고레이 (御礼)	슈바쓰료 (修祓料)	미구루마다이 (御車料)	고쇼구지다이 (御食事料)
御礼 内田等	修祓料 畑田洋子	御車料 船田栄子	御食事料 佐藤国雄

참고문헌(参考文献)

· 加藤隆久著 『神葬祭大事典』戎光祥出版 ISBN 978 - 4900901308
· 礼典研究会編・小野和輝監修 『神葬祭総合大事典』雄山閣出版 ISBN 978 - 4639016700

5.3.3 불교식 장례식

다이묘(大名)의 장례 행렬,
『일본의 예의와 습관의 스케치』로부터,
1867년 출판[30]

일본에서 일반적인 소기는 붓시키(仏式: 葬式仏教, 이하 불교식이라 칭하기로 한다)로 거행된다.

1635년경에 국민을 가까운 절에 귀속시키는 데라우케제도(寺請制度)가 시작되었고, 1700년경에는 위패, 불단, 가이묘(戒名)와 같은 제도가 도입되어 소기에 승려가 참가하게 되었다. 이전에는 「소시키구미(葬式組)」라고 하는 촌락공동체의 그룹이 장례식을 주도했고, 관이나 장신구를 만들어 화장을 하거나 하였다.

정토진종과 니치렌종을 제외한 일본의 전통불교에서 소기는 고인에 대한 주카이세이부쓰(授戒成仏)가 주요한 의미를 갖는다. 즉, 고인을 불제자가 되기로 결심한 사람으로 간주하고, 카이(戒)를 받고, 성불하도록 하기 위한 의식이다.

정토진종에서는 교리상 무카이(無戒)를 위한 주카이(授戒)는 없고, 불덕을 찬미하고, 고인을 회고하면서 호샤(報謝: 보은)에 대한 감사의 뜻을 전하는 의식이다. 미신을 꺼리는 종교적인 풍조 때문에 날짜나 방향의 길흉을 선택하거나 마모리가타나(守り刀), 사카사뵤부(逆さ

30) 출처: http://ja.wikipedia.org/wiki/%E8%91%AC%E5%84%80

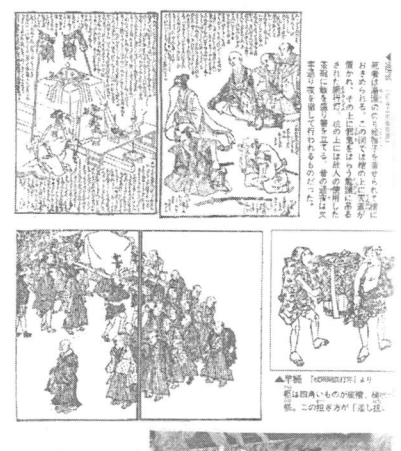

▲早桶 『KANDANJIKI』より
棺は四角いものが多く、棒かつ
ぎ。この担ぎ方が「苦しい」。

火葬場
［徳川時代］江戸時代の火葬場
明治初年のコレラ大流行の江戸の大墓場
の道順より、江戸での墓場がいていく小さ
な。午前・早朝・逝去・逝行、私とも小さ
かわりに大きな四ツ車『逝送』があった。墓
方にてはて次ぎ死といい、送り出るとは

에도시대의 쓰야 및
아야오케(早桶: 초라한 관),
장례식장과 장례풍경,
『大江戸ものしり図鑑』
(主婦と生活社、1994년)에서

屛風), 시니소쿠타이(死装束), 기타마쿠라(北枕), 로쿠분센(六文銭)의 후쿠소(副葬), 후리시오(振り塩) 등의 습속은 원칙적으로 거행하지 않는다.

니치렌소(日蓮宗)에서는 법화경을 주시(受持)하는 것 자체가 이미 카이(戒)를 지키는 것이라고 하여 사후에 다시 주카이를 하지는 않지만, 지역에 따라서는 쓰야를 할 때 주카이사호를 거행하는 경우도 있다.

소기의 순서는 종파나 지방에 따라서 다소 다르지만, 일반적인 순서는 먼저 사후에 곧바로 마쿠라쿄(枕経)[31]를 거행하고, 유칸(湯灌)[32]을

---

31) 마쿠라쿄(枕経)란 본래는 죽어가는 사람이 불안하지 않도록 안내하는 의미로 마쿠라모토(枕元: 침전)에서 죽음을 지켜보면서 오쿄(お経)를 낭독하는 것. 현재에는

불교식 장례식의 제단[33]

한 후에 노칸(納棺)을 하고, 쓰야를 거행한다. 다음날에 소기와 고별식을 하고, 화장·습골(拾骨: 뼈 모으기)이 끝난 후에 매장을 한다. 현대에는 장례식을 진행하는 사람들이 자주 만날 수 없는 경우가 있고, 회장이 장례식으로 활용되는 경우가 많이 있기 때문에 본래 7일 후에 거행되는 쇼나누카(初七日)에 연이어 진행하는 경우가 많다. 쇼나누카는 화장을 끝내고 자택에 돌아가는 도중에 소속 사원이나 보다이지(菩提寺)에 들러서 행하든가, 자택에 귀가하여 간코쓰(還骨)의 오쿄(お経)를 겸하여 거행하는 경우가 많다. 유명인 등의 소기에서 밀장을 한 후에 혼소(本葬)를 하는 경우, 본장이 끝난 후에 쇼나누카를 지키는 케이스도 있고, 이때는 사후 7일 이상 경과했더라도 쇼나누카로서 호요를 한다.

유족은 고인의 추도를 7일마다 49일간 거행하는데, 이 시기를 주우(中有), 또는 주인(中陰)이라고 한다. 쇼나누카는 이 시기에 최초로 행하는 호요이다. 원래 이 7일마다 거행되는 호요가 현대에 와서는 생활의 변화 때문에 그 회수가 적어지고 있다. 다음 주인호요의 날은 쇼나누카와 나나나누카(七七日)까지 모두 거행하도록 하고, 참가자의 사정을

사후에 곧바로 거행하는 의식의 하나이고, 고인에게 처음으로 경(経)을 들려준다는 의미가 있다. 종파에 따라서는 마쿠라교(枕経)를 하지 않는 경우도 있다.

32) 유칸(湯灌)은 소기를 지낼 때 유체를 목욕시키고 나서 세정하는 것. 간단하게는 세이시키(清拭)하는 것으로 끝내는 경우도 있다. 고인이 남성이면 수염을 깎아주고, 여성이면 시니케쇼(死に化粧: 죽은 사람에게 화장을 해주는 것)가 이루어진다. 지역 차가 있고, 자택에서 소기를 하는 경우에는 급수장치를 실은 전용차가 수배되고, 회장으로 전용 유부네(湯船: 욕조)가 반입된다. 간호사에 의한 간소한 세이시키(清拭)는 「엔젤서비스(エンジェル·サービス)」라고 칭한다.

33) 출처: http://ja.wikipedia.org/wiki/%E8%91%AC%E5%84%80

우선시해서 호요만을 거행하는 경우가 많다. 다만, 일부 지방에 따라서는 쇼나누카와 나나나누카(七七日)까지 모두 거행하도록 하고, 참가자의 사정을 우선시하여 토요일이나 일요일에 호요를 미루는 경우도 있다. 나나나누카호요(七七日法要)는 일반적으로 단바라이(壇払い)[34] 또는 단비키(壇引き)로, 고인의 유골이나 위패를 안치하고 있던 주인단를 제거하는 점에서 이와 같이 부르게 되었다. 단바라이를 끝내면 후쿠모(服喪) 기간이 종료되고, 유족은 일상생활로 되돌아간다.

▌소시키불교(葬式仏教)

소시키불교는 불교 본연의 형태에서 크게 벗어나 있다. 이는 현재 소기 때에만 필요로 하여 형식만 남게 된 일본의 불교를 야유한 표현이다.

개요

본래 불교는 장송의례를 중시하는 종교가 아니었다. 석가는 제자에게 사후 유해의 처리에 관한 질문을 들었을 때, 승려는 유해의 공양을 생각하지 않고 진리의 추구에 전념해야 한다고 했다. 그리고 공양은 일반 신자들이 해준다고 대답하였다. 현재도 승려가 유체·유골·묘석 등에 대해서 관여하지 않는 것은 이 때문이고, 전후 얼마간은 인보(隱亡)라고 부르는 사람들이 이러한 잡무를 하고 있다.

---

34) 단비키라고도 한다. 장례식 후에 제단을 정리하는 것으로, 장례식 후에는 주인제단과 영정을 설치한다.

현재는 산쥬우고니치(三十五日), 시주구
니치(四十九日) 등의 노고쓰(納骨)가 거행
될 때에는 석공업자나 장의업자의 직원이
절까지 배웅하여 묘석의 개폐나 유족이 유
골을 수합할 때의 조력자가 되어주는 경우　소토바35)
가 많다.

그러나 불교가 인도에서 중국으로 전파되고, 민중에게 교리가 전해
지는 가운데 중국의 도교나 유교에서 유래된 조상 공양의 민간신앙과
습합되고, 이어 불교는 장송의례도 담당하게 되었다. 예컨대 위패는 유
교의 장례에 사용되는 신주가 바뀐 것이라고 할 수 있다.

불교가 일본에 전래된 것은 6세기 중엽 아스카시대(飛鳥時代)의 일
이다. 불교는 호족 등 상류계급의 마음을 휘어잡게 되었고, 견실한 종교
로서 뿌리를 내리게 되었다. 헤이안시대 귀족의 소기는 불교사원에서
거행되고, 승려가 염불을 하고, 묘에 소토바(卒塔婆)36)를 세우는 등 불
교적인 영향을 많이 받게 되었다.

가마쿠라시대에는 서민층에도 불교가 유포되고, 서민 사이에서도 불
교식 소기가 거행되었다. 일본의 불교가 장식불교로 바뀌는 큰 전환점
은 에도막부가 정한 단가제도(檀家制度)37) 때문이다. 단가제도는 국민

<hr>

35) 출처: http://ja.wikipedia.org/wiki/%E8%91%AC%E5%84%80
36) 소토바(卒塔婆)는 산스크리트의 「stûpa」(ストゥーパ)의 음역(音訳)이고, 소토바
　　(塔婆)로 줄여 쓴다. 원래는 부처의 사리를 안치하기 위한 건축물을 의미했다. 단,
　　일본에서는 주로 소토바(卒塔婆)를 약칭하여 탑이라는 말을 사용한다. 현재의 일
　　본에서는 쓰이젠구요(追善供養)를 위해서 문자를 쓰고, 묘의 옆에 세워두는 탑의
　　형태를 한 나무로 된 것을 소토바(卒塔婆)라고 부르는 경우가 많다. 이것을 특히
　　이타토바(板塔婆)라고 부르기도 한다.
37) 단가제도는 사원이 단가의 소사이구요(葬祭供養)를 독점적으로 집행할 것을 조건
　　으로 체결되었다. 이는 사원과 단가의 관계를 말한다. 지단세이도(寺檀制度), 혹은

은 한 사원을 보다이지(菩提寺)[38]로 정하여 그 단가가 될 것을 의무화한 제도로, 기독교나 후주후세파(不受不施派)를 금지함으로써 신도의 개종을 강제하게 되었다. 이에 대항하여 일부 사람들은 「가구레(隠れ:은거)」를 강요받게 되었다. 이전까지의 민중의 소기는 일반적으로 촌락사회가 집행하는 것이었지만, 단가제도 이후에 승려에 의한 장례식이 일반화되었다. 또, 단가제도는 이른바 사원에 일정한 신도와 수입을 보증하는 한편, 타 종파의 신도에 대한 포교나 새로운 사원의 건립을 금지하였다. 이에 따라 각 사원은 포교의 필요성이 없어지게 되었고, 각 사원에 속한 단가의 소기나 제사를 운영하며 정기적인 수입에 변화가 없는 단조로운 생활에 안주하는 수밖에 없었다.

또, 명치 이후에는 정부의 「육식과 처를 두는 것은 자유(肉食妻帯勝手たるべし)」라는 포고를 구실로, 이전까지도 실제로는 파계(破戒) 상태에 있었지만, 노골적으로 승려가 처를 두는 일이 일반화되었다. 이 때문에 많은 사원에서 계율을 준수하는 승려가 아니라 처를 두면서 승려의 신분으로 생계를 이어가는, (실질적으로) 세속에 속한 사람들이 절을 대물림하는 세습제도가 일반화되었다.

근년에 들어 이와 같은 소기나 제사에 의존하는 일본불교의 세속화된 상황을 비판하는 의미에서 장식불교라는 말이 사용되게 되었다. 불교계 내부에서도 이러한 세속화를 반성하고 개혁해야 한다는 움직임이

지단관계(寺檀関係)라고도 한다. 또한, 에도막부가 기독교를 금지하려고 한 것을 나타낼 때는 특히 데라우케세이도(寺請制度)라고 한다.

38) 보다이지는 대대로 절의 슈시(宗旨)에 귀의해서 조상의 위패를 보관해두는 절(寺), 보다이쇼(菩提所)라고도 부른다. 여기에서 말하는 보다이란 「사후의 명복」을 지칭하고, 보다이를 애도하는 사원이라는 의미이다. 예를 들면, 도쿠가와케(徳川家)의 간에이지(寛永寺)나 마스가미지(増上寺)가 유명하다.

일어나고 있다. 전통적인 종파에 속하는 사원에서도 후토코(不登校: 등교 거부) 등의 사회문제를 비롯해 사람들의 정신적인 문제를 종교인의 입장에서 상담해주는 움직임이 일고 있다. 또, 장식불교적인 세속화 현상에 불만을 품은 사람들 중에는 기존 종파의 틀이나 관습을 초월하는 활동이나 아시아 등지의 해외 불교에 눈을 돌리는 사람들도 있다.

그리고 근년에는 과소화(전체 인구 및 청년층 인구의 감소와 노년층 인구의 증가 현상) 등의 진전으로 지역 내에서 소기의 수행이 어려워지고, 도시나 생활방식의 변화, 소기 양식의 다양화 때문에 장식불교조차도 유지가 어려운 사원도 있다.

▍화장 문화

여기에서는 유체의 처리와 소기를 명확하게 구분하여 설명하기로 한다. 양자는 같은 것으로 보기 쉽지만, '유체의 처리'는 태우느냐, 땅에 매장하느냐 등 유체를 취급하는 방법을 말하고, 소기는 유체 처리의 전후에 거행되며, 고인에게 경의를 표하는 의식이다. 물론, 이 두 가지는 분리할 수 없는 것이지만, 유체의 처리는 그 지역의 습속에, 소기는 그 시대의 종교와 깊은 관련이 있다고 볼 수 있을 것이다.

힌두교가 주류인 인도에서는 오래전부터 화장이 일반적이었다. 석가가 화장되었던 것도 당시 인도에서 성자의 장송으로서는 일반적인 것이었다. 힌두교도는 불꽃에 의해서 혼이 하늘로 올라간다고 생각하였다. 한편, 인도불교를 가장 명확하게 계승한 티베트에서는 현재도 천장(天葬－鳥葬)이 일반적이고, 화장하는 대상은 고승이나 고관에 한정되어 있다. 더욱이, 달라이 라마와 같은 최고위 승려는 미라로서 석탑에 안치되었다. 종교적으로, 혼이 빠져나간 신체는 물질에 지나지 않으며 새의 먹이가 되어도 상관이 없다고 생각하는 불교적 의미와 연기가 혼을 천상에 운반해준다는 민간신앙적인 의미가 내포되어 있다. 그러나 지리적 조건에서 보자면 티베트는 눈으로 덮인 고지이기 때문에 화장에 사용되는 장작을 손에 넣기가 힘들기 때문이고, 매장에 적합한 토지도 없다는 현실도 있다.

화장은 생각하기에 따라서 다양한 의미를 발견할 수 있다. 유체를 없애는 점에서 고인이 부활할 수 없다고 생각하는 문화는 많이 볼 수 있다. 예를 들어 중세 유럽의 마녀 사냥(魔女狩り)의 경우, 마녀는 부활할 수 없도록 파괴한다는 의미에서 화형을 집행했다. 부활을 중시하는 기독교나 이슬람교가 일반적으로 화장을 꺼리는 이유도 여기에 있다.

반대로 인도에서는 육체를 소각함으로써 해탈을 하여 천상으로 돌아간다고 하여 긍정적으로 받아들이고 있다. 불꽃에 휩싸임으로써 유체가 정화된다, 또는 연기와 함께 하늘로 승천한다고 생각하는 한편, 태움으로써 유체에 치욕을 준다는 문화도 있다. 또한, 현실적인 관점에서 보자면 설비가 불충분한 곳에서는 유체를 태움으로써 악취가 나기는 하지만, 부패시키는 것보다는 위생적이라는 이유도 있다. 일본과 같이 인구가 많고 국토가 좁은 지역에서는 화장을 함으로써 매장 장소가 절약된다는 현실적인 사정도 고려되고 있다.

일본에서는 화장을 당연한 것으로 여기고 있지만, 세계적으로 볼 때에 유체의 처리방법은 각각의 문화가 갖는 습속에 따라서 종교적 의미가 부여되고, 역사적인 경과와 함께 현재와 같은 형태가 되었다.

▌현대의 일본과 불교식 장의

일본인 대부분이 절에서 장례식을 올리게 된 것은 에도시대의 단가제도에 의한 영향이 크다. 도쿠가와막부(德川幕府)는 기독교를 금지하기 위해서 모든 국민에게 단도가 되는 것을 의무화하였다. 한 사람 한 사람이 슈몬닌베쓰초(宗門人別帳)[39]에 기재되고, 이것이 호적과 같은 역할을 하게 되었다. 이윽고 각 가정이 한 곳의 절을 보다이지로 삼아서 대대로 물려받도록 하였다.

그 후 자손들은 같은 절의 묘지에 매장되었지만, 현재는 단순한 관습으로 굳어졌기 때문에 사람들은 대부분 불교식 장례식을 거행하는 것에 의문을 갖지 않는 대신에 관심도 차차 식어갔다. 한편, 단가 이외의 절은 허용하지 않게 되었기 때문에 누구에게나 자유롭고 개방적인 신도에 비하면 불교는 갈수록 신자들의 이탈이 늘어나고 있다.

관광 목적으로 훌륭한 불상을 보고 돌아다니는 것은 좋아하지만, 일반적으로는 장례식이나 성묘, 즉 죽음에 관계된 것 이외의 기능으로서의 절의 역할은 점차 상실되어 가고 있다.

종교의 장점은 인간이 가장 두려워하는 죽음을 설명하고, 공포를 제거해주는 역할이다. 신도에 비해 나중에 전래된 외래 종교인 불교는 죽음에 대한 새로운 가치관을 조성하였다. 그러나 현대의 불교가 이를 사람들에게 전하는 기회는 소기 때뿐이다.

일본에서는 종교교육은 거의 이루어지고 있지 않다. 종교 문제에는

---

39) 슈몬아타라메(宗門改: 에도시대에 실시한 전 국민의 신앙 조사)의 결과를 기록한 장부. 본래는 개별적인 것이었던 슈몬초(宗門帳)와 인베쓰초(人別帳)가 합체된 것으로 소시(宗旨)의 기록임과 동시에 호적대장(戸籍台帳)의 역할도 있다. 슈몬아타라메초(宗門改帳). 소시인베쓰초(宗旨人別帳). 슈몬초(宗門帳).

과잉반응을 하고, 마치 종기를 만지는 것과 같은 취급을 한다. 이러한 상태에다가, 사람이 죽었을 때에는 무엇인가 의식을 하지 않으면 안되는 성격이다. 장송이라는 행위는 조상을 경외하는, 좀 더 원시적인 감정이나 죽음에 대한 공포에서 온 것이다. 옛날, 약 6만 년 전의 네안데르탈인조차도 고인에게 꽃을 바치는 것으로 보이는 행위를 했다고 하는 설도 있다. 종파에 따른 장례식의 순서는 형식에 지나지 않는다. 그러나 그 장례식을 통해서 죽음이라는 한 사람의 인생 최후의 이벤트와 마주하게 된다. 부처가 일반신자들에게 소기의 방법을 지시하고 떠난 것도 그것이 사람들의 신앙심을 위해서 필요한 것으로 생각했기 때문이었다.

장례식은 남은 가족들을 위한 것이라고 한다. 개인을 애도하고 경외함으로써 그 죽음을 받아들이고, 이를 극복할 수가 있다. 불교적으로 말하자면 죽음을 슬퍼하는 것은 수행이 완성되지 않은 증거라고 한다. 『マハー・パリニッバーナ・スッタンタ(Mahāparinirvāṇa Sūtra, 대반열반경)』에도 수행이 부족한 제자들이 흐느끼고 슬퍼하는 비통한 모습이 그려져 있다. 그러나 일반인이 이 경지에 도달하는 것은 좀처럼 쉬운 일이 아니다. 하물며 현대와 같이 사람이 죽어서 처음으로 절에 가는 것과 같은 상황에서는 친한 사람의 죽음을 쉽게 받아들일 수 있을까.

근년에 스피리추얼 케어(スピリチュアルケア, spiritual care)나 터미널 케어(ターミナルケア, terminal care)라는 것이 주목받고 있다. 스피리추얼 케어란 죽음을 앞둔 말기환자가 갖는 정신적인 통증을 완화하려는 것이다. 불교뿐만 아니라, 종교인은 이와 같이 죽음을 직면한 사람들에게 중요한 위로자의 역할을 해왔다. 형무소에서는 교도자가 사형수와 얘기를 나누고, 사형집행을 하기 전에 기분을 안정시키는 경우도 있다. 종교가 모든 사람을 구원시킨다고 할 수는 없지만, 오랫동안 지속

해온 지혜에는 누구나 할 것 없이 배워야 할 점이 많다.

자신의 명확한 의지로 무종교 장례를 선택하고 있는 사람은 물론이거니와 현대의 일본인 대다수는 사후에 절에 묻힌다는 것을 잘 알고 있으면서도 적극적으로 불교와 관계를 맺으려고 하지 않는다. 여기에는 죽음과의 대면을 지연하려고 하는 마음도 있을지도 모른다. 그러나 사후에 가이묘(戒名)을 짓는 것은 불교사원이 받아주기를 바라는 마음에 마지못해 불교 신자가 되는 것이다. 그 본래의 의미는 망각하고, 많은 액수의 돈을 투자하여 인교시(院居士) 등을 붙인 훌륭한 이름을 받는 것이 중요하다고 생각하는 풍조가 있다. 사후에 가이묘를 지어 받고, 호토케(仏 - 일본인은 사람은 누구나 죽으면 신이 된다는 인신(人神)사상을 믿고, 죽은 사람들을 호토케(仏), 즉 부처라 부른다)가 되어서 절에 묻힌다는 것이 무엇을 의미하는가 한 번쯤 생각해봐야 할 문제이다.

물론, 불교 측에서도 일반인에 대해서 현대의 사정에 어울리는 접근을 할 필요가 있다. 잘못된 생각을 갖고 있는 종교지도자들이 일으키는 사건 때문에 현대 일본인이 종교에 대해서 편견을 갖고 떠나가는 가운데, 최후를 일임할 수 있는 종교라는 것은 사람의 일생 가운데 중요한 역할을 지니고 있다고 할 수 있다. 사람이 죽음을 맞이할 준비를 할 수 있도록 도와주는 역할이 불교에 있기 때문이다.

▌불교식 소기의 순서

현대는 병원 침대에서 최후를 맞이하는 사람이 많은 것 같다. 또한, 일본의 소기는 94%가 불교식으로 거행된다. 이하에서 논하는 내용은 일반적인 불교식 소기의 흐름이다.

> 1) 자택 또는 병원에서의 임종
> 2) 유체의 반송
> 3) 마쿠라가자리(枕飾り: 제단 설치)·장의상담·노칸
> 3) 쓰야(通夜)
> 4) 고별식(告別式)·출관
> 5) 화장·뼈 수습(骨上げ)
> 6) 마무리(仕上げ)-간코스호요(還骨法要), 쇼진오토시(精進落とし)
> 7) 장의 후의 제반사

(1) 린주(ご臨終: 임종)

의사가 고인의 임종 후 사망을 알린다.

(2) 마쓰고노미즈(末期の水)

「마쓰고노미즈(末期の水)」는 「죽음의 물」이라도 하고, 마지막을 지켜보는 한 사람 한 사람이 고인을 배송하며 고별을 하는 중요한 의례이다. 고인과의 혈연관계가 깊은 사람부터 순서대로 한다.

> ▶마쓰고노미즈의 순서
> ① 밥공기에 물을 준비한다.

② 깨끗한 탈지면이나 거즈를 젓가락의 끝에 끼우거나 새 붓의 끝 부분에 밥공기의 물을 찍어, 고인의 입술을 적신다.

(3) 엔젤케어(エンゼルケア) - 유칸(湯灌)・세이시키(清拭), 미즈구로이(身繕い), 시니케쇼(死化粧)

유체의 유칸, 미즈구로이, 시니케쇼(死化粧: 망자의 얼굴에 화장을 하는 순서)를 한다. 본래는 장의사・노칸시(納棺師)의 손을 빌려서 유족이 행하는 것이지만, 병원에서 사망한 경우는 간호사 등이 사후조치의 일환으로 해준다. 이것을 「엔젤케어(エンゼルケア, 또는 엔젤서비스(エンゼルサービス))」라고 한다. 다만, 시니케쇼는 병원에서 하지 않고, 유족이 하든가 장의사에 의뢰한다. 즉, 병원에서 이들 사후조치는 보험 적용이 안 된다(실비 10,000~50,000円). 또는 엔젤케어와 혼동되는 경우가 많지만, 「엠바밍(エンバーミング, embalming)」이라고도 부르는 유체위생보존방법도 있다.

(4) 오후세(お布施: 보시)

승려의 정신적인 보시인 독경 등에 대해서 신자가 절에 재물로 보시하는 것을 의미한다. 보통 사후의 이름인 가이묘(戒名) 위에 붙는 인(院)은 황족이 출가할 때 호칭으로 붙는 것이고, 도노(殿)는 무사가 출가할 때 붙는 것이었으나 신사에 건물을 기증하거나 물질적인 공헌이 큰 사람에게 주어진 것인데, 가이묘를 돈을 주고 산다고 생각하는 것은 잘못된 것이다.[40]

---

40) 김용안, 『키워드로 여는 일본의 향』(2009, 제이앤씨출판사, 109쪽.)

(5) 유칸(湯灌)·세이시키(淸拭)

소기, 노칸에 앞서서 사망한 사람을 목욕탕에 넣는 의례를 유칸이라고 한다. 유체를 청결하게 하기 위한 것이지만, 몸을 청결하게 하여 내세에로의 여행을 하게 하는 의미가 있다.

유칸은 장의사가 하지만, 병원에서 사망한 경우에는 간호사가 의료행위로서의 사후조치와 병행하여 유체의 전신을 알코올 또는 따뜻한 물로 정성스럽게 닦는다. 이것이 「세이시키」로, 이를 미래의 유칸이라고 한다.

(6) 미즈구로이(身繕い)

유체의 갱의를 이른다. 여행을 위한 시니소쿠타이(死装束)로 갱의하는데, 고인이 즐겨 사용했던 기모노나 옷을 준비해서 입혀준다.

(7) 시니케쇼(死化粧, しにげしょう)와 메이크업(メイクアップ)

유체의 머리카락을 다듬고, 피부의 주름을 펴주고, 수염이나 털을 깎는다. 얼굴에 투병의 흔적이나 주름이 있는 경우에는 면(綿) 등을 사용하여 생전의 모습에 가깝게 한다. 고인이 여성이면 엷은 화장을 한다.

(8) 유체의 반송

병원에서 사망한 경우 가급적 신속하게 유체를 자택 등 소정의 안치소까지 반송을 해야 한다. 이 때문에 서둘러 유체를 반송하는 순서가 필요하다. 또한, 병원 밖에 유체를 운반할 때는 의사가 쓴 「사망진단서」가 필요하고, 반송처에 유체를 안치할 때는 근친(지인)의 도움을 받는 것이 바람직하다.

이하에서는 유체반송의 수배에서부터 유체의 안치장소를 향해 병원에서 출발할 때까지의 절차와 시행해야 할 것을 순서에 따라 안내한다.

(9) 유체반송차의 수배

유체를 병원에서 자택 등에 반송하는 데는 장의사에 연락을 취하고, 유체반송차를 수배할 필요가 있다. 법적으로는 유족이 자가용으로 유체를 반송해도 문제는 없지만, 장의사가 준비한 침대차가 안정적이고 갑작스런 사태에 대응할 수 있기 때문에 편리하다. 그 때문에 미리 장의사를 정해놓거나 임종 시점에서 장의사를 결정하는 것이 좋다.

일본에서는 만일에 대비해 임종 직후에 전국 규모의 장의지원 네트워크인 0120-02-6066에 연락이 가능한 서비스를 제공하고 있으며, 유체반송도 할 수 있는 양질의 장의사를 소개해주고 있다.

이 시점에서 장의사를 정하지 못했거나 병원에서 서둘러야 할 경우는 병원과 제휴하고 있는 장의사 등에 반송을 소개해주기도 한다. 다만, 이 경우는 유체의 반송만을 의뢰하게 되어 있다. 유체 반송만을 할 경우 미리 명확하게 해둘 필요가 있고, 소기도 그 장의사에게 일임시켜야 할 수도 있기 때문에 주의가 필요하다.

(10) 유체 반송처의 결정

장의사에 유체의 반송을 의뢰할 때에는 미리 반송처를 결정하고, 정확한 주소를 알려준다.

지금까지는 병원에서 사망한 사람의 유체는 고인이 살고 있었던 자택으로 반송하는 것이 당연하였다. 그러나 최근에는 「집이 좁으니까」, 「맨션이기 때문에 다른 주민에게 민폐가 된다」, 「고층계단으로 출입하는 것은 무리다」, 「주변에는 알리고 싶지 않다」 등의 이유로 자택 이외의 장소에 반송을 하고, 안치하는 케이스도 증가하고 있다.

자택 이외의 유체 안치장소로서는 사이바 등의 유체안치소나 보냉고가 있는 곳, 장의사의 유체안치실·보냉고나 화장터의 영안실·보냉고 등이 있다. 그러나 이들은 모두 일반적으로 유체를 맡겨두는 곳에 불과하므로 고인과의 편안한 이별이 가능한 장소라고는 할 수 없다.

또, 자택에서 유체안치를 할 수 없는 경우는 유체의 반송 이전에 소기를 담당하는 장의사와 장례식장을 결정하고, 유체의 안치장소를 확보해야 한다.

「무언의 귀가」라는 말이 있듯이, 유체가 되었어도 고인에게 추억이 많은 자택에 일단은 머물게 하고, 장시간이 아니기 때문에 좁을지라도 심사숙고하여 안치하고, 가족으로서 고인을 애도하고, 편안한 분위기 속에서 고별을 할 수 있도록 한다.

(11) 사망진단서 접수

유체반송의 수배가 되면, 반송차가 도착할 때까지 병원의 정산을 마친다. 이때 의사로부터 「사망진단서」를 수령하게 된다.

가족 등이 사망한 경우에는 7일 이내에 고인이 등록되어 있던 구시초손의 청사에 「사망신고서」를 제출해야 한다. 이때 사망진단서가 필요하고, 이것이 없으면 사망신고도 수리되지 않고, 화장·매장의 허가가 나오지 않는다. 따라서 사망진단서는 반드시 수령하여 소중하게 보관해야 한다. 또, 보험금이나 유족연금의 청구에도 사망진단서가 반드시 필요하기 때문에 미리 2통 정도를 떼어두는 것이 좋다.

유체반송 시에 사망진단서 휴대가 의무화되어 있기 때문에 유체 반송차에는 사망진단서를 보관하고 있는 사람이 반드시 동승하여야 한다.

(12) 사망신고서를 제출하면 고인의 자산은 동결된다

사망신고서가 청사에서 수리되면 사망진단서에 기재된 연월일을 소급하여 고인의 사망이 공적·법적으로 확정되고, 동시에 고인의 자산도 동결된다. 예컨대, 고인 명의의 예금계좌에서 현금 인출을 할 수 없게 된다. 이후, 고인의 자산은 유산이 되고, 법적 상속인이 확정될 때까지는 일체 손을 쓸 수 없다.

이 때문에 고인이 생전에 예금하고 있던 은행계좌가 있고, 이로부터 장의비용 등을 지불하도록 유언을 남긴 경우에는 가급적 임종 전에 해약하여 현금화해두는 편이 낫다.

(13) 근친자에의 연락

유체반송의 수배, 사망진단서의 수령이 끝나면 근친자에게만 연락을 한다. 특히, 자택 등 앞으로 유체가 운반되는 안치장소에 쉽게 도착할 수 있는 근친자에게는 사전에 양해를 구해둔다. 또, 고인의 종교·종파를 정확하게 알 수 없는 경우에는 손위 근친자에게 연락을 할 때에 확인해둘 필요가 있다. 종교·종파에 따라서 유체의 안치 방법이나 애도 방법에 차이가 있기 때문이다.

(14) 보다이지(菩提寺·檀那寺)에의 연락

보다이지가 있는 경우는 그 절이나 주지에게도 연락을 한다. 이때에 유체의 반송처와 도착 예정시각도 알려준다. 단가 쪽의 사람이 사망했을 때 보다이지의 승려는 쓰야에 앞서 유체 안치장소에 가서 「마쿠라교(枕経)」를 담당하기 때문이다. 즉, 이때는 정확한 종교·종파의 정보나 유체안치의 방법에 대해서 절에 확인을 해 두어야 한다 .

임종 직후까지 매장지원 네트워크에 연락을 해서 소개받은 장의사에 대한 의뢰가 결정됐다면, 장의지원 네트워크에서 보다이지에 연락을 해주므로 따로 할 필요가 없다.

(15) 병원 출발

상기의 순서가 끝나면 장의사가 보낸 유체반송차가 도착하기를 기다린다. 도착하면 유체를 싣고, 병원관계자에게 인사를 하고, 자택 또는 유체안치장소를 향하여 출발한다. 사망진단서를 소지하고 있는 사람은 반드시 유체반송차에 동승해야 한다.

(16) 마쿠라가자리와 장의상담 및 노칸

병원에서 자택 등에 반송된 유체는 쓰야까지 「마쿠라가자리」와 같은 간단한 제단을 준비하여 안치한다. 보다이지 등에서 승려를 불러서 돗쿄(読経)를 부탁하여 고인의 명복을 빌고 고별을 한 후에, 유체를 관에 입관한다. 또, 이 사이에 장의사 및 근친자와 소기에 대해서 상담하고, 필요한 준비를 한다.

이하에서는 그 순서에 대해서 기술한다. 쓰야 이후에는 식순에 따르고, 유족은 편안히 있을 수 없기 때문에 노칸 시까지 고인과 천천히 고별하는 것이 바람직하다.

(17) 유체의 안치

자택 등에 도착한 유체는 종파의 작법인 「기타마쿠라(北枕)」나 「니시마쿠라(西枕)」 등에 따라서 방에 안치한다. 고인이 사용하고 있던 담요가 있으면 그것을 깔고, 담요는 새것 또는 세탁한 흰색 제품을 사용해 유체를 안치한다. 이불이나 베개 또한 흰색 제품을 사용한다. 이불이나 베개는 장의사에서 준비하는 경우도 있다.

유체 흉부의 위치에 악귀퇴치용 칼이나 단도를 둔다. 칼·단도가 없는 경우는 얼굴을 다듬는 칼자루가 달린 면도칼이나 칼집이 있는 나이프 등도 상관없다.

얼굴에는 흰색 천을 씌운다. 병원에서는 사후경직의 조치로 유체의 양 손목이나 턱을 붕대로 묶는 경우가 있기 때문에 이때는 풀어 준다.

유체에 해당하는 위치에「마쿠라가자리」의 제단을 설치하고, 쇼코를 한다.「마쿠라가자리」는 후즈쿠에(文机: 독서대 또는 임시 제단의 받침대)에 흰 천을 걸치고, 시니소쿠타이(死装束: 수의), 젓가락 한 벌(一本箸)를 꽂은 이치젠메시(一膳飯)[41], 물, 마쿠라단고(枕団子) 등을 올리고, 쇼코를 할 수 있도록 센코, 향로, 등불을 둔다. 이들은 장의사가 준비해 준다. 이때까지 보다이지에 연락을 하고, 노칸 때에 승려를 초청하도록 한다. 아래 그림은 이치젠메시(一膳飯)의 모형도이다.

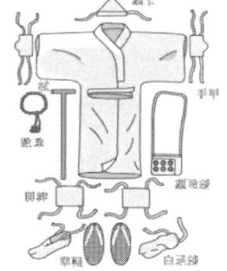

시니소쿠타이(수의)[42]

---

41) 고인에게 올리는 밥. 보통은 따로 나누지 않는다는 의미에서 젓가락을 세운다. 마쿠라메시(枕飯).

42) 출처: http://image.search.yahoo.co.jp/search?p=%E6%AD%BB%E8%A3%85%E6

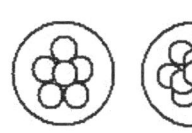  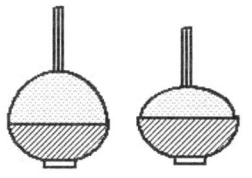

마쿠라단고 6개, 마쿠라단고 11개   마쿠라메시 남성용·마쿠라메시 여성용

마쿠라메시(枕飯) – 밥그릇이 큰 남성용

① 고인이 생전에 애용하던 밥그릇에 넘치도록 밥을 담아서 고인용으로 올린다.

② 고인의 밥그릇 이외에 하나를 더 준비한다. 흰색 밥그릇 안쪽을 물에 적셔준다. 그리고 양쪽에 지은 밥을 강하게 눌러서 가득 담는다.

③ 아래 그림과 같이 밥그릇을 합친다. 위아래로 흔든 다음에 흰색 밥그릇을 떼어낸다. 이렇게 하면 밥이 보기 좋게 솟아오른 상태가 된다. 마쿠라메시의 겹친 부분을 깔끔하게 정리한다. 생전에 사용하던 젓가락(お箸) 한 벌을 수직으로 세운다(없는 경우는 나무젓가락으로 대체한다).

%9D%9F&aq=0&oq=%E6%AD%BB%E8%A3%85&ei=UTF－8#mode%3Ddetail
%26index%3D198%26st%3D7586

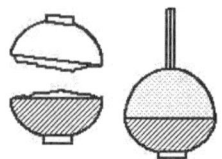

남성용 다카모리마쿠라메시(高盛枕飯)의 완성도

또한, 후쓰모리(普通盛り: 보통량)로 하는 경우는 아래의 여성용 마쿠라메시를 참조한다.

마쿠라메시 - 밥그릇이 작은 여성용

① 고인이 생전에 애용했던 밥그릇에 쌀 1인분(1合分)을 사용하여 고인용으로 짓는다.
② 고인의 밥그릇 외에도 밥그릇을 하나 더 준비한다. 흰색 밥그릇의 안쪽을 물로 적신다. 그리고 흰 밥그릇에만 밥을 남기지 않고 모두 담는다.

③ 아래 그림과 같이 밥그릇을 합친다. 위아래로 흔든 다음에 흰색 밥그릇을 떼어낸다. 이렇게 하면 밥이 보기 좋게 솟아오른 상태가 된다. 생전에 사용하던 젓가락(お箸) 한 벌을 수직으로 세운다(없는 경우는 나무젓가락으로 대체한다).

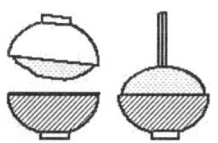

여성용 마쿠라메시의 완성도[43]

---

43) 출처: http://touwa24h.blog105.fc2.com/blog-entry-33.html

(18) 소기 협의와 준비

승려가 도착하기 전에 장의사 및 근친자와 소기 협의를 한다. 즉, 이 때까지 장의사에게「사망진단서」를 건네고,「사망신고서」,「화장허가 서」등의 수속을 대행해 받는다.

(19) 주요 협의사항

① 모슈(喪主), 세와야쿠(世話役: 조력자. 소기 위원장 등을 포함한 다), 접수, 회계, 접대, 승려안내 등의 역할을 결정하고, 역할분담 을 확인한다.
② 쵸지를 봉독하는 경우는 누구에게 부탁할 것인지 결정한다.
③ 일시, 소기의 형식, 사이바(斎場)·화장터를 확정한다.
④ 참석자 수를 예측해서 접대용 음식, 회장의례·고덴가에시(香典返 し: 답례품) 등의 수량과 내용을 결정한다.
⑤ 필요한 비용의 견적을 뽑고, 현금을 준비한다. 장의비용, 오후세 (お布施), 가이묘료(戒名料), 영구차 요금(お車代), 고코로쓰케(心 付け: 도우미 비용) 등 가급적 많은 액수를 준비하는 것이 좋고, 각각의 용도에 따라서 사용할 수 있도록 봉투도 준비한다. 고인의 예금 등을 사용할 때는 주의가 필요하다.
⑥ 임대의상, 기쓰케(着付け), 미용 등이 필요하면 그 수배를 한다.

(20) 관계자와 친족에의 연락

협의 후 소기의 개요가 결정되면 친족, 고인이나 유족의 관계자·근 무처, 이웃 등 참석자(会葬者)를 중심으로 나누어서 연락을 한다. 이때 에 조사를 하기로 예정된 사람에게는 특히 그 취지를 알려준다.

즉, 조나이카이(町内会: 작은 행정단위의 지역모임)·자치회 등의 책임자에게도 연락을 한다.

(21) 노칸(納棺)

보다이지 등의 승려가 도착하면 먼저 차 등을 대접하고 인사를 한 후에 고인 앞으로 안내하고, 마쿠라교(枕経)와 돗쿄(読経)를 하도록 한다. 마쿠라교(枕経)는 노칸 전에 고인의 베갯머리에서 하는 불교식 장의작법이고, 유족도 고인 앞에 대기를 하고, 함께 애도를 표한다.

마쿠라교가 끝나면 승려의 입회하에 근친자가 유체의 입관을 한다. 이때 유체에게 시니소쿠타이를 입히고, 고인의 애용품 등도 함께 수납한다. 화장 시에는 타지 않는 금속류는 노칸을 하지 않도록 한다.

사이바 등에서 쓰야(고별식)을 할 때는 노칸을 끝낸 유체를 유체반송차에 싣고, 자택에서 사이바로 이동한다. 이때 근방 사람들의 배송이 있는 경우는 출발 전에 상주(喪主)가 고인을 대신하여 고별의 인사와 사의를 표한다.

(22) 쓰야(通夜)

쓰야는 본래는 소기 전야에 유족 및 고인과 특히 친했던 사람들이 모여 철야를 하면서 유체의 곁에 함께하고, 센코·촛불이 꺼지지 않도록 하고(잡신의 침입을 막기 위함), 고인을 애도하며 고별을 아쉬워하는 절차이다. 즉, 고별식이 공적인 소기인 것에 반해 쓰야는 사적인 소베쓰(葬別: 고별)의 자리이다.

그러나 최근에는 쓰야에서도 일반조문객을 맞이하여 1~2시간 정도 쓰야식을 하고, 「쓰야후루마이(通夜振る舞い: 고인의 혼을 애도하기

위해서 행하는 춤)를 대접한 후에 끝이 난다. 그리고 요즘에는 「한쓰야 (半通夜)」가 주류가 되고 있다. 하루종일 거행되는 경우가 많은 고쿠베 쓰시키(告別式: 고별식)보다도 출석이 용이하기 때문에 쓰야 시에 조문 객과 가이소샤(会葬者)가 많이 있다. 이하에서는 사이바에서의 「한쓰야(半通夜)」를 기초로 한 쓰야의 절차와 순서・업무 등에 대해서 설명하기로 한다.

　　　※ 지역에 따라서는 쓰야 전에 출관-화장을 하는 경우도 많다.

　1) 제단 장식과 식장 진열
　장의사가 제단 장식, 식장・접수, 쓰야후루마이회장(通夜振る舞い 会場) 등을 설치하고, 유체의 입관을 끝낸 관을 안치한다(지역에 따라서는 쓰야 전에 화장을 하는 곳에서는 유골이 안치된다).
　유족・친족에게는 대기실이 준비된다. 갱의나 식사는 대기실에서 하게 된다.

　2) 헌화의 배열과 오쿠리누시(贈り主)의 확인
　헌화는 쓰야가 행해지는 사이바에 직접 배송된다. 담당자는 누가 보냈는가를 기록해둔다.
　헌화는 꽃다발이나 하나카고(花籠一基: 꽃바구니) 각각에 보낸 사람의 명찰을 다는 것이 일반적이지만, 이때의 배열순서에는 주의가 필요하다.
　기본적으로 고인과의 친분관계에 따라 상주-유족-친족-친구・지인-관계기업・단체 순으로 배열한다. 이 때문에 헌화를 배열할 때는 조력자(世話役)나 유족이 입회하고, 장의사의 장식 담당자에게 지시할 필요가 있다. 이때에 보낸 사람의 사회적 지위 등도 고려할 필요가 있지만, 저명인이나 공직에 있는 사람이더라도 유족·친족보다 상위에는 배치하지 않는다.

헌화 때 명찰을 붙이지 않고, 방명판을 설치하여 보낸 사람의 이름을 일괄적으로 게시하는 방법도 있다. 이 경우는 오십음순(五十音順)으로 배열하는 것이 일반적이다.

3) 레이조(礼状)·헨레이힌(返礼品)의 확인

조문이나 가이소샤(会葬者)에게 건네는 가이소고레이(会葬御礼) 등 레이조(礼状)·헨레이힌(返礼品)은 사전의 소기 회의에 기초하여 장의사가 설치하고, 식장에 준비하기 때문에 내용·수량 등에 누락이 없는지 확인이 필요하다.

4) 조문객 접수

정각이 되면 조문객 접수를 시작한다. 쓰야 때 접수처 주변은 조명을 밝게 하고, 식장 출입구는 개방해둔다.

장의 협의 시의 역할분담에 따라서 배치를 해둔다. 접수처는 한 곳이 아니라 고인과의 관계에 따라서 복수로 만들고, 방명카드 등으로 배열해두도록 하면 혼란 없이 접수가 가능하다.

접수담당자는 조문객으로부터 오쿠야미(お悔やみ: 애도의 말)·고텐(香典)을 받고, 방명카드도 접수하여 조회와 동시에 오레이(御礼)를 하고, 식장으로 안내한다.

회계담당자는 접수가 끝나면 방명카드와 고텐(香典)의 오모테가키(表書き), 성명·주소·전화번호·금액을 대조하고, 고텐 금액을 확인하고, 방명카드에도 기입한다. 또, 필요에 따라서 수하물의 보관 장소도 준비한다.

(23) 쓰야식(通夜式)

쓰야식(通夜式)이나 고별식에 유족은 정식 상복을 입는다. 상주를 필두로 고인과 혈연관계가 가까운 순으로 제단·관을 향하여 우측에 착석하는 것이 일반적이다. 반대로 좌측에는 장의위원장이나 서비스 역할자 순으로 근친자, 직장관계자 등이 착석한다. 종교·종파에 따라서 좌석의 배치는 달라질 수 있다. 고지한 시간이 되면 다음과 같은 순서로 쓰야식을 개시한다. 사회진행은 장의담당자가 행하는 것이 일반적이다. 먼저, 승려에 의한 돗쿄(読経)가 이루어진다. 돗쿄가 진행되는 동안 유족·친족의 순으로 그다음 순서인 쇼코(焼香)를 한다. 다음에 조문객·가이소샤의 쇼코가 이루어진다. 조문객·가이소샤는 쇼코가 끝난 순서로 퇴장하도록 하고, 「쓰야후루마이」의 자리로 안내하는 것이 통례이다. 이때에 레이조·가에시힝을 건네도록 한다.

가이소샤의 쇼코가 끝나면 승려로부터 고인을 애도하는 호와(法話"불법에 관한 얘기)와 설교가 이루어 진다.

이것으로 쓰야식은 끝나고, 상주가 인사와 감사의 말을 한 후에 「쓰야후루마이」의 자리로 이동한다.

> ※ 이후에도 근친자는 제단의 등·센코가 꺼지지 않도록 주의하면서 관을 지킨다.

▌정식상복

정식상복은 남성이 양장인 경우에는 검은색 모닝코트(モーニング
コート, mourning coat) · 싱글베스트(シングルベスト, single vest) ·
백색 와이셔츠(白ワイシャツ) · 줄무늬(ストライプ柄)의 깔끔한 바지
(ズボン) · 검은색 양말에 광택이 없는 검은색 민무늬 넥타이(黒無地ネ
クタイ)를 하고, 넥타이핀(タイピン)은 하지 않는다. 바지는 벨트를 사
용하지 않고, 멜빵(サスペンダー, suspender)를 사용한다. 구두는 검은
색에 무늬가 없고 끈이 달린 것을 신는다.

다만, 모닝코트는 그 이름대로 평상시의 정장이기 때문에 쓰야에서
는 검은색 정장과 넥타이에 흰색 와이셔츠를 하고, 어깨에 모쇼(喪章)
를 단다. 조문객이 모쇼를 달고 있는 경우를 볼 수 있는데, 이는 잘못된
것이다. 모쇼는 상가(喪家)가 다는 것이다.

와소(和裝: 기모노 차림)의 경우 남성은 구로하부타에(黒羽二重)에
소메누키이쓰쓰노몬(染め抜き五つ紋)의 나가기누(長衣)와 하오리(羽
織) · 센다이히라(仙台平), 또는 하카타히라(博多平)의 하카마(袴)에
구로몬후쿠(黒紋服). 단순한 색채의 가쿠오비(角帯)에 다비는 백색이
나 흑색으로, 다타미오모테(畳表) · 백색이나 흑색의 하나오(鼻緒: ㅅ
자 모양의 조리끈)의 조오리(草履)를 사용한다.

여성은 양장의 경우 광택이 없는 검은색 민무늬 원피스, 셔츠, 그리고
검은색 스타킹에 장식이 없는 검정 가죽 또는 스웨이드 소재의 구두
(pumps)를 신는다. 악세사리는 진주나 눈에 띄지 않는 검은 것으로 사
용하고, 가방도 광택 없는 검은색으로 도메가네(留め金: 잠금쇠)가 없
는 것을 소지한다.

여성의 와소는 구로하부타에에 소메누키이쓰쓰몬의 나가기로, 6월·9월은 히토에기누, 7월·8월은 로를 착용한다. 오비는 흑색 무지의 마루오비로 솔기를 아래로 묶는다. 한에리·시타기·쥬우반·다비 등은 모두 흰색으로, 조리는 검은색 천으로 만든 것을 신는다.

▌쓰야후루마이

「쓰야후루마이」는 쓰야의 조문객을 접대하는 자리이다. 쓰야의 조문에서는 오랫동안 머무르지 않는 것이 예의이기 때문에 오르되브르(전채요리)나 스시 등 간단하게 먹을 수 있는 요리를 접대한다. 지참이 가능한 오리즈메(折り詰め: 도시락의 일종)를 내놓는 경우도 있다. 「쓰야후루마이」의 자리는 일반적인 조문객과 유족·친족·근친자를 구분해서 나누는 경우도 있다. 「쓰야후루마이」에는 승려도 동석하도록 하고, 유족·친족이 접대를 한다. 승려에게는 별도로 지참 가능한 오리즈메(折り詰め) 등을 준비하는 경우도 있다.

▌간마모리(棺守り)와 숙박

쓰야는 본래 다음날 고별식까지 밤새 고인의 곁에서 관을 지키는 것이기 때문에 쓰야식 이후에도 유족·근친자는 교대로 숙박을 하고, 제단의 등불·센코가 꺼지지 않도록 해야 한다.

그러나 사이바(斎場)에 따라서 야간에는 폐관을 하여 숙박이 불가능한 곳도 있다. 또한, 숙박과 야간 이용이 가능한 사이바에서도 인원 제한이 있는 경우가 많다. 따라서 숙박을 하면서 관(棺)을 관리하는 경우는 장의사를 통해서 이불 등의 침구를 필요한 개수만큼 마련해둔다. 소기는 고인에게 경의를 표하고, 그 죽음을 받아들이고, 명복을 기원하는 자리임과 동시에 살아 있는 사람들이 자신의 생명의 중요성을 회고하는 기회라고 할 수 있다.

불교식 소기에서는 고인에 대한 「쥬우카이(授戒)」와 「인도」의 의미가 있다. 「쥬우카이」란 고인이 불제자로서의 가이리쓰(戒律)를 받는 것을 의미한다. 또한, 「인도」는 고인에게 현세에 대한 미련이나 방황을 끝내고, 내세에로의 안락한 여행을 하도록 인도하는 것이다. 수행(修行)을 마친 승려가 도시(導師)가 되어 이 「쥬우카이(授戒)」와 「인도」를 위한 돗쿄를 거행한다. 선종에서는 「인도」 시에 「가쓰(喝)!」로 잘 알려진 특유의 소리를 낸다.

소기는 일반적으로 쓰야가 끝나는 날 거행된다. 쓰야가 본래는 유족·근친자의 고별의 자리인 것에 반해, 소기는 일반적으로 가이소샤를 맞이하여 거행하는 공식적인 추도의 자리이다. 이는 장례식에 참가한 사람들이 입회하여 고인의 여행과 인도를 지켜보는 의미가 있다.

그러나 수도권에서는 쓰야에도 근친자 이외의 일반조문객이 가이소(会葬)를 하는 형식이 주류가 되고, 이 때문에 본래의 의미와는 다르게 소기 쪽이 유족·근친자 중심의 가이소샤가 되기도 하여 소기의 의미가 유형화되고 있는 면도 있다.

▌모닝코트와 정장 상복

남성의 정식 상복인 「모닝코트」는 공식적인 소기나 일주기까지의 호요 등에 상주, 친족, 근친자 등 중심적인 사람이 착용한다. 산카이키(三回忌) 이후의 제사에서는 착용하지 않는 것이 통례이다.

조사에서의 모닝코트 착용법(着方)

재킷	검은색 민무늬 모닝재킷. 단추가 하나 달린 피크트 라펠(ピークドラペル, 양복 깃의 일종)이 기본이다.
바지	바지의 시마가라(縞柄: 줄무늬)는 어두운 색의 깔끔한 것을 선택한다.
베스트	흑색 베스트 검은색 베스트에 흰색 에리(옷깃)를 푼다.
셔츠	레귤러 칼라(レギュラーカラ)ー더블 커프스(ダブルカフス) 레귤러로, 반드시 흰색 무지여야 한다. 가와리오리(変わり織り, 잔무늬)나 광택이 있는 소재는 피하고, 소매 입구는 커프스로 잠그고, 싱글 또는 더블로 한다.
넥타이	어두운 색 민무늬 무스비사게(結び下げ, 긴 매듭형)
멜빵	흑색을 사용한다. 벨트는 사용하지 않는다.

커프 링크스 (cuff links)		진주 또는 흑요석을 사용한다. 금속의 대(台)는 실버제품을 사용한다. 타이택(tie tack), 또는 타이바(tie bar)와 세트를 사용한다.
포켓치프 (pocketchief)		색에 상관없이 하지 않는다.
구두		스트레이트팁(straight tip, 구두 앞끝에 일직선 이음매가 있는 디자인)
		흑색 키드스킨(양가죽)이나 카프 소재의 레이스업(lace-up), 히모무스비(紐結び: 매듭의 일종) 타입을 사용한다. 양말 등 모두 흑색으로 통일한다.
장갑		흑색의 비단소재나 가죽 장갑을 사용한다.
염주		

블랙수트(正喪裝, black suit)란 일본 독자의 격식 있는 준예장이고, 검은색 양복 상하 한 쌍을 말한다. 아침부터 저녁까지의 경사, 축사에서 조사에 이르기까지 착용법에 따라서 관혼상제에 광범위하게 사용이 편리한 예장이다. 모닝코트(낮에 착용하는 예복)이나 디렉터즈수트 (director's suit, 낮에 사용하는 약식예복)보다도 간소화되었고, 일본에서는 1960년대에 관혼상제용 예복으로서 만들어졌다.

조사에서의 블랙수트 착용법(着方)

재킷	흑색 무지로 싱글과 더블이 있다. 피크트 라펠(ピークドラペル)로, 하나의 단추가 기본이다.
바지	재킷과 같은 소재로 흑색을 사용한다. 소매는 싱글. 재킷을 더블로 선택했을 때도 소매는 싱글을 사용한다.
베스트	색은 반드시 흑색이어야 한다. 실버그레이나 흰색은 피한다.
셔츠	레귤러 칼라 레귤러의 흰색 무지가 사용된다. 가와리오리(変わり織り)나 광택이 있는 소재는 피한다.
넥타이	제사타이 어두운 색의 민무늬 무스비사게((結び下げ)를 사용한다.
커프 링크스 (cuff links)	진주 또는 흑요석 등의 흑색 돌로, 다이(台)는 실버가 적당하다.
포켓치프 (pocketchief)	흑색 민무늬를 사용한다.
구두	흑색 키드스킨(양가죽)이나 카프 소재의 레이스업(lace-up), 히모무스비(紐結び: 매듭의 일종) 타입을 사용한다. 스트레이트팁(straight tip)
양말(靴下)	어두운 색 민무늬를 신는다.
염주(数珠)	

▌블렉포멀드레스 – 정식 상복

블랙포멀드레스(black formal dress)란 공식적인 소기나 일주기까지의 호요 등에 상주·친족·근친자 및 주요 소기 진행자 등이 착용한다. 색은 흑색에 한정한다.

로브몽탕트(robe montante(仏))를 원형으로 한 길고 두꺼운 소매의 옷이고, 저녁 정예장의 원형인 로브데콜테(robe décolleté)와는 대조를 이루는 스타일이다.

조사에서의 블랙포멀드레스 착용법

드레스	신체의 실루엣이 드러나는 디자인이나 화려한 장식은 피하고, 심플한 원피스·셔츠·앙상블 등을 착용한다. 나가소데가 원칙이지만, 여름에는 6부나 7부도 된다. 기장은 무릎에서 발목 사이로 한다.
액세서리	목걸이나 귀걸이 등은 흑색이나 백색 진주가 일반적이다. 흑색 오닉스·흑요석 등도 된다. 일본에서는 「불행이 겹친다」라고 하여 두 줄이나 세 줄로 된 제품은 피한다. 한 줄일지라도 롱타입은 화려하기 때문에 피하는 것이 무난하다.
모자	종교에 따라서 규정이 다른 점에 주의한다. 토크넷트벨 소프트오간질
가방	가방·장갑·스타킹 모두 흑색. 가방 장갑·스타킹

구두		흑색에 겉가죽·커프·스웨이드·광택이 없는 천제품으로, 펌프스 스타일.
후쿠사	후쿠사천의 오쓰쓰미이레	

블랙포멀수트(black formal suit)란 일반적인 소기·고별식·쓰야·일주기까지의 호요 등에 착용한다. 대부분의 경우에 통용되는 것이 이 준상복이다. 남성은 블랙수트를 착용한다.

조사에서의 블랙포멀수트 착용법

드레스	원피스·앙상블·팬티셔츠 등 스타일은 자유롭기 때문에 유행을 수용한다. 화려하지 않도록 신경 쓴다. 기장은 5부에서 긴 소매까지. 기장은 무릎 밑에서 미디(중간 길이)까지. 자시키의 경우도 많고, 플리츠나 플레어 의상이 움직이는 데 편하다.	
액세서리		목걸이나 귀걸이 등은 흑색이나 흰색 진주가 일반적이다. 흑색 산호도 사용된다.
가방		소형이고 광택이 없는 검은색 천이나 가죽 제품을 사용한다. 그다지 눈에 띄지 않는 디자인의 버클이 부착되어 있어도 상관없다.
장갑		장갑은 정식 상례용에 준하는 것으로 하고, 소지방법이 중요하다.
스타킹	흑색, 또는 살색도 상관없다.	

구두(靴)	

▌다크포멀수트 – 약식상복

다크수트(dark suit)란 급한 조문·쓰야·산카이기 이후의 호요나 소기 후에 시간을 두고 고인댁을 방문할 때에 착용한다. 수수한 색·무늬·디자인의 원피스나 수트를 입고, 남성은 다크수트를 착용한다.

조사에서의 다크수트 착용법

드레스	색은 검은색 외에 어두운 색 세미애프터눈 감각의 원피스·앙상블·수트 외에 블라우스와 셔츠나 상하 모두 동일한 소재의 단품 코디네이트도 상관없고, 바지 스타일도 상관 없다. 제약이 그다지 없기 때문에 화려하지 않게 한다. 소매가 없는 것이나 목이 깊게 파인 것이나 복잡한 디자인의 프릴은 가급적 피한다.
액세서리	목걸이나 귀걸이 등은 흑색이나 흰색 진주가 일반적이며. 흑색 산호도 사용된다.
가방	소형, 또는 중형의 가죽제도 상관없지만, 광택이 별로 없는 것을 택한다.
구두	흑색의 펌프스나 끈이 달린 것, 또는 화려하지 않은 쇼트 부츠가 좋다. 캐주얼한 디자인은 피한다.

현대식 염주

쇼코의 회수

종파	회수	센코의 개수
천태종 天台宗	1회 또는 3회	센코(線香)는 세 개를 세운다(三本立て).
신겐종 真言宗	3회	센코(線香)는 세 개를 세운다(三本立て).
린자이종 臨済宗	1회	센코(線香)는 하나를 세운다(一本立て).
소통종 曹洞宗	2회(1회째는 가쿠(額)로, 2회째는 아낌없이 (오시이다카즈)	센코(線香)는 한개세우기(一本立て)를 한다.
조토종 浄土宗	3회	센코(線香)는 하나(一本)를 둘로 나누어서 한다.
신소오다니파 (真宗大谷派) (東)	2회(1회째는 가쿠(額)로, 2회째는 아낌없이(오시이다카즈)	센코(線香)는 하나(一本)를 둘로 나누어서 한다.
조토신소혼간지파 (浄土真宗本願寺派) (西)	1회째는 가쿠(額)로, 2회째는 아낌없이(오시이다카즈)	센코(線香)는 하나(一本)를 둘로나누어서 불을 피우고, 향로(香炉)에는 횡으로 비스듬하게 넣는다.

5.3.4 기독교

▌가톨릭교회

가톨릭교회에서의 소기관은 현대 가톨릭교회의 정신을 가장 잘 나타내고 있는 제2차 바티칸 공의회의 문서 중 하나인『전례헌장(典礼憲章)』에서 엿볼 수 있다. 이 문서에「장례식은 기독교 신자의 죽음에 유월절의 성격을 더욱 명확하게 표현하고, 전례색(典礼色)도 포함하여 각 지방의 상황과 전통에 알맞는 것이어야 한다(葬儀はキリスト信者の死の過ぎ越しの性格をより明らかに表現し、典礼色も含め、各地方の状況と伝統によりよく適応したものでなければならない」(81항)라고 기술되어 있다. 현대 가톨릭교회의 소기는 이 문서의 영향을 받아서 개정되었고, 1969년에 발표되어 각 언어로 번역된 가톨릭교회의 의식서『소기』에 기초하여 거행되고 있는데, 그 전과 비교하면 두 가지 특징을 예로 들 수 있다.

첫째는 소기가「기독교 신자의 죽음에 유월절의 성격을 표현하는 것(キリスト信者の過ぎ越しの性格を表現するもの)」이라고 기술되어 있다. 즉, 죽음이 인간에게 있어서 완전한 끝이 아니고, 예수님을 믿음으로써 영원한 생명과 부활에 대한 희망을 갖는다는 것이다. 이 점에서 가톨릭교회에서는 신도의 죽음을「기텐(帰天: 하늘로 돌아가는 것)」이라고 부르기도 한다. 일찍이 가톨릭교회에서는 죽음과 관련해서 사후의 심판이나 연옥이나 지옥의 공포가 강조되는 경우가 많았는데, 이와 같은 사고방식도 이 시점에서 수정되었다. 이에 관해 <소기미사(葬儀ミサ)>에서 레퀴엠(requiem, レクイエム)으로 불렀던 조쿠쇼(続

唱) 등의 내용이 기독교 본래의 사생관에서 벗어난 것이라고 하여 폐지되었다.

두 번째 특징은 가톨릭교회의 소기는 전 세계가 일률적이지 않고, 지역 문화에 맞추는 유연성을 지니고 있는 점이다. 일본에서도 당연히 고유의 문화와 전통이 존중되는 형태로 소기가 이루어진다. 이 정신에 따라서 일본의 소기에서는 헌화에 쇼코를 하고, 가톨릭 신도가 아닌 참가자가 다수를 차지하는 현실을 반영하고 있다. 소기에서 사용되는 구체적인 용어나 고유의 표현은 가능한 피하고, 참가자 대부분이 가톨릭 신도가 아닌 경우는 미사를 대신하여「고토바노사이기(ことばの祭儀)」를 행할 수 있다.

가톨릭교회에서 소기는 고인을 위해서 기도하는 것은 물론이고, 남은 가족을 위해 기도하기도 하고, 하나님이 슬픔 가운데에 있는 유족을 격려해주시도록 기도함과 동시에 그리스도와 맺어짐으로써 그리스도가 돌아가신 후에 삼 일 만에 부활한 것과 같이 자신들도 그리스도의 죽음과 부활에 참여할 수 있다고 하는 신앙을 재확인하는 장이다.

전술한 것처럼 지역 문화에 합당한 소기가 되어야 한다는 점에서 현대 일본의 가톨릭교회 소기는「쓰야」및「소기」의 순서에 따라서 거행된다.

쓰야에서는 성서의 낭독, 성가, 고인을 위한 기도, 관에 대한 겐코(献香)와 참가자에 의한 헌화 또는 쇼코, 유족 대표의 인사 등이 거행된다. 쓰야는 교회에서뿐만 아니라 자택이나 장례식장에서 거행되는 경우도 있다.

소기는 교회에서「소기미사(葬儀ミサ)」라는 형태로 거행되는 경우가 많지만, 상황에 따라서 자택에서 거행되기도 한다. 또한, 참가자대부분이 가톨릭 신도가 아닌 경우는 참가자를 배려하여 미사 대신에 「고토바노사이기(ことばの祭儀)」라는 간단한 형태의 소기가 거행되기도 한다. 로쿠요(六曜)「도모비키(友引)」로 인해 소기를 꺼리는 경우는 없지만, 화장터가 휴업하는 경우도 있기 때문에 일정을 조정할 수도 있다.

일반적인 소기미사와 통상적인 미사와의 차이는 회장이 소기에 어울리게 장식되는 점과 성서 낭독·성가·기도·설교의 내용 등이 소기에 맞추어서 선택되기도 한다는 점이다. 미사에 맞추는 형태로 고별식과 장송이 거행된다. 고별식에서는 일반적인 소기와 동일하게 고인의 소개, 조문, 조전의 소개, 헌화, 유족 대표의 인사 등이 이루어진다.

미사 이외의 의식은 제사나 조제뿐만 아니라 신도식도 거행할 수 있다. 즉, 쓰야 및 소기 시에 사용하고 있는 제복색은 일찍부터 흑색을 사용하고 있었지만 자주색으로 대용되는 경우도 많아지고, 최근에는 흰색(부활의 희망을 나타낸다)을 사용하는 것도 권하고 있다.

또한, 사후에 특정한 날에 모여서 고인을 애도하는 일본의 습관에 맞추고, 일주기나 묘지쓰(命日) 등에 고인을 위한 미사나 기도모임이 이루어지는 경우도 있다.

가톨릭소기와 장송 순서

가톨릭은 바티칸을 총본산으로 하며, 로마 교황을 대표로 전 세계에 10억 이상의 신자가 있는 종교이다. 역사가 길고, 전통적인 의례가 중시되고 있다. 성수를 뿌리는 산스이(撒水)는 가톨릭의 독특한 종교의례이고, 성가가 불리어지는 것도 특징적이다. 또한, 성직자는 사제, 또는 신부(경칭)라고 불린다.

가톨릭은 교회에서 세례를 받은 교인 이외의 소기는 하지 않는 것이 원칙이지만, 일부 교회에서는 허용하기도 한다.

1) 환자의 도유(塗油)의 히세키(秘蹟)―서거 전 위독한 경우

가톨릭에서는 임종 직전의 상태에서 사제를 불러 환자에게 「도유(塗油)의 히세키(秘蹟)」(「성유 성사(聖油秘蹟)」)를 한다. 환자의 도유(塗油)는 가톨릭의 새크러먼트(성사(sacrament): 그리스도가 정한 신의 은혜에 보답하는 의식)의 하나이다.

먼저, 베갯머리에 흰 천으로 덮은 제단을 만든다. 불을 붙인 촛대를 좌우로 한 자루씩 배치하고, 그 사이에 십자가를 세우고, 그 앞에 성유 항아리(聖油壺), 성체(聖体), 교회에서 지참한 빵과 적포도주, 물, 타월 등을 둔다. 사제(司祭)가 죽어가는 환자의 이마에 손을 얹고, 얼굴과 양손에 성유로 십자가를 그리고, 모든 죄로부터의 해방과 영원한 안식을 하나님께 기원하는 의식이다. 성유를 바른 사람은 죄가 용서되고, 주의 은혜를 얻을 수 있다고 여겨진다.

2) 서거와 유체 운반 및 안치

성유 성사 후 서거 전 또는 직후에 「세타이하이료(聖体拜領: 영성체)」를 행한다. 「세타이(聖体: 성체)」란 그리스도의 피와 육신을 의미하며, 이를 비유하는 빵과 적포도주를 사제가 교회에서 지참하고, 죽음을 맞이하는 사람에게 준다. 이것이 불교식이나 신도식의 「마쓰노미즈」에 해당한다.

병원에서 사망했을 경우에는 서거 후 사후조리가 끝나면 신속하게 유체를 병원 밖으로 반송하도록 되어있다. 가톨릭의 소기는 원칙적으로 교회에서 거행되지만, 유체는 일단 자택으로 반송·안치를 하고, 노칸-쓰야제를 하는 것이 일반적이다. 유체의 반송에 대해서는 「일반적인 소기의 순서—(2)유체의 반송」을 참조한다. 기독교에서는 유체를 안치할 때 「기타마쿠라(北枕)」 등의 방위를 고려할 필요는 없다.

3) 노칸시키(納棺式)

자택에 운반·안치한 유체를 사제를 중심으로 유족, 근친자가 둘러싼다. 사제의 쇼도(唱導)로 기도→성서 낭독→성가 제창을 하고, 고인의 안식을 기원한 다음 「성수」를 유체에 뿌린다. 「성수」는 「정화된 물」이라는 의미이고, 사제가 기도를 하여 세정한 물이다.

사제의 기도가 끝난 후에 유체를 유족의 손으로 노칸한다. 손을 가슴 위에 얹고, 그 위에 십자가와 로자리오를 두고, 유체 주변을 꽃으로 장식한다. 관의 뚜껑을 덮고 난 후에 검은 천으로 덮고, 하얀 꽃으로 만든 십자가를 위에 둔다.

사제의 기도와 고인을 기리는 말→성가 제창→전원 기도 후에 사제, 유족, 친족, 참가자 순으로 물을 뿌린다.

4) 쓰야사이(通夜祭)

가톨릭에는 쓰야의 관습은 없지만, 최근에는 프로테스탄트의 「전야제」에 맞추어 거행되는 경우가 많다.

먼저, 관의 머리 부분에 십자가와 불을 붙인 촛대를 좌우로 두고, 꽃으로 장식한다.

사제가 기도를 한 후에 성가 제창→성서 낭독→사제의 설교와 함께 전원이 기도를 하고 사제, 유족, 친족, 참가자 순으로 산스이(撒水)를 한다. 일본에서는 성수를 뿌리는 것이 익숙하지 않기 때문에 향(香)을 태워서 뿌리는 「산코」나 헌화를 하는 경우도 있다.

불교식과 같은 「쓰야후루마이」는 없지만, 사제의 설교 후에 간단한 다과로 고인을 애도하는 집회를 거행한다.

5) 출관식

가톨릭에서는 교회에서 소기를 하는 것이 일반적이다. 유체는 일단 자택에 안치하여 노칸을 하고, 소기를 위해 교회로 가는 것을 「출관」이라 부른다. 이 때문에 출관에 앞서 신부를 초청하여 「출관식」을 행하고 있다.

「출관식」은 신부가 출관의 기도를 하고, 유족은 고인과 마지막 고별을 한다. 그 후에 신부의 인도로 영정과 함께 관을 교회로 운반한다.

최근에는 교회에서의 장례식 후 화장터로 가기 전에 「출관식」을 하는 케이스도 늘고 있다.

6) 소기와 고별식

가톨릭의 소기는 「입당식」, 「미사성제식」, 「사도시키(赦祈式: 사도 예절(赦禱禮節), absolution of the dead)」의 세 종류 의식으로 구성되고, 이른바, 「고별식」은 아니다. 이중에 「미사성제식」은 세례를 받은 가톨릭 신자에게만 거행하고, 고인이 가톨릭 신자가 아니면 생략한다.

7) 입당식

성가연주 중에 십자가를 선두로 사제가 선도하여 관이 성당 중앙에 운반되고, 제단에 유체의 발이 향하도록 안치한다. 관 위에 꽃이 달린 십자가를 두고, 그 주위를 점화한 촛대 여섯 개와 꽃으로 장식한다. 사제와 참가자가 기도한 후에 제단과 관에 물을 뿌리고, 사제가「유사이(入祭)」의 말을 한다. 이것이 일반적인 불교식 장의의 개식사에 해당한다.

8) 미사성제식

「미사성제식」은 가톨릭에서는 가장 중요시되는 장엄한 의식이고, 고인이 가톨릭 신자일 경우에만 거행된다.

사제가 수제자와「고인을 위한 미사의 기도」를 올리고, 참가한 신자도 쇼와(唱和: 말이나 노래에 화답함)를 하여 그리스도에 대한 감사와 고인의 안식을 기원한다. 미사에는 성체 배례도 포함되고, 신자가 아닌 참가자는 조용히 지켜본다.

미사가 끝나면 사제는 일단 제복을 갈아입기 위하여 퇴장한다.

9) 샤도시키(赦祈式)

「샤도시키」는 고인의 생전의 죄를 사하여 주실 것을 하나님께 청하고, 소천하여 영원한 안식을 얻을 수 있도록 기원하는 의식이다. 고인이 가톨릭 신자가 아닌 경우에는「미사성제식」은 하지 않고,「샤도시키(赦祈式)」가 소기가 된다.

제복을 갈아입은 후 사제가 다시 입당하고, 기도→성가 제창 후에 향로와 성수를 든 수도사가 따르는 사제가 관 앞에 서고, 성수를 뿌려서 고인의 죄를 정결케 한다. 다시 향로를 흔들면서 관 주위를 돌고, 고인의 안식을 기도하는 「산코」를 거행한다.

마지막으로 사제가 기도를 하고 성가 제창을 하면서 끝난다.

10) 고별식

가톨릭의 일반적인 소기에서는 「고별식」은 거행되지 않는다. 「샤도시키」가 끝나면 관도 퇴당하고, 사제도 수제자도 퇴장하여 소기는 종료된다. 그러나 일본에서는 대부분 산코(撒香)에 이어서 일반적인 소기 형식에 준한 「고별식」이 거행된다. 이때는 미리 교회의 양해를 얻는 것이 중요하다. 가톨릭교회 중에는 엄격하게 「입당식」, 「미사성제식」, 「샤도시키赦祈式」 세 가지 외는 인정하지 않는 경우도 있다.

「고별식」은 사회자가 개식을 알리고, 고인의 약력 소개→조전 낭독→조사 봉독→유족대표 인사의 순으로 진행된다.

마지막으로 성가의 오르간이 연주되는 가운데 사제에 이어서 유족이 헌화를 하고, 참가자도 선착순으로 헌화를 한다. 헌화 후, 성가를 합창하면서 끝난다.

11) 화장과 매장

기독교의 소기는 매장이 일반적이지만, 일본에서는 대부분의 자치체가 매장을 금지하고 있기 때문에 화장 후에는 관을 화장터로 옮긴다.

화장터에 도착하면 화장로 앞에 관을 두고, 성가 합창을 하고, 사제가 기도를 한 후에 사제와 참가자의 성구 교창이 이루어지고, 산스이, 산코 후에 다시 사제의 기도, 성구 교창을 하고나서 화장을 한다.

화장 후에는 분골을 수습하는 「호네아게(骨上げ)」가 진행되며, 이는 기독교방식은 아니다. 두 사람이 한 조가 되어 유골을 수습하는 「하시와타시(箸渡し)」는 필요가 없고, 각자가 젓가락으로 집어서 고쓰쓰보(骨壺)에 직접 넣어도 상관이 없다.

화장 후에는 그대로 묘지에 매장하기도 하지만, 자택에 가지고 가서 안치한 뒤 여덟 종류의 추도미사에 따라서 매장하는 경우가 많다.

12) 추도미사

가톨릭에서는 매년 사망한 날로부터 3일째, 7일째, 30일째에 「추도미사」를 거행한다. 신부, 유족, 근친자 등이 교회나 자택에 모이고, 성서 낭독과 성가 합창 등을 하고, 오차카이(お茶会: 차를 대접하는 것)를 열어서 고인을 애도하는 것이 일반적이다.

이른바 「고텐카에시(香典返し)」는 30일째의 추도미사 때에 거행하는 것이 통례이다.

■ 프로테스탄트

프로테스탄트의 소기에 대해, 서양에서는 하루만에 소기와 매장예배를 끝내는 경우가 많지만, 일본에서는 불교의 매장양식에 익숙한 참가자의 편의를 봐서 전야와 당일 이틀에 걸쳐서 전례(典礼)를 하는 경우가 적지 않다. 이 전야의 식전은 주술적인 필요 때문에 유체를 지킨다는 것을 의미한다. 「쓰야」를 피하고, 「전야식」, 「전야기도」 등으로 불린다. 전야식은 자택에서 거행하는 경우도 있지만, 교회당에서 행하는 경우도 많다.

고별식은 예배 그자체이기 때문에 그 식순은 기본적으로 통상의 주일예배와 같고, 고인이 지상에서 행하는 최후의 예배로 의미를 부여하는 교파도 있다. 따라서 기본적으로 교회당에서 거행되고, 기도, 성서낭독, 설교, 찬송가, 축도 등으로 구성되어 있다. 이에 부수적으로 친구 등에 의한 추도사, 유족의 인사, 헌화 등이 추가되는 경우가 많다. 고인의 약력 소개·추억의 피로연 등은 목사의 설교로 구성되는 경우도 있고, 개별적인 항목이 되는 경우도 있다.

　기독교, 특히 프로테스탄트에서는 인간의 죽음은 혐오스러운 것이 아니고, 인간의 영혼이 지상의 육체를 이탈해 하늘에 계시는 하나님과 예수그리스도가 있는 곳으로 소천하는 것이고, 예수그리스도의 재림 때에 부활하기 위한 준비에 지나지 않는다. 이 점에서 프로테스탄트의 여러 종파에서는 신도의 죽음을 「소천」이라고 부르는 경우가 있다(승천이 아니다). 따라서 죽음이란 천국에서 고인과 재회할 수 있을 때까지의 일시적인 이별이고, 지상에 남은 사람(유족 등의 생존자)에게는 그 이별이 쓸쓸하기 때문에 위로를 받아야 할 부분이지만, 죽음 자체는 슬퍼해야 할 것이 아니라고 생각할 수 있다.

　기독교도의 비율이 낮은 일본에서의 기독교식 장례는 참가자는 물론 유족조차도 기독교도인이 아닌 경우가 대부분이므로 종교적 순결의 주장보다 지역의 습속을 중시하는 사람들에 대한 배려가 우선된다. 전술하였다시피 전야식을 비롯해 쇼코를 대신한 헌화, 「고오텐」, 「부쓰젠」을 대신한 조위금 명목의 「꽃대금(御花料)」 등은 모두 이 때문에 고안되었고, 나중에 신앙적인 의미를 부여한 것이다. 동일한 이유에서 로쿠요(六曜)「도모비키(友引)」 때에는 소기를 하지 않으나, 이 경우 대부분의 화장장이 휴업을 하는 부득이한 사정도 있다. 또한, 죽음을 게가

레(穢れ)라고 보지 않기 때문에 「기요메시오(淸め塩: 정화하는 소금)」
는 사용하지 않는다.

프로테스탄트의 소기와 장송 순서

프로테스탄트의 소기는 가톨릭에 비하면 소기도 간소하고, 유연성이
있다. 다만, 프로테스탄트의 종파는 수백 개가 넘고, 각각 차이가 있기
때문에 고인이 속해 있던 교회에 상담하는 것이 좋다.

이하에서는 일반적인 프로테스탄트 교회장을 예로 들어 설명하기로
한다.

1) 성찬식

프로테스탄트에서는 신자가 위독하거나 임종이 다가오는 단계에서
목사를 불러 「성찬식」을 한다.

「성찬식」은 기독교의 「최후의 만찬」에서 시작되었고, 목사가 빵과
포도주를 주고, 병상에 있는 신자의 입술을 적셔주고, 하나님께 소천과
영원한 안식을 기원하면서 고인이 임종을 맞게 한다.

병상에 마쿠라가자리(枕飾り)를 하는 경우는 작은 베개에 흰색 또는
검은 천을 걸치고, 촛불을 켠 촛대와 꽃, 성서 등을 비치해 둔다. 가톨릭
과는 달리 촛대는 하나로 한다.

2) 서거와 유체배송 및 안치

고인이 사망하면 고인의 손을 가슴 위에 기도하는 형태를 유지하도
록 하고, 유체에 성서를 둔다.

병원에서 사망한 경우에는 서거 후의 사후조치가 끝나면 신속하게 유체를 병원 밖으로 반송하도록 한다. 프로테스탄트의 소기는 원칙적으로 교회에서 거행되지만, 유체는 일단 자택으로 반송·안치하고, 노칸— 쓰야사이를 하는 것이 일반적이다.

유체의 반송에 대해서는「일반적인 소기의 순서—(2)유체의 반송」을 참조한다.

3) 노칸시키(納棺式)

서거한 당일 중에 목사를 초청하여「노칸시키」를 열고, 노칸을 한다. 「노칸시키」는 목사가 개식을 알리고, 유족·친족은 성서 낭독→기도 후에 유족·친족의 손으로 유체의 노칸을 한다.

입관한 유체를 하얀 꽃으로 둘러싸고, 흰색 가운을 씌운다. 못은 박지 않고, 검은 천으로(교파에 따라 다름) 관을 덮고, 그 위를 흰색 꽃으로 만든 십자가로 장식한다.

참가자 전원이 찬송가를 합창한 후에 목사가 고인의 생전과 신앙에 대해서 말하고, 노칸 시에는 주님에 대한 감사를 한다. 마지막으로 전원이 다시 찬송가를 합창하고, 기도를 올림으로써 식이 끝난다.

4) 전야제

프로테스탄트에서의「전야제」는 불교식이나 신도식 소기로 거행되는「쓰야」에 준한 것으로 사망한 날의 다음날에 거행되는 경우가 많지만, 서거 당일의 노칸시키에 이어서 거행되는 경우도 많다.

유족은 상복을 입고 임한다. 제단은 (1)에 기술된 마쿠라가자리 정도의 간소한 것이다.

일동이 찬송가 제창, 성서 낭독, 기도를 하고, 목사가 고인을 추모하는 설교를 한다. 그 후 순서대로 헌화를 한다. 마지막으로 유족 대표가 인사를 하고 끝이 난다.

가톨릭과 마찬가지로 「쓰야후루마이」는 하지 않는다. 목사와 유족·친족이 함께 가벼운 식사와 함께 차를 마신다.

5) 출관식

가톨릭의 경우와 같이 출관 때의 고별은 소기 당일에 교회 또는 사이바로 향하기 전에 한다.

목사 이하 참가자가 관 앞에서 찬송가를 합창하고, 목사의 성서 낭독 →기도 후, 다시 찬송가를 합창하고 마지막으로 고별을 한다. 그리고 교회 또는 사이바로 향한다.

6) 소기(葬儀)와 고별식(告別式)

프로테스탄트에서는 소기에 대한 엄격한 의식은 없고, 가톨릭처럼 소기와 고별식을 구분하는 것도 대부분 하지 않는다. 또, 「산스이(撒水)」나 「산코(撒香)」도 없고, 찬송과 헌화가 차례로 이루어진다.

소기는 모두 협회 측에서 신자와 함께 준비하여 집행하기 때문에 유족·친족은 아무것도 할 필요가 없다.

7) 입당

오르간으로 찬송가가 연주되는 가운데 목사가 선도하여 상주·유족이 입당한다. 유족 이외의 참가자는 물론 미리 당내에 착석해야 한다. 이때 관은 목사와 유족이 함께 입당하는 경우와 미리 제단에 안치되어 있는 경우의 두 가지 예를 볼 수 있다.

8) 개식

목사가 개식을 알린다.

9) 성서 낭독과 기도 및 찬송가 제창

먼저 목사가 성서를 낭독하고, 이어서 일동이 기립하여 찬송가를 합창한다. 다시 성서 낭독이 이루어지고 목사가 기도를 올리며, 참가자는 묵도를 한다.

10) 고인의 약력 낭독

찬송가 합창 후 고인의 약력과 신앙생활에 대해서 낭독이 이루어진다. 이 낭독은 통상 목사가 하는데, 고인과 친분이 있었던 사람이 하는 경우도 있다.

11) 추도의 설교

목사에 의한 설교와 고인의 안식을 기원하는 기도 후에 일동은 기립해 찬송가를 합창한다.

12) 조사와 조전 피로(披露)

기도와 찬송가 합창 후에 참가자와 유족의 조사 낭독→조전 피로가 이루어지고, 다시 찬송가를 합창하게 된다.

13) 폐회의 기도와 유족대표 인사

목사가 기도를 하고, 오르간이 연주되는 가운데 일동이 묵도한다. 상주, 또는 유족대표가 인사를 한다.

14) 헌화

오르간 연주 중에 목사→상주→유족, 친족→신자, 참가자 순으로 고별의 헌화를 한다.

15) 폐식

헌화가 끝나면 목사가 폐식을 선언하고 식이 종료된다.

16) 화장예배

매장이 기본인 것은 프로테스탄트도 동일하다. 그러나 일본에서는 대부분의 자치체가 매장을 금지하고 있기 때문에 소기가 끝나면 관을 교회나 사이바에서 화장터로 이송하게 된다. 화장터에 도착하면 화장로 앞에 관을 안치하고, 작은 베개에 십자가와 생화를 장식한다. 전원이 찬송가 합창 후 목사가 기도를 하고, 화장예배를 끝낸다. 화장 후의 「유골 수습(骨上げ)」은 가톨릭과 동일하다. 화장 후 유족은 일단 유골을 자택으로 가지고 가서 안치하고, 「소천기념일」에 맞추어 매장하는 경우가 많다.

17) 소천기념식

프로테스탄트에서는 사망한 날을 「소천기념일」이라 하고, 그날로부터 7일~10일째, 또는 30일째에 「소천기념식」을 거행한다.

「소천기념일」은 고인이 다니던 교회 또는 자택에 목사, 친족, 고인과 친분이 있던 사람들이 참석하고, 목사에 의한 기도, 설교와 성서 낭독, 찬송가 합창 등을 하며 고인을 추모하고, 그 생전의 나날을 회고하며 하나님께 감사를 드림과 동시에 다과회 등을 개최하여 유족을 위로하는 것이다.

「소천기념식」은 1년째, 3년째, 5년째의 소천기념일에 거행되는 경우가 일반적이다.

5.3.5 무종교

이 장에서는 무종교의 장례절차와 기타 제반사항에 대해서는 불교식이나 신도식 등과 거의 일치하기 때문에 따로 상세한 설명은 지면 관계상 생략하고, 특징적인 내용에 대해서만 언급하기로 한다. 특정한 종교에 의존하지 않는 소기도 있는데, 이를 무종교 장례식이라고 할 수 있다. 고인의 종교관이나 사회단체 등에 따라 거행되는 경우가 많다. 종교에 의존하지 않는다고 하더라도 불교식 돗교를 제외하고 쓰야, 고별식 등은 통상과 같이 거행되기도 한다.

특정한 규정이 없고, 식의 순서는 주최자의 재량에 맡겨진다. 참배의 방식도 헌화나 쇼코 같은 특정한 규정은 없고, 자유로운 점 때문에 구체적인 이미지가 좀처럼 부각되지 않는 부분도 있다. 때에 따라서는 소기라는 명칭을 사용하지 않고, 「고별식(お別れの会)」 등으로 부르기도 한다.

일반적으로 묵도, 조사, 헌화 혹은 쇼코의 형태로 진행된다.

무종교라 하더라도 종교적인 측면이 일체 배제되는 것이 아니고, 오히려 특정한 종교에 편중되지 않는 경우도 많다.

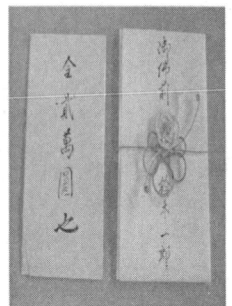

소기후쿠로(葬儀袋)의 예44)

종교에 따라서는 다른 종교적 취지로 거행되는 소기 참석이나 쇼코
등을 금지하는 경우도 있기 때문에 유족이나 참가자에게 다른 종교적
배경이 있을 때는 이를 고려하여 무종교식의 소기를 거행하기도 한다.

고오텐(お香典)의 금액45)

고오텐의 금액은 고인과의 친숙도나 조의자의 연령에 따라서 다르다. 일단 평균적인
고오텐의 금액을 설명하기로 한다. 아래는 극히 일반적인 고오텐의 표준 금액이다.

---

44) 「고레이젠(御霊前)」은 선종, 정토진종, 프로테스탄트 등에서는 사용할 수 없다. 이
는 고인에 대한 존경을 표하는 의미가 있고, 그 영전을 지칭한다. 미타마노마에(み
たまの前). 「~에게 삼가 보고합니다」 영전에 올리는 공물(供物)이나 고오텐(香典)
의 표면에 쓰는 말. →고호토케마에(御仏前) 등. http://ja.wikipedia.org/wiki/%E9%
A4%A8%E6%9E%97%E5%9F%8E를 활용하였다.
45) 고오텐료 금액의 표준.

조의자와의 관계	고인	조의자의 연령과 고오텐액		
		20대	30대	40대
근무처의 상사	본인	5,000	5,000~10,000	10,000~
	그 가족	3,000~5,000	3,000~10,000	5,000~10,000
근무처의 사원이나 동료	본인	5,000	5,000~10,000	10,000~
	그 가족	3,000~5,000	3,000~10,000	3,000~10,000
조부모		10,000	10,000~30,000	30,000~50,000
양부모		30,000~100,000	50,000~100,000	50,000~100,000
형제·자매		30,000~50,000	50,000	50,000
삼촌·고모		10,000	10,000~20,000	10,000~30,000
친구·知人		5,000	5,000~10,000	5,000~10,000
인근주민		3,000~5,000	3,000~10,000	3,000~10,000
중매자		10,000	10,000	10,000~
기타	※ 조부모가 사망한 경우, 일반적으로는 부모가 부양하고 있는 손자의 경우는 부모가 고오텐을 지불하기 때문에 손자는 지불하지 않는 경우가 많다. 사회인인 손자의 경우 동거 유무에 관계없이 수입이 있는 경우에는 지불하는 것이 바람직하다. 다른 손자들과의 밸런스도 필요하고, 예를 들자면, 연령이 동세대인 경우 손자들은 동일한 액수를 지불하고, 「손자일동」이라는 형태로 고오텐을 지불하더라도 상관없다. 결혼한 손자의 경우에는 단독으로 고오텐을 지불하는 것이 좋다.[46]			

5.3.6 소기의 양식

(1) 소기

▶밀장

▶가족장

▶국장·시민장·구민장

▶복지장(생활보호대상자나 무연고자의 경우)

▶사장

---

46) http://www.jp-guide.net/manner/ka/kouden.html를 참조.

· 고인이 소속하고 있던 기업이 중심이 되어 거행되는 소기. 가
족장이나 밀장 후에 거행되는 경우도 많다.

▶생전장 (生前葬)

(2) 유체의 처리법과 매장

▶조장

▶토장

▶풍장

▶세골

▶수장

▶화장－일본에서는 국가나 각 지역단체의 조례에 따라 화장을 하
는 것이 일반적이다.

▶우주장

(3) 유골의 처리법

▶납골

▶분골

▶수목장·산골

참고문헌(参考文献)

· 『葬送墓制研究集成』1－5(名著出版、1979년)
· 萩原秀三郎·須藤功『葬送と供養』日本宗教民俗図典2(法藏館、1985年12月)
· 西木浩一『江戸の葬送墓制』都史紀要37(東京都公文書館、1999年3月)
· 高橋繁行『葬祭の日本史』講談社現代新書1724(講談社、2004年6月)
· 斉藤美奈子『冠婚葬祭のひみつ』岩波新書1004(岩波書店、2006年5月)
· 「http://ja.wikipedia.org/w/index.php?title=%E8%91%AC%E5%84%80&oldid
=41026620」인용

5.3.7 쓰야

쓰야는 장례 전야에 철야의 형태로 거행되는 의식이다. 불교뿐만 아니라 신도, 기독교에서도 거행된다.

▌불교의 쓰야

불교의 쓰야는 고인의 성불을 기도하는 의식이다. 기원은 석가의 입적 후에 슬퍼하는 제자들이 밤새 유체를 지키면서 설법을 하였다고 하는 고사에 의한 것이 통설이었지만, 일본에서의 쓰야는 『고지키(古事記)』에 기술되어 있는 아메노와카히코(天若日子)의 장송이 기원이라는 설도 있다.

그리고 고대 일본에 거행된 모가리(殯)[47]에서 유래하였다는 설도 있다. 쓰야는 본래 철야로 진행되는데, 최근에 들어서는 밤 6시경부터 9시까지 일반 참가자를 초대하여 승려의 돗쿄도 1회만 하는 형태의 「한츠야」가 증가하고 있다. 그 후는 다음날의 소기까지 근친자가 철야로 참가하는 풍습이 있다.

---

47) 모가리란 일본의 고대에 행해겼던 장의의례이고, 고인을 본장할 때까지의 오랜 기간 동안 관에 유체를 임시로 안치하고, 이별을 아쉬워하고, 고인의 영혼을 경외하고 위로하며, 고인의 부활을 기원함과 동시에 유체의 부패·백골화 등의 물리적 변화를 확인함으로써 고인의 최종적인 죽음을 확인하는 것. 그 관을 안치하는 장소를 지칭하는 경우도 있다. 모가리의 기간에 유체를 안치한 건물을 「모가리노미야(殯宮)」(「もがりのみや」, 『만요슈万葉集』에서는 「아라키노미야あらきのみや」)라고 한다.

때에 따라서는 센코를 하고, 촛불을 꺼트리지 않도록 잠을 자지 않고 지켜야 한다. 최근 들어 소기 당일에 수면부족이 되는 것을 불만스럽게 여기는 상주도 있다.

쓰야는 유체의 노칸을 한 후에 제단을 쌓고 거행한다. 최근에는 사원이나 소기 전용회장 등에서 거행하는 경우가 많고, 자택 또는 장례식장 등에서 유체의 노칸을 한 후에 침대차에서 식장으로 반송하고 제단에 안치한다. 신도의 쓰야는 「쓰야사이」라고 부른다. 기독교의 일파인 정교회에서는 그리스어로 「철야의 기도」를 의미하는 「파니히다(パニヒダ)」라는 고인을 위한 식전이 있다. 의미가 동일한 점에서 일본정교회에서는 소시키 전야의 파니히다를 쓰야라고 부른다. 서양의 교회에서는 「전야식」, 또는 「츠야식」 등으로 부른다.

21세기와 22세기는 문화의 시대라고 한다. 그러나 언제부터인가 우리는 정보의 홍수에 휩싸이게 되면서 무엇이 문화이고, 무엇이 비문화인가를 구분하지 못하는 혼돈의 시대, 카오스의 세계에 빠진 채 이 소용돌이에서 빠져나오지 못하고 고초를 당하고 있는 것이 아닌가 생각해 보았다. 문화는 모든 것이 문화가 아니다. 문화의 의미를 사전에 찾아보면, 국어사전에는 「자연의 상태에서 벗어나 삶을 풍요롭고 편리하고 아름답게 만들어 가고자 사회 구성원에 의해 습득, 공유, 전달이 되는 행동 양식」이라 하고, 영어로는 「culture, civilization, cultivation」로 설명과 해설이 있다.

또한, 일본어로는 「① 文化 ② 文華 ③ 文章と文才」로 되어 있고, 중국어는 「文化-wénhuà」로 되어 있다. 그런데 사람들은 자신들의 사고와 행동양식에 맞으면 문화적이라 하고, 자신들과 맞지 않는 이문화는 모두 비문화, 또는 야만문화라고 하여 타문화와 이문화를 경시하는 문화적인 내셔널리즘에 빠져 있는 경우가 있다.

본서의 구성체제를 「의식주」와 「생사」에 맞추어 기술하려고 하였다. 그러나 일본문화의 전반에 대해서 논하기 위해서는 『자포니카』를 아무래도 한 권으로 출판하기보다는 오랜 시간을 들여서 시리즈로 내는 게 바람직하다고 생각하여 먼저 스타트라인으로서 1권에서는 주로 물질문화의 시작이라고 할 수 있는 「의-옷」이라는 일본의 전통 의복문화인 「와후쿠-기모노」의 기원에서 현대의 군경을 비롯한 초등고학생들 제복, 교복과 연령별 및 성별로 의복을 구분하여 해설과 사진을 통해서 구석기시대로부터 현대에 이르는 일본의 의복문화사에 대한 전반적인 내용을 기술하였다.

인간의 정신문화의 근간을 이루는 「생사」에 대한 성경의 내용을 보자면, 「여호와 하나님이 땅의 흙으로 사람을 지으시고, 생기를 그 코에 불어 넣으시니 사람이 생령이 되니라」(창세기 2:7)에 하나님이 인간을 진흙(육체)으로 만든 후에 생기를 불어 넣어 창조하였다는 인간 창조에 대한 역사적인 기술에서 인간의 생명탄생 순간을 확인할 수 있고, 하나님이 따먹어서는 안 된다고 했던 선악과를 아담과 하와가 따먹은 탓에 「네가 흙으로 돌아갈 때까지 얼굴에 땀을 흘려야 먹을 것을 먹으리라 너는 흙이니 흙으로 돌아갈 것이니라 하시니라」(창세기 3:19) 라는 구절에서 인간에게 내려진 「死 - 죽음」의 결과를 볼 수 있다.

이는 곧 인간의 생과 사, 즉 살고 죽는 것에 대한 짧고 명확한 설명이 아닌가 생각한다. 또한, 생명에 대한 성경의 기술을 더 보자면, 「여호와 하나님이 이르시되 보라 이 사람이 선악을 아는 일에 우리 중 하나같이 되었으니 그가 그의 손을 들어 생명나무 열매도 따 먹고 영생할까 하노라 하시고」, 「여호와 하나님이 에덴동산에서 그를 내보내어 그의 근원이 된 땅을 갈게 하시니라」, 「이같이 하나님이 그 사람을 쫓아내시고, 에덴동산 동쪽에 그룹들과 두루 도는 불과 칼을 두어 생명나무의 길을 지키게 하시니라」(창세기 3:22-24)에는 인간이 하나님의 금기사항이었던 선악과를 따먹고, 「따먹지 말라」라는 하나님의 명령까지 범함으로써 「사(死) - 죽음」이라는 형벌이 내려진 것을 볼 수 있다.

그런데 문제는 이러한 죄인을 하나님께서 사랑하셔서, 사탄의 유혹으로 인간이 선악과를 따서 먹음으로써 선악과는 상실되었지만, 생명은 하나님의 주권하에 있으므로 생명의 상징인 「생명나무」는 사탄과 인간이 건드릴 수 없도록 천사들과 불을 뿜는 화염검을 두어 지키게 함으로써 생명의 주인은 사탄이 아니고 하나님이라는 것을 강조하였고, 이로써 인간은 죽지만, 영원한 생명이 있다는 것을 성경은 암시해주고 있다. 이를 통해 인간의 「생사」 문제의 해답을 엿볼 수 있다.

한편, 의복에 대한 성경의 기술을 인용해 보면, 「여호와 하나님이 아담과 그의 아내를 위하여 가죽옷을 지어 입히셨다」(창세기 3:21)라는 구절에서, 죄를 지어 벌거벗은 인간이 동산 밖으로 쫓겨나서 살면 추울까봐 「가죽옷 – 인류 최초의 의복」을 만들어 입힘으로써 인간에 대한 사랑을 표현함과 동시에 가장 좋은 선물로서 「가죽옷」을 주셨다는 기술이 있다.

전술한 바와 같은 성경의 구절에서 「생사」의 문제와 최초의 「옷 – 의복」의 탄생의 메커니즘을 볼 수 있다. 부연설명이 불필요하듯이 문화에서 이처럼 물질문화로서의 「의식주」와 정신문화로서의 「생사」의 문제를 확인할 수 있다.

따라서 『자포니카』의 제1권에서는 「의 – 옷」으로 일본 고유의 의상문화인 「와후쿠 – 기모노」에 대해서 상술하고, 정신문화로서 「생사」의 문제인 「관혼상제」에 초점을 맞추어 내용을 전개하였다. 특히, 「관혼상제」의 경우 「성인식」, 「결혼식」, 「소기(장례식)」를 중심으로 하여 종교별 내지 기관별의 특징에 대해서 상술하였다.

본서가 갖는 일본문화론으로서의 특징은 기존의 일본학이나 일본문화론이 언급하지 못했던 「기모노의 기원론」을 당나라의 「율령과 의관」 문화에서 「와후쿠-기모노」가 발생하였다는 기존의 학설을 백제의 문화교류가운데 발생했다는 신학설을 증명할 수 있는 증거로서 한국의 자료로서 고구려고분벽화의 「여인군상」과 고구려와 백제의 고분양식의 영향을 받아 형성된 일본의 다카마쓰고분(高松塚古墳)의 「여인군상」의 의복의 유사성과 그 복원된 모형의 사진을 들어 일본의 「와후쿠-기모노」는 백제의 의복문화와 당나라의 의복분화가 융합된 형태로 형성되었다는 한국의 고유의상문화인 「치마저고리」에서 「기모노」가 형성되었다고 하는 신학설을 전개하였다는 점에서 새로운 학문적인 가치가 있고, 또한, 일본의 미학의 가치가 한국과 다른 아름다움(美)에 있지 않고, 가와이이(かわいい-귀엽다)라는 가치기준에 있다는 「가와이이 문화론」을 들어 새로운 시점에서 일본을 바라보려고 노력하였다.

　　더 나아가서는 일본문화가 구미사회에 소개되기 시작한 1600년경에서 1800년경(명치이전)을 기점으로 하여 「우키요에(浮世絵)」와 「기모노」가 유럽사회, 특히 화가들에게 영향을 끼쳐서 고흐를 비롯한 후기인상파에 의한 「자포네리즘」, 「자포니즘」의 문화현상에 초점을 맞추어 외국인이 본 일본문화론에 대해서 간략하게 서술을 하였고, 본서의 타이틀인 「자포니카」는 영어의 「JAPAN culture」를 간략하게 만들어 독자적인 일본론을 전개하고자 이와 같은 타이틀을 정하였다. [처음에는 본인이 만들어낸 새로운 용어라고 생각하였는데, 나중에 확인한 결과 일본의 초등학교학생용 노트에 「자포니카학습장-ジャポニカ学習帖」 (쇼와노트)의 존재를 확인하였지만, 어디까지나 본인의 발상으로 본서

의 타이틀이 결정되었음을 밝혀두는 바이다.] 다음 번에는 일본의 전통
문화에 대해서 논하는 형태로 계속해서 일본문화를 시리즈의 형태로
출간을 해갈 생각이다. 끝으로 본서의 출간을 쾌히 승락을 해주신「제
이앤씨」의 사장님을 비롯한 편집을 맡아주신 편집부의 여러분께 진심
으로 감사말씀을 드리고, 교정을 도와준 아내와 영감을 주신 하나님께
감사드린다.

2013년 가을
동경에서 여 순 종

색인(索引)

(ㄴ)

(ㄷ)

◆ **저자약력**

여순종(余淳宗)

1966년 출생

국립전남대학교 일어일문학과 졸업

와세다대학교 대학원 문학연구과 일본문학전공 연구과정수료

국립동경학예대학교 대학원 국어교육전공 일본고전문학전공수료(석사)

국학원대학교 대학원 문학연구과 일본문학전공수료(문학박사)

전 국립전남대학교 일어일문과 외래교수

전 조선대학교 일어과 외래교수

전 국립목포대학교 일어일문과 외래교수

전 국학원대학교 특별연구원

현 일본대학교 인문사회과학 연구소 연구교수

◆ **저서 및 논문**

学位論文

01　「『俳諧季語研究』－月を中心として－」国立東京学芸大学大学院　国語教育専攻 国語教育講座(日本語・日本文学分野)2000年度、修士論文

02　「東アジア古典漢詩の比較文学的研究－『花鳥風月』の美意識とイメージの形成－」国学院大学大学院、文学研究科日本文学専攻、2008年度、文学博

論文

01	「芭蕉発句に現れた俳諧性について」『時の扉　第3号』東京学芸大学大学院伝承文学研究, 1999年(平成11年)3月22日, 東京学芸大学紀要, 古典文学第四研究室(石井正巳先生), p.15−20
02	「日本・韓国・中国の漢詩に見る菊の花−東アジアの重陽節文化に関連して−」『万葉集と東アジア 1』余淳宗, 2006年3月30日, 国学院大学文学部日本文学第1研究室篇, p.117−123
03	『懐風藻に見る梅の花の詩的イメージ研究』日語日文学会研究, 第65輯2巻, 2008年5月31日, 韓国日語日文学会篇, p.161−179
04	『日本古代漢詩に見る「蘭」の詩的イメージ研究』国際文化研究, 第1輯1巻, 2008年8月30日, 朝鮮大学校国際文化院, p.177−196
05	『韓・日詩歌に見る『鶯』の比較文学的研究』日語日文学研究, 第69 輯2巻, 2009年5月9日, 韓国日語日文学会篇, p.329−347
06	「懐風藻に見る『松』のイメージ研究−その美意識と象徴性について−」比較文学, 韓国比較文学会, 第48 輯 , 2009年6月30日 , p.339−359
07	「日本古代詩歌に見る竹の詩的イメージ研究」日語日文学研究, 第70 輯2巻, 2009年8月31日, 韓国日語日文学会篇, p.115−135
08	「中・日古典詩歌に見る『鶴』の比較文学的研究」日本語教育第53輯, 韓国日本語教育学会, 2010年9月30日, p.192−210
09	「韓・日詩歌に見る『桃の花』の詩的イメージ研究」 単著, 韓国日本語教育学会誌『日本語教育』第57輯, 2011年9月30日
10	「中国曲水宴に見る庭園文化の形成過程」『日語日文学』第58輯, 大韓国日語日文学会, 2013年5月30日

著書

01	『懐風藻 日本の自然観はどように成立したか』辰巳正明, 余淳宗外共著, 笠間書院, 2008年6月20日
02	『郷歌注釈と研究』中西進, 辰巳正明, 余淳宗編, 新典社選書22, 2008年11月5日
03	『東アジア古典漢詩の比較文学的研究「花鳥風月」の美意識とイメージの形成』2011年4月11日, JNC出版社
04	『단가학입문 만요슈에서 시작된 <단가혁신>의 역사』2011年11月30日, J&C出版社
05	『자포니카 JAPONICA』2013年11月27日, J&C出版社

자 포 니 카
JAPONICA

초판 인쇄 2013년 11월 20일
초판 발행 2013년 11월 27일

저   자 여순종
발 행 인 윤석현
발 행 처 제이앤씨
등록번호 제7-220호
편   집 주은혜
책임편집 김선은

우편주소 132-702 서울시 도봉구 창동 624-1 북한산현대홈시티 102-1106
대표전화 (02) 992-3253
전   송 (02) 991-1285
홈페이지 http://www.jncbms.co.kr
전자우편 jncbook@hanmail.net

ISBN 978-89-5668-994-4 03910   정가 16,000원